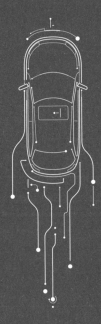

新能源与智能汽车技术 丛书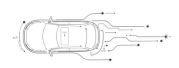

Electromagnetic Compatibility Technology
of New Clean Vehicle

新能源汽车电磁兼容性技术

张戟 著

·北京·

内 容 简 介

以纯电动汽车和燃料电池汽车、插电式混合动力汽车为代表的新能源汽车，作为能源网络中用能、储能和回馈能源的终端，成为我国乃至经济新体系中的重要组成部分。电磁兼容性是新能源汽车的一项关键共性技术，对保障新能源汽车安全行驶、减少和避免故障发生十分重要。随着智能网联和无人驾驶电动汽车的快速发展，电磁兼容性分析与设计成为各大主机和零部件厂研发中不可或缺的环节，是研发工程师必须掌握的知识和技能。

本书以建模仿真、试验测量和工程案例相结合的方式，全面系统地讲述了新能源汽车直流有刷电机、印刷电路板及关键激励源、DC/AC逆变器及电机驱动系统、动力电池系统和整车电磁兼容性的相关内容，使读者能够熟练掌握电磁兼容性的分析方法、建模仿真方法、整改方法及测试方法。

本书理论结合实际，实用性较强，可作为高等院校相关专业高年级本科生、研究生的教材，也可供从事电磁兼容性研发、测试和设计的工程师参考学习使用。

图书在版编目（CIP）数据

新能源汽车电磁兼容性技术/张戟著 . —北京：化学工业出版社，2024.2
（新能源与智能汽车技术丛书）
ISBN 978-7-122-44712-8

Ⅰ.①新… Ⅱ.①张… Ⅲ.①新能源-汽车-电磁兼容性-研究 Ⅳ.①U469.7

中国国家版本馆CIP数据核字（2023）第255054号

责任编辑：张海丽　　　　　　　　　　　　文字编辑：李亚楠　温潇潇
责任校对：宋　玮　　　　　　　　　　　　装帧设计：王晓宇

出版发行：化学工业出版社（北京市东城区青年湖南街13号　邮政编码100011）
印　　装：北京瑞禾彩色印刷有限公司
787mm×1092mm　1/16　印张16　字数375千字　2024年2月北京第1版第1次印刷

购书咨询：010-64518888　　　　　　　　　售后服务：010-64518899
网　　址：http://www.cip.com.cn
凡购买本书，如有缺损质量问题，本社销售中心负责调换。

定　　价：128.00元　　　　　　　　　　　　　　　　　　版权所有　违者必究

前言

2020年10月27日,《节能与新能源汽车技术路线图2.0》发布,其以社会需求和产业发展需求为基础,提出了新一轮汽车产业技术发展愿景。随着汽车产业的升级,大量的电子电气设备应用于智能汽车中,对于汽车行业来说,汽车电磁干扰有着很大的危害,电磁干扰会向四周发射电磁波,影响其他通信设备的正常工作,同时也会影响到汽车电气设备本身的正常工作。在大多数汽车控制系统的设备中,电磁兼容技术变得越来越重要,根据现在的应用技术研究新能源汽车、智能网联汽车电磁环境技术,解决汽车电气的电磁兼容已成为一个重要的科学研究课题。

新型电子电气架构下的新能源汽车具有多源传感器及开放互联等新特点。使用百兆环形以太网作为主干网络,将所有的功能集中到少数几个电子控制单元中集中控制,大量应用智能传感器、智能执行器。新能源汽车电磁频段从2.5GHz提高到77GHz,整车内部电磁环境变得更为复杂,同时智能电动汽车存在异质、多源的电磁干扰源,具有不同的电磁噪声机理,其传播特性在时间、空间、频率等方面具有复杂、多样及不确定特性。另外,新能源汽车上的电气设备具有种类多、内部结构复杂、精确建模困难、电磁频谱分布广等特点,各设备频谱间多有重叠,电磁干扰耦合途径多、复杂程度高,极大增加了电磁干扰源定位和抑制的难度。以上特点对新能源汽车的电磁兼容性提出了更高的要求。

针对新能源汽车电磁噪声的多源、异质、宽频带、高瞬态特性,本书聚焦新能源汽车零部件及整车电磁兼容性相关内容,全书分6章,包括绪论、直流有刷电机电磁干扰建模与仿真预测、印刷电路板关键激励源及干扰建模与仿真预测、DC/AC调制方式及开关频率对电机驱动系统的影响、动力电池系统阻抗特性及电磁辐射发射、整车电磁建模与人体SAR(比吸收率)仿真。由于篇幅限制,新能源汽车电磁兼容性基础知识不再单独介绍,可参考作者《现代汽车电磁兼容理论与设计基础》一书。

作者自2004年起一直从事新能源汽车电磁兼容性研究工作,主持或参与了多项电动汽车国家、省部级及企业横向项目，2013年建成了具备电动汽车大功率电机带负载实验环境的3m法半电波暗室，本书部分内容来源于这些项目的科研成果。

本书由同济大学汽车学院张戟教授撰写，同济大学汽车学院2020—2023级研究生韩双庆、刘家栋、陈颖等参与了本书的编辑工作，在此表示感谢。

由于电磁兼容性开发、仿真方法日新月异，新技术层出不穷，加之时间仓促，笔者水平有限，书中不当之处在所难免，敬请各位读者批评指正。

著者
2023年8月

目录

第 1 章　绪论 ·· 001

　1.1　概述 ·· 002

　1.2　新能源汽车电磁兼容性问题 ·· 003

　　　1.2.1　直流有刷电机 EMC 问题 ··· 004

　　　1.2.2　印刷电路板板级 EMC 问题 ·· 005

　　　1.2.3　DC/AC 逆变器 EMC 问题 ·· 006

　　　1.2.4　动力电池系统 EMC 问题 ··· 008

　　　1.2.5　整车 EMC 问题 ·· 011

第 2 章　直流有刷电机电磁干扰建模与仿真预测 ··· 012

　2.1　概述 ·· 013

　　　2.1.1　直流电机理论基础及换向理论 ·· 013

　　　2.1.2　火花因数及接触压降计算 ··· 016

　　　2.1.3　电机火花干扰抑制仿真 ·· 019

　2.2　直流电机传导干扰建模与仿真预测 ··· 025

　　　2.2.1　电机绕组建模 ··· 027

　　　2.2.2　电机激励源建模 ··· 034

　　　2.2.3　电机传导干扰系统仿真 ·· 039

　2.3　直流电机辐射干扰建模与仿真预测 ··· 042

　　　2.3.1　辐射干扰测试系统建模 ·· 043

　　　2.3.2　辐射干扰仿真计算 ·· 044

　　　2.3.3　辐射发射仿真 ··· 050

　本章附录　传导干扰系统模型 ··· 052

第3章 印刷电路板关键激励源及干扰建模与仿真预测 … 054

3.1 概述 … 055
3.2 印刷电路板电磁干扰机理 … 055
3.2.1 电磁干扰测量接收机 … 057
3.2.2 快速傅里叶变换算法及 EMI 接收机仿真 … 058
3.2.3 印刷电路板电磁干扰激励源 … 063
3.3 印刷电路板传导干扰建模与仿真 … 072
3.3.1 传导干扰测试系统组件建模 … 072
3.3.2 系统寄生参数建模 … 078
3.3.3 传导干扰仿真模型与仿真结果 … 087
3.3.4 传导干扰测试结果及对比 … 089
3.3.5 传导干扰抑制措施 … 094
3.4 印刷电路板辐射干扰建模与仿真 … 096
3.4.1 辐射干扰测试系统环境建模 … 097
3.4.2 接收天线仿真 … 102
3.4.3 辐射干扰激励源的获取 … 106
3.4.4 辐射干扰仿真模型及仿真结果 … 110

本章附录 EMI 测量接收机仿真程序 … 117

第4章 DC/AC 调制方式及开关频率对电机驱动系统的影响 … 119

4.1 概述 … 120
4.2 DC/AC 传导干扰机理 … 120
4.2.1 DC/AC 干扰源分析 … 120
4.2.2 DC/AC 耦合路径分析 … 121
4.3 IGBT 及线缆建模 … 125
4.3.1 IGBT 的结构和特性 … 125
4.3.2 IGBT 行为模型的建立 … 127
4.3.3 线缆模型的建立 … 132
4.4 控制系统建模及联合仿真 … 135
4.4.1 坐标变换 … 136
4.4.2 空间矢量控制 … 137
4.4.3 控制系统仿真模型 … 140
4.4.4 联合仿真及结果对比 … 143
4.5 DC/AC 逆变器电磁干扰的抑制 … 149
4.5.1 随机调制对电磁干扰的抑制作用 … 149
4.5.2 开关频率及工况对电磁干扰的影响 … 164

第5章 动力电池系统阻抗特性与电磁辐射发射 ... 173

5.1 概述 ... 174
5.2 动力电池系统全频段阻抗特性 ... 174
5.2.1 电池系统电磁噪声产生机理 ... 174
5.2.2 电池单体低频阻抗特性 ... 176
5.2.3 电池单体中频阻抗特性 ... 181
5.2.4 电池单体高频阻抗特性 ... 183
5.3 动力电池系统干扰源仿真及测试 ... 186
5.3.1 永磁同步电机 ... 186
5.3.2 空间矢量脉冲宽度调制 ... 187
5.3.3 最大转矩电流比控制 ... 191
5.3.4 工况模拟及实车测试 ... 193
5.4 动力电池系统辐射发射仿真与测试 ... 199
5.4.1 传输线矩阵法的基本数学模型 ... 199
5.4.2 动力电池系统辐射发射仿真 ... 201
5.4.3 整车辐射发射仿真与测试 ... 206

第6章 整车电磁建模与人体 SAR 仿真 ... 217

6.1 概述 ... 218
6.2 整车电磁建模 ... 218
6.2.1 整车有限元逆向建模 ... 218
6.2.2 整车正向有限元电磁模型 ... 225
6.3 整车辐射干扰抑制 ... 233
6.4 人体在车内电磁辐射吸收剂量仿真 ... 240
6.4.1 人体吸收电磁辐射的安全标准 ... 240
6.4.2 人体电磁模型 ... 242
6.4.3 车内不同位置处对人体电磁辐射吸收剂量的影响 ... 244

参考文献 ... 247

第1章 绪论

1.1 概述
1.2 新能源汽车电磁兼容性问题

1.1 概述

近年来,随着环境感知传感器、嵌入式系统、机电执行机构等机电信息系统的高性能化发展,以及智能网联技术的不断进步,智能汽车成为新能源汽车研究领域的热点和难点。研究智能网联新能源汽车能体现国家工业发展水平,推动与新能源汽车相关的各综合学科健康发展,提高大家对新能源汽车的认可度,促进新能源汽车产业的变革升级。未来,新能源汽车的发展亟待解决的问题是高带宽高实时性、网络信息安全性和系统高可靠性,在此背景下,新型电子电气架构(图1.1)应运而生。

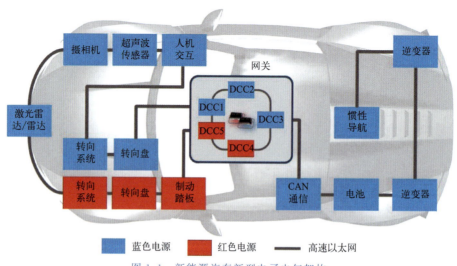

图1.1 新能源汽车新型电子电气架构

汽车是一个复杂的系统,其内部电子电气元件分布杂乱,影响内部空间磁场的因素很多,新能源汽车由于配备新型环境感知器(毫米波雷达、超声波雷达)和电力驱动系统,整车内部的电磁噪声分布非常复杂。国内外电动汽车电磁兼容标准与法规的日益严格和市场的激烈竞争,对新能源汽车电磁兼容性提出了迫切的要求。近年来,因新能源汽车引发的电磁兼容问题逐渐引起人们的重视,丰田、福特、通用、宝马等汽车企业已把电磁兼容技术列为新能源汽车的重要研究内容。解决电磁兼容问题、突破电磁兼容关键技术,已成为电动汽车产品成功进入市场的关键。目前,新能源汽车电磁兼容相关研究工作主要集中在以下几方面。

① 针对车辆实际运行出现的电磁干扰问题,研究零部件及系统滤波、屏蔽和接地等整改技术。

② 根据标准法规进行整车辐射发射测试,针对由电驱动系统工作引起的电磁辐射超标问题,进行整改控制。

③ 根据标准法规对高压零部件进行传导发射和辐射发射测试,针对超标问题进行整改和电磁干扰诊断。

④ 通过电磁兼容理论分析和建模仿真,预测和抑制电磁干扰。

目前，国内外学者和技术人员在新能源汽车电磁兼容测试和整改方面取得了一些成果。但由于缺乏准确有效的仿真模型和预测方法，在电磁干扰机理和数学表征方面研究不足，不能在产品设计阶段对电磁干扰进行有效分析、预测和抑制。比较突出的问题有以下几个。

① 干扰源有多种类型。干扰源包括窄带干扰源（如包含时钟、晶振、微处理器和显示器中的数字逻辑电路的车辆电子零部件）和宽带干扰源（如电机和点火系统），具体实例如电机控制器的 IGBT 功率模块、DC/DC 变换器的 MOSFET 功率模块、整车控制器的时钟电路等。干扰源信号的时域特性和频域特性各不相同，各种干扰源信号同时作用在车辆高压系统和低压系统上。目前，干扰源建模通常采用线性理想干扰源，与实际干扰源存在较大差异。

② 电磁干扰耦合路径复杂。高压和低压部件布置在车辆有限空间内，部件及线缆的位置和长度都会影响传导和辐射耦合路径。电磁耦合路径多采用集总电路模型建模，忽略或简化了寄生参数和分布参数的影响，使电磁干扰路径分析有遗漏或不正确，因此不能准确有效地对电磁干扰噪声信号进行表征、预测和抑制。

③ 敏感设备多样化，诸如雷达等智能传感器、ABS 防抱装置等安全控制器、整车控制电池管理系统、各种无线电接收设备等。车辆实际运行时，高压动力系统会通过高压线缆、车载 CAN 总线网络等对智能传感器、电子控制器和执行器等敏感设备产生电磁干扰。同时，智能传感器和车载无线通信设备也会产生辐射干扰信号。

④ 车辆负载工况动态变化。新能源汽车运行工况多，如起步、加速、恒速、超速、怠速、制动等，且负载工况动态变化。实验室的电磁干扰测量特性不能全面反映实车的运行。

⑤ 忽略了电磁安全性。只根据标准法规对电磁兼容性进行分析研究，没有充分考虑电驱动系统、智能传感器和车载无线通信设备等关键系统产生的低频和射频超宽带电磁干扰噪声对牵引、制动和转向功能安全性的影响。

因此，新能源汽车电磁干扰的机理、预测和抑制方法的研究，对提高车辆系统可靠性、安全性以及新能源汽车的设计、制造和推广应用，具有重要意义。

1.2　新能源汽车电磁兼容性问题

与传统内燃机车辆不同，电动汽车应用了大量的高压部件，如驱动电机、电机逆变器（DC/AC Inverter）、直流-直流变换器（DC/DC Converter）、车载充电机（AC/DC Converter）、动力电池等。此外，电动汽车还应用了电池管理系统（BMS）、车辆控制单元（VCU）、远程信息处理器（Telematics BOX，T-BOX）等低压电气部件。因此，电动汽车的电磁环境变得更加复杂，电磁兼容性（EMC）变得越来越重要。为了保护车内外接收机免受电动汽车无线电干扰，SAE J551/5—201711、CISPR 12—2009、GB/T 18387—2017 和 CISPR 25—2016Rd 等标准对电动汽车整车和高低压零部件的电磁发射提出了限值要求。电磁兼容性成为电动汽车关键技术。国际标准 CISPR 25—2016Rd 和中国标准 GB/T 18655—2018 对电动车辆的高低压零部件在 150kHz～108MHz 频段的传导电磁发射和 150kHz～2.5GHz 频段的辐射发射提出了限值要求和测量方法。ISO/TS 7637-4：2020《道路车辆 传导和耦合引起的电磁干扰-第 4 部分：仅沿屏蔽高压电源线的电瞬态传导》对新能源乘用车和商用车上车载电驱动系统及高压零部件的电瞬态传导进行了测试评估。

1.2.1　直流有刷电机 EMC 问题

如今，整车对零部件级电机的设计提出的要求越来越高，从工况要求到电机的电磁干扰强度都越来越严格。无刷摇窗电机由于结构上没有电刷和换向片，不必考虑换向火花产生的电磁干扰，因此，电机产生的干扰水平很容易控制在一定的限值内，但无刷电机造价高昂而且需要单独的控制器，使得其难以在普通乘用车上大范围安装。

工程上，摇窗电机普遍采用成本低廉的永磁直流有刷电机，对于有刷电机来说，其换向产生的电磁干扰相对较大。在电机设计初期就需要关注电机的电磁干扰幅值，使得其能够控制在一个较为严格的限值之下。电机设计制造之后还需要对其电磁干扰水平进行测试，一旦测试结果不合格，后续还需要进行大量的整改工作，整个过程将会花费大量的时间和人力、物力。因此，在电机设计初期通过仿真方法对直流摇窗电机的电磁干扰水平有一个预测，可以减少后期试验的时间和成本。

摇窗电机数量多，是车内重要的电磁干扰源，它工作时产生的电磁干扰是导致汽车零部件或整车无法通过相关电磁法规的重要因素。由于汽车电子化程度较高且内部结构无比复杂，零部件即使可以满足测试标准，仍不能保证整车能够通过电磁兼容性法规。对摇窗电机换向过程中的传导干扰和辐射干扰进行建模仿真具有较为重要的工程应用价值。

准确分析电磁干扰的机理和频谱特性，并采取有效措施加以抑制，是解决汽车电磁兼容问题的有效途径。汽车摇窗电机作为车内的重要干扰源，对汽车的整车电磁兼容性有重要影响，具体表现在以下几方面。

① 摇窗电机是直流有刷电机，在工作过程中，电机旋转使得其电刷和换向片不断地接通和断开，绕组元件内的电流频繁换向使得其感性绕组元件内能量过高，这个过程中很容易产生换向火花。换向火花会通过电机绕组传递到电机外接电源线上进而产生变化的电压，时域变化的电压会通过导线，然后以传导干扰和辐射干扰的方式影响其他设备的正常工作。

② 摇窗电机由于其内部的绕组和外接的电源线，呈现出感性负载的电学特性；摇窗电机在工作中需要频繁地启停，直接启动时其感性负载特性会使得产生的脉冲电流可达额定值的 10~20 倍；同时摇窗电机在关闭开关时，由于其负载的感性特性会产生一个反向电压，瞬变电压的大小与开关断开的速度和绕组内存储的能量大小有关。当产生的瞬变电压较大时，其瞬变电压会在频域上产生幅值较大的电磁干扰，进而对汽车的电气系统产生较为严重的影响。

③ 无论是换向时的换向火花，还是电机在开关启动时产生的反向瞬变电压，它们的频谱都表现出范围大和幅值大的特点。同时，汽车内的电子设备，尤其是汽车的整车控制器、中控屏和低压电子设备等对电磁干扰比较敏感，因此，当电路中或者空间中电磁干扰的幅值较大时会对电子设备的正常运行产生影响。例如，中控屏出现"雪花"或者出现电磁杂音，严重的话甚至会使得汽车的整车控制器出现控制失误，进而导致汽车

的安全性能受到影响。

根据上述三点分析，摇窗电机的电磁干扰问题已经成为影响汽车电磁安全性的重要因素之一。因此，对直流有刷电机的电磁干扰产生的机理进行准确的分析，降低摇窗电机的电磁干扰使其对外界电子设备的影响降到一个足够低的水平具有重要的意义。

关于直流有刷电机 EMC 问题，本书重点介绍以下内容：研究有刷电机火花因数计算过程，提取影响火花因数的关键参数；通过研究电机传导干扰系统的建模流程，从影响电机火花因数的关键参数出发，提出抑制火花干扰的措施；研究电机传导干扰系统模型，建立电源和线路阻抗稳定网络（LISN）的等效电路模型；通过对电机换向过程的机理研究，将电机模型简化为绕组模型和干扰激励源模型；研究电机绕组等效电路模型，利用阻抗分析仪进行绕组元件阻抗测试，建立绕组元件电路模型拟合其阻抗；研究绕组元件与机壳的寄生参数，建立等效电路模型拟合寄生参数的阻抗测试结果；研究电机电磁干扰源，通过理论计算、测试试验和开关模型模拟电机换向干扰激励源并进行仿真；基于上述研究建立摇窗电机传导干扰系统模型，仿真预测电机的电磁干扰，并基于仿真提出电机传导干扰抑制措施；研究电机辐射干扰测试流程，利用电磁仿真软件 CST 建立电机辐射干扰的三维模型；建立电机外接电源线、LISN 和电源的等效电路图，将三维"场"模型与二维"路"模型进行联合仿真；通过对辐射干扰激励源建模研究，介绍两种激励源建模方法，分别是基于传导干扰系统模型得到的时域激励和电流钳测试得到的频域激励。

1.2.2 印刷电路板板级 EMC 问题

设备产生的电磁干扰分为传导干扰和辐射干扰，设备能够承受的电磁干扰程度称为电磁干扰敏感性。所有的设备都会传导或辐射一些电磁干扰，其数量必须控制在国标 GB/T 18655—2018 规定的阈值以下。为了满足 EMC 要求，设备必须进行传导发射和辐射发射测试以及传导和辐射敏感性测试。图 1.2 为电磁干扰（EMI）的两种类型（传导干扰和辐射干扰）。

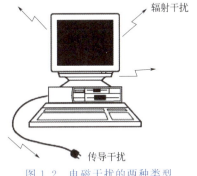

图 1.2 电磁干扰的两种类型

有两个不同的领域可以用来分析电磁干扰，分别是时域和频域。在时域中，分析信号随时间的变化。在频域中，信号是根据特定的频带进行分析的。在时域中分析信号常用的工具是示波器，在频域中分析信号常用的仪器是频谱分析仪。

电磁干扰的能量可以是窄带的，也可以是宽带的。窄带信号通常是重复信号或脉冲序列；可以是单频、连续波（CW），也可以是频谱受限的窄带信号。由于信号的重复性，很容易进行振幅测量。宽带信号通常是一个含有多个频率跨度的单一脉冲。这个单一脉冲在时域内通常非常快。宽带干扰的一个例子是来自火花放电或雷电。宽带信号很难测量，因为它们是非重复的，而且非常快。在时域内较慢或重复的信号在频域内较窄，而在时域内较快的信号在频域内较宽。由于电磁兼容信号的频率范围很广，大多数测量都是用对数坐标。对于传导干扰的幅值刻度，常用的单位是 dBμV 和 dBμA；对于辐射干扰的幅值刻度，常用的单位是 dBμV/m。

印制电路板（printed circuit board，PCB）又称印刷电路板，是车载电子系统中最重要的组成部分，为了丰富车载电子系统的功能（包括音视频、电控开关、智能驾驶域控制器等），系统内部的 PCB 设计变得越来越复杂。迹线长度从典型的几厘米到几十厘米，横截面越来越小，现代 PCB 的时钟速度越来越快。

研究表明，PCB 的电磁干扰分布主要受 PCB 上元器件（如电阻、电感、电容和芯片等）的布局、过孔、传输线布置、接地层、电源开关等因素的影响，PCB 产生电磁干扰主要有两个原因：①随着电路尺寸的减小，潜在的 EMI 激励源越来越接近易受影响的组件和迹线；②较高的工作频率意味着在电路中产生较大的 di/dt 和 du/dt，这导致了敏感元件的高摄动。

因此，仅考虑 PCB 设计的电路是否能实现产品功能的话，很有可能导致复杂的 PCB 设计并不满足电磁兼容的国标测试要求，不合理的 PCB 设计会给系统中其他电子设备带来电磁干扰问题，如果电磁干扰强度过高甚至会影响设备的正常工作。为了使得 PCB 正常工作时的电磁干扰满足国家标准相关限值要求，需要对 PCB 成品进行试验，但是 PCB 加工后，若因为不满足 EMI 性能而对 PCB 进行后续整改，一般需要添加各类滤波器和金属屏蔽罩，这需要耗费大量成本，甚至需要重新设计 PCB，因此，需要在 PCB 设计初期阶段，利用仿真方法评估 PCB 的电磁干扰强度，对于 EMI 超标问题进行预测和优化。

近年来，通过仿真方法来预测从元器件到设备的电磁兼容水平，成为一种越来越有吸引力的方法。这一趋势得到了数值求解方法和建模方法发展的支持。对电磁行为进行更严格的全局建模、预测 EMI 水平以符合 EMC 标准，这样的需求正在变得越来越迫切和普遍。

关于印刷电路板板级 EMC 问题，本书重点介绍以下内容：分析板级电磁干扰的机理，介绍时域信号和频域信号的转换原理，并介绍一款 EMI 测量接收机仿真程序；利用 PSpice for TI 软件对车载指示灯系统的两款开关电源芯片做电路仿真以研究高频特性和 EMI 分布；围绕传导干扰的建模仿真，对 GB/T 18655—2018 标准中的传导干扰测试系统各组件进行建模；采用能够反映迹线的 S 参数的等效 SPICE 模型代替 PCB，并在 SPICE 模型的外部端口输入激励信号；分析线缆的高频特性，得到计算多线缆阻抗极值点频率的理论计算公式；结合寄生参数形成传导干扰仿真模型，对比分析传导 EMI 的仿真结果和国标实测结果；围绕辐射干扰的建模仿真，对国标要求的辐射干扰测试系统各组件进行建模，对于 400MHz 以下和 400MHz 以上频率段，分别采用"频域激励＋天线接收"的仿真方案和"时域激励＋探针接收"的仿真方案。

1.2.3 DC/AC 逆变器 EMC 问题

电机 DC/AC 逆变器中以三相三桥臂最为常见，其拓扑结构如图 1.3 所示。

主电路里开关器件 IGBT 在开关暂态产生的高 du/dt 和 di/dt 是 DC/AC 逆变器的主要高频噪声源。由 IGBT 构成的功率变换器的开关频率可达 10kHz，随着开关频率的不断提高（如最近出现的以碳化硅和氮化镓为代表的宽禁带半导体功率器件，其开关频率可达 20kHz）和电压脉冲上升时间的不断减小，一方面改善了功率变换器的性能，另一方面也带来了一些严重的负面影响：逆变器驱动电机时将会产生幅值较大、频率与开关频率相同的共模与差模电压，这样就会使电机端承受很大的电压应力作用，严重时会导致电机定子线圈绝缘损坏。

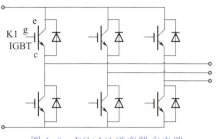

图 1.3　DC/AC 逆变器主电路

IGBT 正常工作时，其金属极板会存在大量随时间变化的电荷积累过程，为了防止其通过散热器发生短路，通常在功率开关管和散热器之间有一导热绝缘层，这样功率管与散热器之间就构成了一个平板电容器。虽然这个寄生电容非常小，但是对于功率管开关动作时产生的高频电压和电流变化率来说，由于该寄生电容的阻抗较小，谐波成分仍然可以无衰减地通过，因此这个寄生电容在高频段不能忽略，它可以将高频干扰成分耦合到散热器的表面，并以传导或辐射的方式形成电磁干扰，从而对整个电机系统的性能构成威胁。

对于逆变器侧来说，传导共模电磁干扰主要是由功率管的快速开关动作所产生的高 du/dt 与功率管和散热器之间的寄生电容耦合而产生的。

IGBT 开通和关断的动态特性可以由图 1.4 所示的等效电路来分析。用一个带端口间寄生电容的受控电流源来描述 IGBT 器件。由于考虑的是感性负载且电流连续，因此负载电流可以看作恒定的电流源。将 IGBT 开关环路上所有的分布电感用一个集总电感 L_s 表示。开关暂态过程的波形如图 1.5 所示。

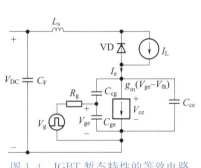

图 1.4　IGBT 暂态特性的等效电路

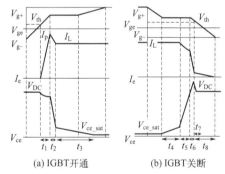

(a) IGBT 开通　　(b) IGBT 关断

图 1.5　IGBT 开关暂态过程的波形

某款车载 IGBT 开关暂态过程中，$U=185\text{V}$ 时，不同阶段 di/dt 和 du/dt 值如表 1.1 所示。

表 1.1　IGBT 开通暂态和关断暂态时间

阶段		$du/dt/(\text{V}/\mu\text{s})$	$di/dt/(\text{A}/\mu\text{s})$
开通暂态	t_1	−41.5	41.7
	t_2	−523	−5.7
	t_3	−87.5	0

续表

阶段		$du/dt/(V/\mu s)$	$di/dt/(A/\mu s)$
	t_4	55.2	0
	t_5	1012	−10.2
关断暂态	t_6	1012	−37.5
	t_7	−405	0
	t_8	0	−3.6

分析可知，t_2、$t_5 \sim t_7$ 阶段的 du/dt 和 t_2、t_6 阶段的 di/dt 均与负载电流成线性相关。du/dt 最高达 $1012V/\mu s$，di/dt 最高达 $41.7A/\mu s$，新能源汽车动力系统属于高电压、大电流的强电设备，对于额定功率为 50kW 的电机，若工作电压为 336V，则电机在额定功率运行时的负载电流接近 150A，du_{ce}/dt 和 di_c/dt 大大增加，电流中有丰富的高频电磁分量，周围的设备由于公共阻抗耦合或电感耦合受到干扰，会影响自身的工作性能。高频电磁分量也会向空间辐射电磁波，干扰附近的电子电气设备。

逆变器侧的共模电压将通过电机定子和转子之间的寄生电容产生轴电压以及轴电流，这样就会对电机轴承构成威胁，从而降低电机的寿命。此外，共模电压还将与寄生电容耦合形成对地干扰漏电流，这样就会给系统内其他设备的正常工作带来一定的影响。

关于 DC/AC 逆变器 EMC 问题，本书重点介绍以下内容：阐述电驱系统传导干扰的产生机理，详细分析干扰源及耦合路径；在 Saber 中建立逆变器等效电路模型，包括 IGBT 行为模型、直流母线和三相线缆的多导体传输线模型；在 MATLAB 中建立 SVPWM（space vector pulse width modulation，空间矢量脉宽调制）矢量控制和永磁同步电机模型，得到完整的联合仿真模型；对电机驱动系统逆变器输出侧共模电流进行试验测试，验证模型的准确性；分析随机零矢量和随机开关频率两种调制方式对逆变器输出信号、传导干扰和电机驱动系统性能的影响；分析 SVPWM 矢量控制中开关（三角载波）频率对共模干扰的影响；分析工况对共模干扰的影响。

1.2.4　动力电池系统 EMC 问题

车用锂离子电池在纯电动汽车中作为供电来源，在高频情况下，其寄生参数可能会导致电动汽车整车和零部件的传导及辐射超标。锂离子移动产生的电流在金属集流体片上频繁地通断可能会导致端电压及端电流的变化，从而可能引起电磁干扰问题。一部分电磁干扰信号沿着电池正负极以传导的形式进入电池系统内部；另一部分干扰则以辐射的形式向空间传播。此外，以传导形式传播的电磁干扰也可能通过电路对外辐射，对外部电路及外部环境造成一定危害，进而影响纯电动汽车的行驶安全。

电磁兼容的研究不外乎三个方面：干扰源、敏感设备和耦合路径。在高频情况下，复杂工况产生的瞬变电压和电流会影响电池内部及周围环境的电磁场分布，进而可能改变其电化学扩散效应、极化效应的正常进程，对端电压、端电流产生反作用，容易引起电磁干扰问题。此时，电池系统不能简化为理想电压源。但目前为止，一般只将电池系统看作电磁干扰的传播路径或节点,尚未从电池系统自身产生的电磁干扰的角度来研究。车用锂离子电池内部的干扰源产生的电磁干扰会对敏感设备产生危害或影响一些数据的测量精度。例如,动力电池产生的尖峰电压会沿线缆进入低压系统导致传感器采集的电压、电流、温度等信号不准,而造成荷电状态(state of charge,SoC)在估算时采集的原始数据不准确,影响 SoC 的估算精度。主控制器、分控制器以及传感器和低压 CAN 总线均为电池系统内部需要重点关注的敏感位置。锂离子电池内部众多干扰源并存,不同的布线方式以及元器件布置方式都对电磁干扰的产生与传播产生影响;同时,车用锂离子电池本身结构较复杂,形状不规则,这些因素都对锂离子电池等效模型的准确建立提出了挑战。

对于锂离子电池等效模型的研究,大致可以分为三类:电化学模型、电气模型和数学模型。电化学模型,如图1.6所示,是基于电化学原理建立的,可以从本质上反映电池外部特性与内部参数之间的关系。尽管电化学模型具有较高的精度,但这些模型存在明显的缺点:模型结构复杂、参数识别困难以及运算速度低。因此,电化学模型在应用于实际车辆的电池管理系统(battery management system,BMS)中时,使用效果并不理想。

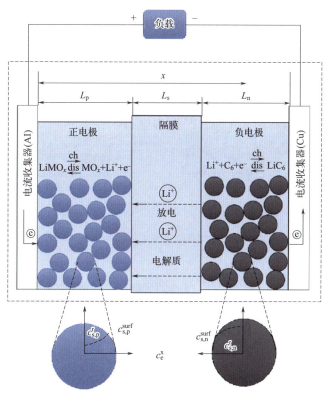

图1.6 锂离子电池电化学模型

而由理想电气元件组成的等效电路模型已成功应用于荷电状态(SoC)、健康状态(state of health,SoH)和能量状态(state of energy,SoE)的估计。对于电池的电气模型,一般采用等效电路的表达方式。等效电路有两种构建方式:一种通过充放电测试进行参数辨识的方式得到不同元器件的参数构建等效电路,该方法能够将温度影响纳入到模型中；另一种通过阻抗分析仪等设备获取电池频域上的阻抗特性，用不同的电子元器件对其进行阻抗拟合，从而搭建等效电路。

等效电路模型不研究锂离子电池的内部微观反应机制，属于半经验仿真模型，具有结构简单、参数少、计算量小、易于实现工程应用等优点；而锂离子电池电化学模型通过研究锂离子电池的内部微观反应机理对电池的充放电行为进行数值化描述，具有能够反映电池衰减机制、精度高、通用性好等优点。另一方面，等效电路模型固定的模型结构无法实现全寿命周期锂离子电池的高精度建模仿真；而电化学模型控制方程复杂、计算量大导致高负荷的计算任务，限制了电化学模型在实际工程中的应用。因此，针对上述模型的不足，如何建立能够根据锂离子电池状态进行自我结构动态调整的等效电路模型，以及如何开发能够自适应调整不同简化方式之间协同耦合技术的电化学简化模型，是目前车用锂离子电池高精度、宽频段、高适用性仿真模型研究急需解决的问题。

敏感体是电气系统中被干扰对象的总称。当敏感体受到干扰源所发出的电磁能量作用时，就会受到干扰，甚至导致其性能降级或失效。敏感设备可以是一个很小的电子元件、电路板组件，也可以是一个单独的用电设备，甚至一个大型系统。对于敏感位置处寄生参数的分析研究能够极大地提高系统在电磁场中的工作稳定性。图1.7为锂离子电池中的关键敏感位置，图1.8为锂离子电池内部BUSBAR跨接处等敏感位置。

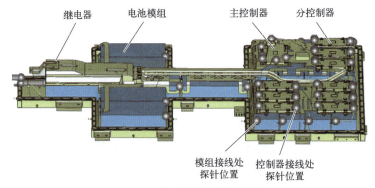

图1.7 锂离子电池关键敏感位置

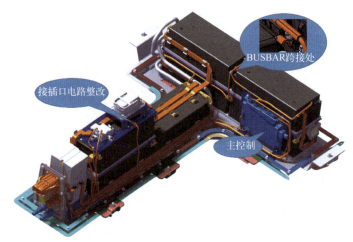

图1.8 锂离子电池内部BUSBAR跨接处敏感位置

目前，国内大型的主机厂期望在车用锂离子电池预研开发阶段有一个能全面评估电池系统 EMI 的预测模型，预测模型对寄生参数非常敏感，而电池系统自身的寄生参数（单体的层叠和卷绕方式、模组跨接处的 BUSBAR 阻抗、电池包壳体结构、材质和电池包内部的高低压布线方式不同等）对整个电池系统电磁干扰影响方面的研究尚不完善，因此，必须通过对电池系统内部的敏感位置及近场电磁场分布的分析研究，建立一个不完全依赖于寄生参数的车用锂离子电池 EMI 预测模型。一方面，拟为研究车用锂离子电池系统 EMI 全频段机理模型提供理论支撑和学术依据，同时也是目前企业急需解决的关键技术问题；另一方面，拟在车用锂离子预研设计阶段就考虑电磁兼容性能，预测及规避可能发生的电磁干扰问题，以期缩短研发周期，节约产品开发时间成本。

关于动力电池系统 EMC 问题，本书重点介绍以下内容：以锂离子动力电池单体为对象，测量不同频段下电池单体（包括 BUSBAR）的阻抗特性，采用电气模型进行全频段阻抗特性拟合，建立整个电池包的电气特性模型；建立电驱系统与电池包的电磁干扰模型，通过最大转矩电流比进行控制，设置电驱系统的运行工况，获取电池包直流母线上的电流变化，通过实车行驶测试验证仿真结果；将直流母线电流作为激励源，仿真分析电池包及整车的电磁辐射发射情况。

1.2.5 整车 EMC 问题

随着通信技术、网络技术、无线技术、电力电子技术的发展，电磁环境日益复杂，新能源汽车的电磁兼容性标志着车辆及其附属设备运行的可靠性和安全性。新能源汽车整车电磁兼容性是汽车各种电力电子设备或子系统间的电磁储存关系与周边电磁环境之间的兼容并行关系，新能源汽车整车电磁兼容性预测仿真对于提高新能源汽车运行质量、保证安全具有重要的指导作用。

新能源汽车运行时会对车辆周围和居住环境的无线电接收和发射设备造成干扰，因此 GB/T 18387—2017 和 GB 14023—2011 分别规定了车辆在 150kHz～30MHz 和 30～1000MHz 频率范围电磁发射的限值。为满足整车电磁发射要求，必须进行整车 EMC 设计。EMC 设计对新能源汽车整车的电磁兼容性和电气功能安全具有重要的作用。国内外标准化委员会和一些车企都制定了整车 EMC 标准，为 EMC 设计提供了设计规范和依据。通过分析整车上存在的电磁干扰源、电磁干扰传导和辐射两种耦合路径，采用屏蔽、滤波和接地等电磁干扰抑制方法和整车分层设计方法进行 EMC 综合设计，以满足 EMC 标准限值要求。

整车 EMC 的设计和产品认证，都需要 EMC 试验验证。新能源汽车整车 EMC 测试内容主要包括整车辐射发射测量和抗扰性测量。为了提高整车 EMC 试验认证的通过率，前期对整车存在的电磁干扰源进行仿真预测和评估是十分重要的。

关于整车 EMC 问题，本书重点介绍以下内容：整车正向和逆向有限元建模方法、整车辐射干扰抑制、整车电磁模型及人体在车内电磁辐射吸收剂量（SAR）仿真。

第 2 章

直流有刷电机电磁干扰建模与仿真预测

2.1 概述
2.2 直流电机传导干扰建模与仿真预测
2.3 直流电机辐射干扰建模与仿真预测
本章附录　传导干扰系统模型

2.1 概述

电机是汽车上的关键部件,据统计,在一台整车上大约会使用70台电机,大多数是直流有刷电机,其中最常见的有汽车前窗的雨刮电机和车身车门的摇窗电机。直流有刷电机是电机的主要类型之一,直流有刷电机可以作为起动机,其启动性能和调速性能相较于其他电机有着相对的优势。除此之外,直流有刷电机也可以作为发电机,并有良好的供电质量,这也是直流有刷电机频繁被用作工业中的直流电源的原因之一。

直流有刷电机控制简单而且调速方便,同时作为有刷电机,它具有做工效率高、体积小巧、运行比较可靠、内部构造简单和用铜量少的优点。它的应用范围上到航空航天,下到日常生活的方方面面,几乎遍及每一个工程领域。

直流电机内含电刷和换向片,从能量转换角度,它可以将电能转化为机械能。相比于直流无刷电机,直流有刷电机不需要控制器,通电即可启动或者制动,整体的控制电路相对简单。因为其造价低廉并且运转时性能比较稳定,直流有刷电机也被广泛应用于汽车工业中。

2.1.1 直流电机理论基础及换向理论

区别于直流无刷电机,电刷装置是用来引入或引出直流电压和电流的。直流有刷电机是所有电机的基础,它具有启动快、制动及时、可在大范围内平滑地调速、控制电路相对简单等特点。

本章中的直流有刷电机是某电机公司生产的12V摇窗电机,图2.1是该电机的结构示意图,下面将从定子部分、转子部分和传动机构介绍该电机。

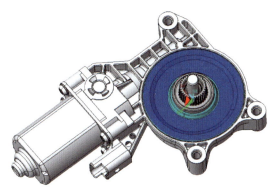

图 2.1 摇窗电机示意图

1) 定子部分

(1) 定子磁极

定子磁极主要是用于产生电磁场,由铁氧永磁体制作而成。该摇窗电机中的定子磁极形状是瓦块形,该形状可以和电机壳体紧密地贴合,便于固定在电机外壳上。

（2）外壳

该电机的外壳为钢铸件，主要是保护电机的内部结构。同时在结构上，它可以作为一个支撑元器件用来固定在车身上；由于金属结构对于空间电磁辐射有很好的屏蔽效果，因此，该金属壳体可以起到将电磁干扰屏蔽在电机内部以减少对外界干扰的作用。

（3）电刷结构

电刷主要是由电刷本体、电刷外接线、刷杆、刷杆座等组成。电刷本体一般是采用石墨制作的导线体，通过弹簧压力贴合在电机换向装置的表面。电刷在换向的过程中与换向片是滑动接触。该电机内部安装有两个对称电刷，电刷与换向片接触连接。在交替换向的过程中，一对电刷可以流进流出电流，以实现电机的持续换向。

2）转子（电枢）部分

（1）电枢铁芯

电枢铁芯是主磁通磁路的主要部分，同时用以嵌放电枢绕组。为了降低电机运行时电枢铁芯中产生的涡流损耗和磁滞损耗，电枢铁芯一般采用厚度 0.5mm 且有齿、槽的硅钢片冲压而成。电枢铁芯安装在转子架上，然后将支架固定在转轴上。

（2）电枢绕组

电枢绕组是直流电机运转时的主电路，主要是由绝缘材料包裹的铜丝导线绕制而成。电枢绕组的主要作用是实现能量的转换，将电能转换为机械能。电枢绕组的要求是能够产生足够的感应电动势，同时在满足电机使用需求的基础上要尽可能地节省材料的使用。根据其绕组的缠绕方式，有叠绕组、波绕组和混合绕组这三种类型，本章中的电机采用的是叠绕组。

（3）换向器

在电机换向过程中，电机换向器与电刷交替接触，能够实现电机的平稳换向。在该电机中，换向器环形排列形成一个圆筒形结构，各个片间采用绝缘材料隔开。换向片环形排列并且每个换向器片与两根绕组铜丝焊接在一起。

3）传动机构

（1）减速器

蜗轮蜗杆减速器，又称蜗轮蜗杆减速机，是一种动力传达机构。利用齿轮蜗杆的速度转换器，将电机（马达）的回转数减速到摇窗工作所要的回转数，并得到较大转矩。在用于传递动力与运动的机构中，减速机的应用范围相当广泛。本书中减速机的减速比是 80，通过该电机能够给车窗一个较大的上升转矩，从而拉升车窗玻璃。根据电机公司提供的设计参数，该直流摇窗电机的满载力矩能够达到 3N·m，因为蜗轮蜗杆减速机的减速比为 80，即理论上可以产生 240N·m 的拉升力矩用于汽车车窗玻璃的升降。

（2）齿轮

该齿轮与车窗上升齿轮啮合，齿轮采用的材质是聚甲醛，一种表面光滑、有光泽的硬而致密的材料，呈淡黄或白色。它的耐磨性和自润滑性也比绝大多数工程塑料优越，又有良好的耐油、耐过氧化物性能。

在工作环境下，电机的理想工作电压是 12V 直流电压。图 2.2 表示的是该电机的电机结构模型，它的固定部分（定子）上，装有一对用直流励磁的主磁极 N 和 S，在旋转部分（转子）上装设有电枢。定子与转子之间有一定的空隙。电枢铁芯上装有由 A

和 X 两根导体连接而成的电枢线圈。线圈的首端和末端分别接到两个圆弧形的铜片 K_1 和 K_2 上，此铜片称为换向片，换向片之间互相绝缘。由换向片构成的整体成为换向器，换向器固定在转轴上。换向器上放置着一对静止不动的电刷 B_1 和 B_2，电枢旋转时，电枢线圈通过换向片和电刷与外电路接通。

如图 2.2 所示，当线圈 AX 中有电流流过时，假设该电流的大小是 i，根据洛伦兹力计算公式，在磁感应强度大小为 B 的磁场中，线圈上会受到一个洛伦兹力乘以电枢半径 D 的力矩 T：

$$T = BilD\sin\theta$$

式中，l 是绕组的有效长度；θ 为沿电枢表面圆周的电角度。由于电刷的位置是固定不动的，但是电流一直是从正电刷进去，然后从负电刷流出，导体中的电流会随着磁极旋转导致磁性方向翻转而变换方向，因此，在电机换向过程中，尽管电刷位置

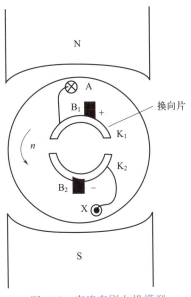

图 2.2 直流有刷电机模型

不变但是绕组中的电流会改变方向使得转子始终受到一个切向方向的力矩，进而实现了电机的持续性旋转。

该直流摇窗电机采用单叠绕组结构，在电机运转的过程中，一组绕组元件在一个周期内会被电刷短路一次，其绕组的展开图如图 2.3 所示。

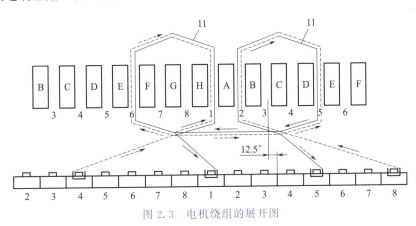

图 2.3 电机绕组的展开图

单叠绕组的连接规律是：所有的相邻元件依次串联（即后一个元件首端与前一个元件的尾端相连），每串联一个元件就向右移动一个虚槽，同时元件的出线端在换向器上移动一个换向片，最后形成一个闭合的回路。具体连接的示意图如图 2.3 所示。

在这个过程中需要注意的是，整个电枢绕组应该是一个闭合的回路。以本章中的电机为例，其本身是 8 绕组元件结构，对应到电机的绕组展开图中有 8 个绕组元件回路，在电机的运转过程中随着电机换向使得绕组内部的电流换向，会有两组回路被短路，在这个过程中，处在绕组元件被短路的前后时间范围内，换向电流将由一条支路进入下一条支路。此时，元件中的电流会改变方向，从而保证电机一直受到相同方向的切向力，这个过程就是换向。

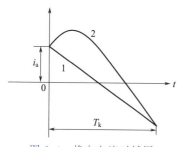

图 2.4 换向电流时域图

在理想情况下,若换向回路内无任何电动势的作用,并设电刷与换向片之间的接触电阻与接触面积成反比,换向元件本身的电阻又可以忽略不计,则换向元件中的电流从 $+i_a$ 到 $-i_a$ 的规律大致为一直线,这种换向称为直线换向,电流的时域图如图 2.4 中的线条 1 所示。

通过观察图 2.4 中的线条 1 可以看出,直线换向的特点是换向元件中的电流变化是非常均匀的,整个电刷换向接触面上的电流密度的分布也是均匀的,换向情况良好。

但是实际的情况是,由于换向元件具有漏磁电感,因此换向元件中将产生电感电动势 e_r;根据楞次定律,该电动势的产生就是为了阻碍电流的变化,因此 e_r 的方向与换向前元件中的电流方向相同。此外,在几何中性线处还存在一定的交轴电枢磁场,换向元件"切割"该磁场时,将产生运动电动势 e_{c1}。不难确定,无论是发动机还是电动机,e_{c1} 和 e_r 的方向总是相同的。由于电动势 e_r 和 e_{c1} 的出现,换向元件中电流改变方向的时刻将比直线换向时后延,这种情况是延迟换向。其时域电流示意图参见图 2.4 中线条 2。

2.1.2 火花因数及接触压降计算

在电机换向的过程中,增磁区域还可以使气隙磁场达到很高的值。当电枢绕组切割磁场时,根据电磁感应定律绕组元件会形成很高的电动势,使得绕组元件与换向片之间的电压变大。当片间的电压超过一定的限度时,就会发生游离击穿并在换向片的片间形成电位差火花。

火花越大,一般产生的电磁干扰也就越强烈,可以在电机运转过程中通过人工观察电机火花的大小确定火花等级,具体确定方式如表 2.1 所示。

表 2.1 直流有刷电机火花等级分类

火花等级	电刷下的火花程度	换向器及电刷状态
1	无火花	换向器上没有黑痕,电刷上没有灼痕
$1\frac{1}{4}$	电刷边缘仅小部分(约 1/5~1/4 刷边长)有断续的几点点状火花	换向器上没有黑痕,电刷上没有灼痕
$1\frac{1}{2}$	电刷边缘大部分(大于 1/2 刷边长)有连续的较稀的颗粒状火花	换向器上有黑痕但不发展,用汽油即能擦除,同时电刷上有轻微灼痕
2	电刷边缘大部分或全部有连续较密的颗粒状火花,开始有断续的舌状火花	换向器上有黑痕,用汽油不能擦除,同时电刷上有灼痕;如短时出现这级火花,换向器上不出现灼痕,电刷不烧焦或损坏
3	电刷边缘有强烈的舌状火花,伴有爆裂声	换向器上有黑痕,用汽油不能擦除,同时电刷上有灼痕;如在这一级火花下短时运行,换向器上将出现灼痕,电刷将被烧焦或损坏

仅仅通过人工观察判断电机换向过程中的火花等级具有较大的主观性,不能从设计

的角度对火花问题进行优化。为解决这一问题,国内外学者进行了大量研究,提出了火花因数的概念,并给出了火花因数的具体计算公式[式(2.1)]。通过对火花因数 Φ_u 的计算可以评估电机换向的情况。电机设计参数由电机设计公司提供,由于部分数据需要保密,因此仅对计算过程做出介绍,并直接给出计算结果。

$$\Phi_u = \left(\frac{40}{D_k}\right)^{1.5} \frac{i_{km}^2 L_c V_k}{2\beta_k l_b} \quad (2.1)$$

式中,D_k 是换向器直径;i_{km} 是附加换向电流的最大值;L_c 是换向元件的电感;V_k 是换向器表面的线速度,按照电机负载工况下的转速可以计算出其表面线速度;β_k 是换向器片距;l_b 是电刷长度。

附加换向电流 i_k 为:

$$i_k = \frac{p}{a} \times \frac{\Delta_e}{R_b + \frac{p}{a} \times R_c} \quad (2.2)$$

式中,p 是极对数;a 是并联支路数;R_b 是电刷与换向器的接触电阻;R_c 是换向元件的电阻;Δ_e 是换向元件中的电动势。

换向元件中的电动势 Δ_e 为:

$$\Delta_e = e_k + e_r \quad (2.3)$$

式中,e_k 是旋转换向电动势;e_r 是电抗电动势。

式(2.3)中 e_k 和 e_r 的计算为:

$$e_k = 2N_c V_a l_{ef} B_{av} \quad (2.4)$$

$$e_r = -L_R \times \frac{2i_a}{T_k} \quad (2.5)$$

式(2.4)和式(2.5)中,N_c 是换向元件的匝数,电机的匝数是 20;V_a 是电枢表面的线速度,将电机在负载工况下的速度代入计算;l_{ef} 是电枢铁芯的长度;B_{av} 是气隙平均磁密;L_R 是合成漏磁电感系数的平均值;i_a 是换向电流;T_k 是换向周期,这里按 1.8ms 代入计算。合成漏磁电感系数 L_R 为:

$$L_R = 2N_c^2 l \lambda \quad (2.6)$$

式中,l 是换向元件边的有效长度;λ 是等效比磁导,一般取值范围在 $(4\sim8)\times 10^{-6}$ H/m。式(2.1)~式(2.6)中出现的参数均可以通过电机设计参数获取,进而得到电机的火花因数,即可以在理论层次对电机的火花因数进行计算,进而对电机的火花等级进行数值层次的评价。

在电磁干扰环境中,一个干扰设备可由戴维宁定理简化成一个理想电压源和阻抗串联的结构。在本章中,我们可以将电机简化为图 2.5 所示的绕组和激励源的串联结构。

我们知道电机的阻抗元件可以简化为一个 RLC 的多阶电路,通过该等效电路来模拟电机绕组在关注频段的阻抗特性;激励元件可以理解为

图 2.5 电机简化模型

电机换向过程中的电压变化,可以对电机换向过程中的电路进行理论分析,计算得到电压波动时域数据作为电机简化模型中的干扰激励源。接下来对电机换向过程中的电路进行分析。

图 2.6 中带斜条纹的矩形框代表电刷,与之接触的空白长方形为换向片,由 R_s、L_s 和 e_k 组成的串联支路代表正在换向的元件(由于电路的对称性,图中只分析一个换向元件),两条 u_a 支路为摇窗电机电枢绕组的两条并联支路。

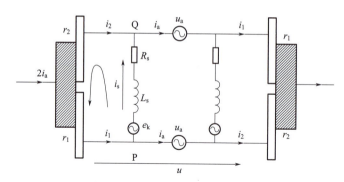

图 2.6 摇窗电机换向等效电路

对于图 2.6,根据基尔霍夫电压定律可以得到:

$$L_s \frac{di_s}{dt} + R_s i_s + e_k + r_1 i_1 - r_2 i_2 = 0 \tag{2.7}$$

式中,i_s 为换向电流;L_s、R_s 为换向元件漏感和电阻;e_k 为换向元件的旋转电动势;r_1、r_2 分别为电刷与两片换向片的接触电阻;i_1、i_2 为经电刷引入换向片的接触电流;i_a 是电枢支路电流;t 为时间。

由于旋转电动势 e_k 在实际的情况下数值特别小,同时忽略换向元件的电阻压降的影响,因此在换向过程中式(2.7)可简化为:

$$L_s \frac{di_s}{dt} + r_1 i_1 - r_2 i_2 = 0 \tag{2.8}$$

对于图中 P、Q 两节点,由基尔霍夫电流定律可得:

$$i_1 = i_a + i_s \tag{2.9}$$

$$i_2 = i_a - i_s \tag{2.10}$$

假设电刷与换向片间为理想的面接触,接触电阻与接触面积成反比,则:

$$r_1 = \frac{T_k}{T_k - t} \times R_d \tag{2.11}$$

$$r_2 = \frac{T_k}{t} \times R_d \tag{2.12}$$

根据式(2.7)~式(2.11),可以将式(2.7) 的电刷接触压降公式写为:

$$L_s \frac{di_s}{dt} + \left(\frac{T_k}{T_k - t} + \frac{T_k}{t}\right) R_d i_s - \left(\frac{T_k}{T_k - t} - \frac{T_k}{t}\right) R_d i_a = 0 \tag{2.13}$$

式(2.13)是含时变系数的一阶微分方程,代入电枢支路电流 i_a、换向周期 T_k 和接触电阻 R_d 等相关参数在 MATLAB 中编程求解,得到电机换向电流的时域解如图 2.7 所示。

由换向电流时域图,通过前面的介绍可以发现,该电机的换向过程是延迟换向,电流时域图呈现出上凸的趋势。

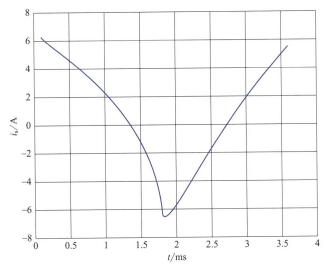

图 2.7 摇窗电机换向电流

$$u_c = R_d \times \frac{T_k}{T_k - t} \times (i_s + i_a) + R_d \times \frac{T_k}{t} \times (i_s + i_a) f_e \tag{2.14}$$

式中，f_e 表示反电动势系数（取值 0.001）。计算得到换向电流的时域数据后，根据式(2.14) 可以计算得到电机换向的接触压降，利用 Simulink 搭建计算模型，如图 2.8 所示，代入电机的相关参数可以得到电机换向时的端口电压随时间变化的数据。后续可以将该时域数据从 MATLAB 中导出到一个 TXT 文件中，作为时域激励源，用于下一步的电路仿真。

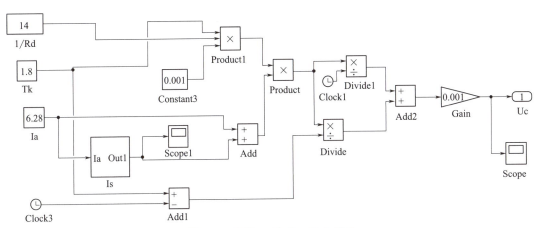

图 2.8 计算 u_c 的 Simulink 模型

2.1.3 电机火花干扰抑制仿真

本节构建电机传导干扰模型，将火花因数计算与电刷压降计算联系起来，对电机的火花干扰提出抑制措施。

在实验室环境下，电机的传导干扰试验布置如图 2.9 所示。

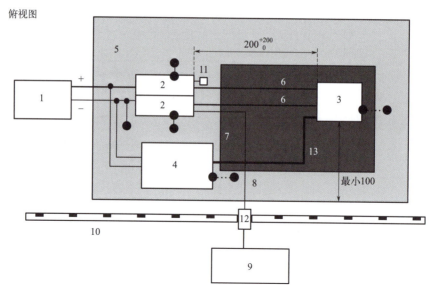

图 2.9 电机传导干扰试验布置图

1—蓄电池；2—人工电源网络（LISN）；3—被测电机；4—模拟负载；5—测试平台；
6—电源线；7—低相对介质支撑物；8—优质同轴电缆；9—测量设备，在实验室中一般是
接收机或者频谱仪；10—屏蔽室；11—50Ω 的负载；12—壁板连接器；13—负载联轴器

根据以上试验布置环境进行干扰建模时，可以对上述布置环境进行简化，提取出对仿真建模结果影响较大的电学参数，如电机的换向激励、电机的绕组阻抗和 LISN 等。同时，对于一些影响不大的参数可以进行适当的忽略和抽象。例如，实验室台架不用考虑建模，电源线可以在仿真环境中用一根理想的导线代替，外接的直流蓄电池可以用一个理想的直流电源表示，测量设备在模型中可以用探针进行替代。进而可以将整个试验布置环境简化为图 2.10 所示的 4 个部分。

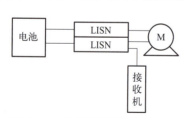

图 2.10 电机传导干扰模型简图

在电机的测试试验中，人工电源网络（LISN）主要有两方面的作用。

一方面，它本身可以作为一个稳定的阻抗。在进行测试时，不同的测试环境会对设备的阻抗产生不同的影响，主要表现在不同的频段其阻抗的大小不一致，如果有人工电源网络，从被测试设备的角度来看，电源和人工电源网络会给测试设备提供一个稳定的阻抗源，这样可以保证结果的准确性和可重复性。

另一方面，人工电源网络相当于一个滤波器。在测试环境下，供电电源在高频段自身阻抗会产生一定的变化，这会导致电源在全频段下的电磁干扰发生扰动。为了测试结果的准确性，需要将电源端产生的电磁干扰阻断在测试设备之前。根据图 2.11 所示的二维电路图，可以将该 LISN 看作一个滤波器，即可以屏蔽电源产生的电磁干扰。

针对该 LISN 电路模型，在电路仿真软件 Multisim 中仿真分析其阻抗特性，仿真结果如图 2.12 所示。可以发现，该 LISN 电路模型的阻抗频谱在 10MHz 以后，阻抗幅值基本保持在 50Ω 附近，即在高频段自身阻抗不会因为频率的增加而改变，保证了测试结果的准确性。

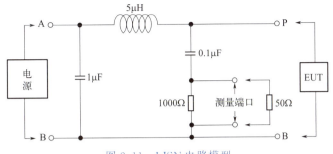

图 2.11 LISN 电路模型

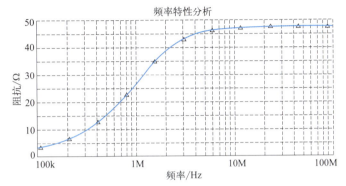

图 2.12 LISN 电路阻抗仿真频谱图

传导干扰结果的获取是通过与 LISN 连接的接收机，接收机是测试结果的获取设备。CISPR 规定 EMI 测试必须使用符合 CISPR16-1-1 规定性能指标的测量接收机作为测量设备。图 2.13 为测量接收机内部功能结构图。

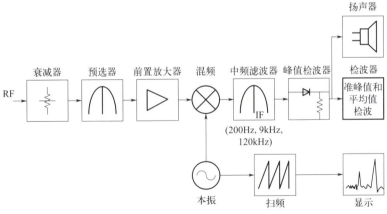

图 2.13 测量接收机内部功能结构图

接收机本质上是一个超外差接收机，混频器将天线上接收到的信号与本振产生的信号混频，当混频的频率等于中频时，这个信号可以通过中频放大器，被放大后，进行峰值检波或者准峰值检波。检波后的信号通过接收机内部的一个放大器放大，在这个过程中，预选器主要是为了保护混频器不会因为干扰信号而产生过载。接收机有三种检波方式，对应可以得到关注信号的峰值、准峰值和平均值。而且在这个过程中，其本振频率可以离散步进改变，这种改变方式可以针对关注频点进行重复扫描。

接收机通过与 LISN 输出端口连接得到端口处的电压干扰频谱，在仿真环境下，由于 LISN 的模型可以通过电路完全构建，因此可以利用仿真软件自带的探针得到 LISN 电路中 50Ω 电阻两端的电压时域数据，然后进行傅里叶运算，将运算结果作为电机的传导干扰频谱。在实际建模中，接收机完全可以用软件中的探针替代，不需要对接收机提取电学参数并构建其电路模型。

根据上述结论，在仿真时需要将重点放在对直流电机的建模上。前面对电机进行了简化，将其用一个 RLC 的多阶电路和端子处变化的电压源串联连接来表示，端子处的电压变化可以通过理论计算得出。

本节主要从火花因数计算出发，通过对电机设计参数的调整以达到较小的电机火花干扰，进而提出火花干扰抑制措施。因此，本节的重点是将火花因数与电机激励源建模联系在一起并通过仿真验证，在构建传导干扰模型的过程中绕组建模并不是建模重点。在相同的绕组模型下，采用一组电机设计参数计算得到的换向激励可以体现出当前参数下火花干扰水平，因此，可以通过对设计参数的调整来对比不同设计参数对火花干扰水平的影响。

对于摇窗电机电枢绕组的 RLC 电路，可以采用图 2.14 所示的二阶电路表示。

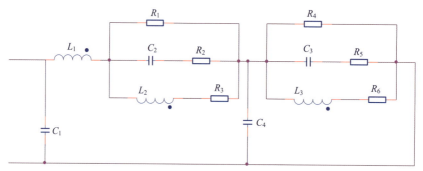

图 2.14　电机绕组的阻抗特性电路图

图中，R_3、R_6 表示绕组的电阻；L_2、L_3 为绕组漏感；C_2、C_3 为绕组的寄生分布电容；R_1、R_2、R_4、R_5 表示高频段的电阻损耗；L_1 为绕组引线的杂散电感；C_1、C_4 表示电机绕组与电机外壳的耦合电容。

图 2.14 中绕组模型中的参数可依据文献进行调整，在此基础上确定图 2.14 中的参数如表 2.2 和表 2.3 所示。

表 2.2　模型参数 R　　　　　　　　　　　单位：Ω

R_1	R_2	R_3	R_4	R_5	R_6
600	1	0.1	600	1	0.1

表 2.3　模型参数 L、C

$L_1/\mu H$	$L_2/\mu H$	$L_3/\mu H$	C_1/nF	C_2/nF	C_3/nF	C_4/nF
0.2	3.15	3	0.2	0.25	0.35	0.2

在确定绕组的参数后，根据前面的介绍可以在电路仿真软件 PSpice 中构建出电机

的传导干扰模型，如图 2.15 所示。

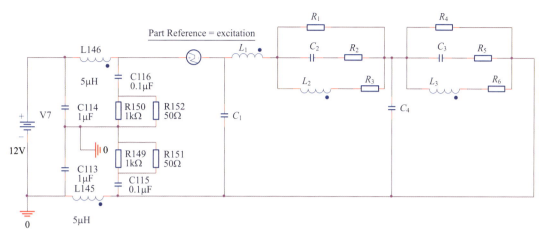

图 2.15　电机的传导干扰模型

图 2.15 中从左到右分别是电源、LISN、激励源和绕组模型。电源模型用一个 12V 的直流电源表示，LISN 电路是按照前面介绍搭建的理想电路模型，excitation 模块是一个时域电压模块，可以将 2.1.2 节计算得到电机换向电压时域数据 TXT 文件导入该模块中，模型的右半部分是图 2.14 所示的电机绕组阻抗模型。

通过上述模型，调整电机的相关参数，对其火花因数和火花干扰水平进行仿真分析，根据仿真结果对电机的火花干扰提出抑制措施。

在计算电机的火花因数时可以发现，电机的换向电流 i_s（单位：A）、电刷与换向片之间的接触电阻 R_d（单位：Ω）和电机的换向周期 T_k（单位：ms）对电机的火花因数影响比较大。接下来对这三种影响参数对火花因数和电机的传导干扰进行建模，进而研究火花干扰抑制措施。

对于本章中使用的摇窗电机，根据电机公司提供的电机参数，确定影响火花因数的关键参数见表 2.4。

表 2.4　电机参数

参数	数值
i_s	6.28
R_d/Ω	0.0716
T_k/ms	1.8

利用该组数据求得电机的火花因数为 0.99。同时，利用该参数计算得到电机端的电压变化时域数据，代入图 2.15 所示的直流有刷电机传导干扰模型中，仿真得到电机的火花干扰频谱。

接下来对电机的三个参数进行调整，然后分别计算电机的火花因数。对于电机的换向电流，根据前面的推导公式可以发现，电机的火花因数相对于电机的换向电流是单调递增的，即火花因数会随着换向电流的减小而减小，当电机的换向电流是 2A 时，计算得到电机的火花因数是 0.018。对于两种换向电流，分别计算其干扰电压导入模型仿真可得其火花干扰的对比图，如图 2.16 所示。

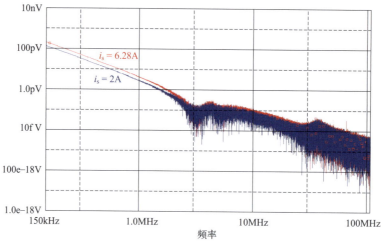

图 2.16　电机的传导干扰对比（换向电流改变）

图 2.16 中，红色的线是当换向电流 i_s 为 6.28A 时电机的传导干扰频谱；蓝色的线是当换向电流 i_s 为 2A 时电机的传导干扰频谱。通过对图 2.16 的分析可以发现，随着换向电流的减小，其电机的火花干扰也会明显减小，即减小电机的换向电流可以减小电机的火花干扰。

对于电机的接触电阻，根据前面的推导公式可以发现，电机的火花因数相对于电机的接触电阻是单调递减的，即火花因数会随着电刷与换向片之间的接触电阻的增大而减小，当电机的接触电阻是 1Ω 时，计算得到电机的火花因数是 0.21。对于两种接触电阻，分别计算其干扰电压，导入模型仿真可得其火花干扰的对比图，如图 2.17 所示。

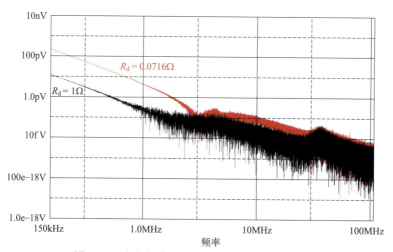

图 2.17　电机的传导干扰对比（接触电阻改变）

图 2.17 中，红色的线是当接触电阻 R_d 为 0.0716Ω 时，电机的传导干扰频谱；黑色的线是当接触电阻 R_d 为 1Ω 时，电机的传导干扰频谱。通过对图 2.17 的分析可以发现，随着换向接触电阻的增大，其火花因数会减小，同时电机的传导干扰也会明显减小，即增大电机的换向接触电阻可以减少电机的火花干扰。

对于电机的换向周期，根据前面的推导公式可以发现，电机的火花因数相对于电机的换向周期是单调递减的，即火花因数会随着换向周期的增大而减小，当电机的换向周期是 3ms 时，计算得到电机的火花因数是 0.11。对于两种换向周期，分别计算其干扰电压，导入模型仿真可得其火花干扰的对比图，如图 2.18 所示。

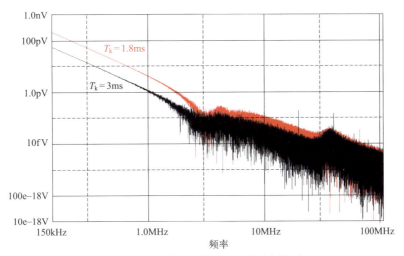

图 2.18　电机的传导干扰对比（换向周期改变）

图 2.18 中，红色的线是当换向周期 T_k 为 1.8ms 时，电机的传导干扰频谱；黑色的线是当换向周期 T_k 为 3ms 时，电机的传导干扰频谱。通过对图 2.18 的分析可以发现，随着换向周期的增大，其火花因数会减小，同时电机的传导干扰也会明显减小，即增大电机的换向周期可以减小电机的火花干扰。在实际的工程中，对于一些变速电机，普遍情况下，电机在高速挡的电磁干扰会高于电机在低速挡的电磁干扰。

如表 2.5 所示，通过对电机设计参数的调整，如减小换向电流、增大接触电阻和增大换向周期等措施，可以在减小电机的火花因数的同时减弱电机的火花干扰。

表 2.5　火花干扰抑制

关键参数	数值	火花因数	火花干扰
换向电流 i_s	变小	变小	变小
接触电阻 R_d	变大	变小	变小
换向周期 T_k	变大	变小	变小

2.2　直流电机传导干扰建模与仿真预测

将该摇窗电机按照 EMC 测试标准 CISPR 25 进行传导干扰测试试验，图 2.19 所示即为该摇窗电机传导干扰的测试结果报告（电机公司提供的原始测试图片）。

图 2.19 中的两条测试线分别代表传导干扰的峰值和平均值，与之对应的同色水平线为相应干扰频段的最大限值。本章仿真结果主要是和试验结果的峰值进行对比。由于只得到了检测中心出具的测试报告，并没有提供报告中用于频谱点绘制的电子版文件。后期为了便于将仿真结果与测试结果进行比对，对测试报告图像上的一些特征数据进行了选取（选取的点能体现出测试报告频谱图的整体包络），然后在 MATLAB 中绘制出测试结果的频谱趋势，如图 2.20 所示。

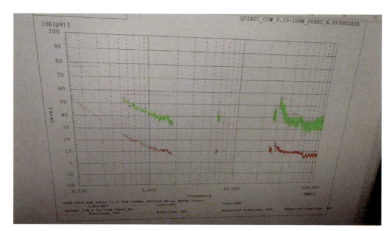

图 2.19　电机传导干扰测试结果报告

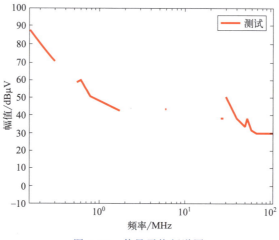

图 2.20　传导干扰频谱图

摇窗电机在进行传导干扰测试时测试环境布置如图 2.21 所示。在进行试验时，需要用磁滞制动器来模拟摇窗电机换向过程中的负载。

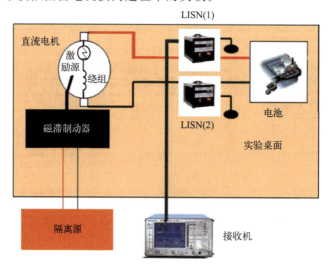

图 2.21　直流电机传导干扰测试

图 2.21 中的直流电源和 LISN 有相应的标准模型。在进行仿真建模时,我们将重点放在对直流电机电学参数的建模上,即对电机的绕组模块和电机换向激励进行精确建模。

2.2.1 电机绕组建模

电机绕组的阻抗频谱特性在电机换向激励作用下,会对电机的传导干扰频谱数值大小产生一定的影响,因此,电机的绕组建模和换向建模是摇窗电机传导干扰系统仿真中的重点内容。

直流有刷电机绕组一般为多元件结构,单个元件的阻抗特性一般会随着测试频率的增加而发生不规则的变化,在频谱图上会呈现出一定数目的波峰和波谷。将绕组元件等效为一个集总参数电路,使得在整个频段内等效电路的阻抗与实测元件的阻抗相一致。摇窗电机绕组共有 8 个绕组元件,绕组的实物图如图 2.22 所示。

国内外文献对于电机的绕组建模普遍是将电机的绕组看作一个整体,即通过建立一个等效电路模拟电机正负接线柱之间的阻抗特性,然后将正负接线柱之间的电流电压变化作为换向激励源。

考虑到电机换向过程中会有部分元件被短路,即在实际的电机换向周期中,电机正负接线柱之间的绕组电路是动态变化的,因此对电机绕组建模时考虑到了单个绕组元件的阻抗频谱特性,分别对单个元件进行建模,然后在此基础上分析其换向激励源。

图 2.22 直流电机电枢绕组

摇窗电机绕组是单叠绕组。单叠绕组的连接规律是:所有的相邻绕组元件依次串联,每串联一个元件就移动一个换向片,最后形成一个闭合的回路。该摇窗电机绕组部分绕线方式如图 2.23 所示。通过该图可以看出,相邻的两个换向片之间有一个完整的元件。

在对该电枢进行建模时,将建模的重点放在绕组元件建模上,根据绕组的连接方式,通过单个的元件模型最终构建出该直流有刷电机的绕组模型,在测试前需要将元件与电刷之间的连接点断开,然后针对其中一个绕组元件回路进行测试。

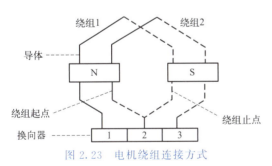

图 2.23 电机绕组连接方式

将一个绕组元件看作组成绕组的基本单位,可将该摇窗电机绕组的结构绘制出来,如图 2.24 所示。在对绕组元件的阻抗进行测试时按照图 2.24 中右边所示将其中一个绕组元件回路(这里以绿色绕组为例)剥离出来进行测试,实际操作时是将相邻换向片上的绕组连接焊点断开。

进行测试试验前,需要将相邻换向片上的焊接点断开,然后选择一个绕组的两个接头,利用阻抗分析仪测试该元件的阻抗,测试现场图和测试结果如图 2.25 所示。图 2.25(b)中的蓝色线代表元件的阻抗幅值频谱图,红色线代表绕组元件的阻抗相位频谱图。

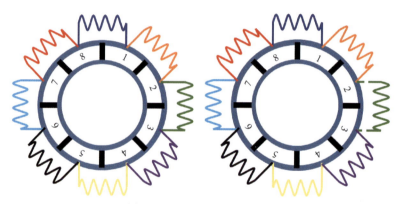

图 2.24　电机绕组元件建模

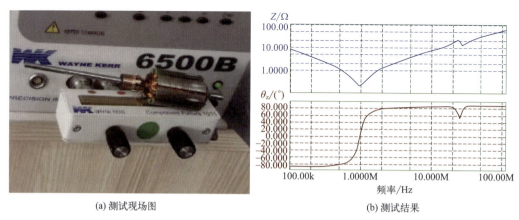

(a) 测试现场图　　　　　　　　　　　(b) 测试结果

图 2.25　测试试验布置及测试结果

通过元件的阻抗频谱图可以看出，该元件的阻抗呈现出一个先下降再上升的趋势，波谷对应的频率点在 1MHz 附近。在选择电路模型时，可以用一个电感与电容串联的电路模拟出整体的阻抗趋势图。

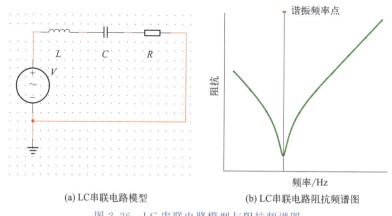

(a) LC 串联电路模型　　　　　　　　(b) LC 串联电路阻抗频谱图

图 2.26　LC 串联电路模型与阻抗频谱图

对于形如图 2.26 所示的 LC 串联电路，其阻抗总是呈现出先减少后增加的趋势。这是由于电容的阻抗与频率大小成反比，在低频段主要是电容对电路的阻抗影响比较大，因此，电路的阻抗随着频率的增加而减小。电感的阻抗与频率大小成正比，在高频段电路中的电感对电路的阻抗影响比较大，因此，电路的阻抗随着频率的增加而增加。阻抗趋势发生改变时，对应的频率点为谐振频率点 f_{re}，可以选择不同的 LC 参数组合形成不同的谐振频率，理论计算如下：

$$f_{re} = \frac{1}{2\pi\sqrt{LC}} \tag{2.15}$$

式中，f_{re} 为谐振频率；C 为电容数值大小；L 为电感数值大小。通过调整 LC 的值，使得 LC 串联电路走势符合测试结果。为了得到 1MHz 的谐振频率，这里可以选择 L 为 123nH，C 为 200nF。

为了模拟出元件的阻抗频谱图在 24MHz 附近阻抗出现的波峰，可以在 LC 串联电路的基础上再添加如图 2.27 所示的谐振元电路。

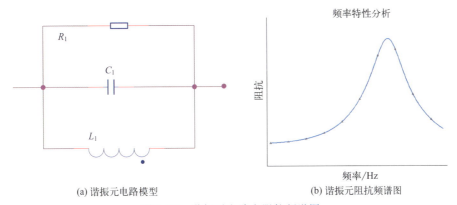

(a) 谐振元电路模型　　　　　　　　(b) 谐振元阻抗频谱图

图 2.27　谐振元电路和阻抗频谱图

考虑到添加的谐振元对于之前串联进去的电路在高频段的阻抗的影响要尽可能地小，可以在谐振元模型中选择一个比较小的电感，这样在高频段谐振元自身的电感特性对于元件模型影响就比较小。最终确定 L_1、C_1 的参数：L_1 为 2.7nH，C_1 为 15nF。

在上述情况下，可以通过参数化的计算得到阻抗频谱图中的谐振点，但谐振点处阻抗的大小还需要确定。可以在 L_1、C_1 并联的基础上通过调整 R_1 的取值来保证在谐振点处仿真计算的阻抗 Z 的数值大小与实际测试结果相吻合。通过计算在 24MHz 处串联 LC 电路的阻抗大小，确定谐振元结构在 24MHz 处的阻抗大小，并最终确定 R_1 取值约为 8Ω。

$$Z(\omega) = j\omega L + \frac{1}{j\omega C} + R + \frac{1}{\frac{1}{R_1} + j\omega C_1 + \frac{1}{j\omega L_1}} \tag{2.16}$$

将上面计算得到的各个元器件参数代入仿真软件 PSpice 中，为了适应仿真软件，需要对模型做出修改。修改的前提是对体现模型阻抗特性的参数均不作出改动，最终确定的元件模型如图 2.28 所示。

在 PSpice 中对该绕组模型进行阻抗拟合分析，仿真频率设为 150kHz～108MHz。

为了便于比较仿真效果，将仿真结果与测试结果导入 MATLAB 进行绘图对比，并根据误差情况调整绕组电路模型中各个电气元件的取值，最终确定绕组模型中各个元器件取值如表 2.6 所示，仿真结果与测试结果的对比情况如图 2.29 所示。

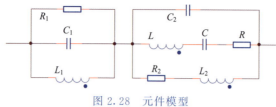

图 2.28 元件模型

表 2.6 电路模型中参数取值

参数	大小
R, R_1, R_2	$0.2\Omega, 8\Omega, 1G\Omega$
L, L_1, L_2	$105\text{nH}, 2.7\text{nH}, 100\text{H}$
C, C_1, C_2	$230\text{nF}, 15\text{nF}, 1\times 10^{-20}\text{nF}$

图 2.29(a) 表示的是电路模型阻抗幅值与测试结果的对比，图 2.29(b) 表示的是

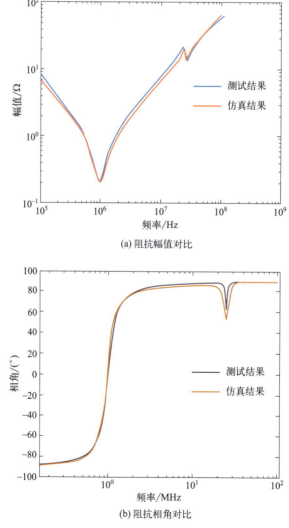

(a) 阻抗幅值对比

(b) 阻抗相角对比

图 2.29 绕组元件模型仿真结果与实测结果对比

电路模型阻抗相角与测试结果的对比。通过对比可以认为前面建立的电机绕组元件电路模型的阻抗频谱与测试结果基本保持一致。在整个建模过程中，电气元件参数的确定是先通过电路分析然后再理论计算。与实际测试结果进行对比后，再对模型中的参数大小进行调整。整个建模流程中参数的确定有理论依据，且该建模方法同时也适用于其他类型直流有刷电机的绕组元件建模。

按照标准 CISPR 25 规定对摇窗电机进行传导干扰测试试验，测试频率范围是 150kHz~108MHz。在做电机传导干扰测试试验时，电机的金属外壳与测试平台是直接接触的。在仿真时可以将电机的外壳当作"地"，即为 0 电势点，在建模时可以认为电机是接地的。在进行高频仿真时，由于电机与外壳之间的空隙导致的寄生电容不能忽略，因此，需要对电机绕组元件与外壳之间的寄生电容进行阻抗测试以确定寄生电容的数值大小。

对于一个元件和地之间的寄生电容，可以将绕组元件的两端视为分别对地有一个寄生电容，将上面的绕组模型修改为图 2.30 这种形式。仿真时默认绕组元件的两个接线头对地的阻抗在数值上差别不大，可以认为线圈的两个接头相对于地的寄生电容是相同的，即 C_{gnd1} 和 C_{gnd2} 的数值大小相同。

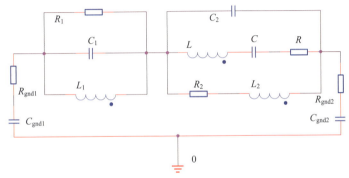

图 2.30 高频绕组元件模型

电机外壳与绕组元件之间的寄生电容阻抗通过阻抗分析仪测试得到，然后利用电容阻抗计算公式与测试结果进行拟合确定寄生电容的数值大小。测试试验布置如图 2.31(a) 所示，阻抗分析仪的两个测试探头中，一个夹持绕组元件的接头，另一个夹持电机外壳，测试结果如图 2.31(b) 所示。

图 2.31 (b) 中的蓝色线是阻抗幅值频谱图，红色线是阻抗相角频谱图。通过对测试结果的观察可以发现，该阻抗频谱图呈现出比较明显的容性，即阻抗随着频率的增加明显减低。在高频段，电机绕组元件与外壳之间呈现出一定程度的电感特性。将测试数据导入 MATLAB 并利用电容的阻抗公式进行拟合。

$$Z=\frac{1}{2\pi f \mathrm{j}C} \quad (2.17)$$

式中，Z 为阻抗的复数形式；f 为仿真频率；C 为电容大小。根据电容的阻抗计算公式，最终确定该电容的取值为 100pF，拟合效果如图 2.32 所示。

从阻抗上来看，一个电容模型已经很好地模拟出测试结果，在仿真模型中，忽略了高频段一些细微的阻抗波动。通过上述对单个绕组元件和寄生电容的建模，最终确定的电机绕组模型如图 2.33 所示。

(a) 测试图片

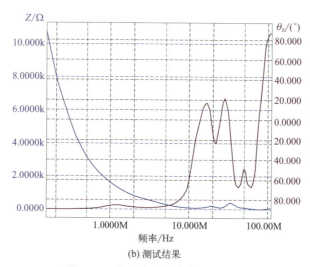

(b) 测试结果

图 2.31 寄生电容测试与测试结果

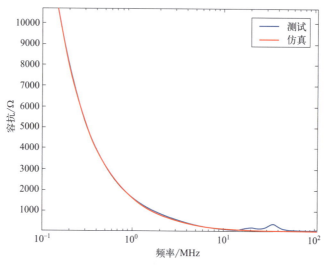

图 2.32 寄生电容测试与仿真结果对比

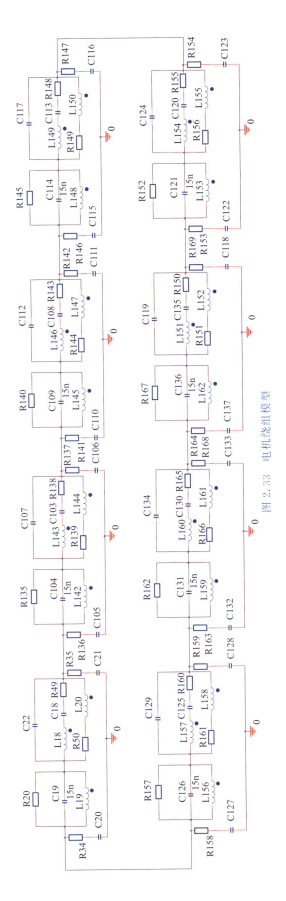

图 2.33 电机绕组模型

该绕组模型由 8 个绕组元件串联组成一个环路，每个绕组元件模型与地之间有一个电容元件来模拟绕组元件与机壳的寄生电容。绕组模型参数根据前面的计算得到，整个计算流程有理论依据。绕组元件和寄生电容的阻抗仿真结果与实测结果能够准确地贴合，确保后面对电机传导系统模型建模的准确性。

2.2.2 电机激励源建模

一般认为在电机运转过程中干扰源主要是电机换向产生的电刷接触压降使得电机端口处产生规律性的电压波动，将电机简化为一个绕组模型和一个激励模型，对电机的传导干扰结果进行仿真计算。

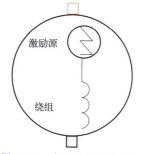

图 2.34 直流电机简化模型

如图 2.34 所示，绕组模块即为建立的 8 绕组元件电路模型，接下来对电机换向激励进行建模。对电机换向激励建模进行以下三种尝试：理论计算干扰电压、电机端电压测试和开关换向模型。

电机换向时，由于电刷与换向片的交替接触会导致两者之间的电压呈现出一定规律的变化。可以将前面计算得到的电机换向时的接触压降作为电机运转时的激励源。将前面计算得到的 u_c 时域数据作为激励源代入模型中仿真计算。

在实际的测试中，通过接收机得到 LISN 上 50Ω 电阻两端的电压频谱，这个电压频谱就是电机的传导干扰频谱。在仿真建模的过程中不需要建立接收机模型，为了获取 LISN 模型中 50Ω 电阻两端的电压频谱，利用 PSpice 的探针功能，首先得到 LISN 模型中 50Ω 电阻两端电压波动的时域数据，然后对该时域数据进行快速傅里叶变换（FFT），转换为频域数据。

图 2.35(a) 是利用 PSpice 的电压探针得到 LISN 模型中 50Ω 两端的电压时域数据的电路示意图，图 2.35(b) 是 PSpice 中对时域数据进行傅里叶运算的设置界面，在该界面可以设置仿真的频率范围和仿真精度。

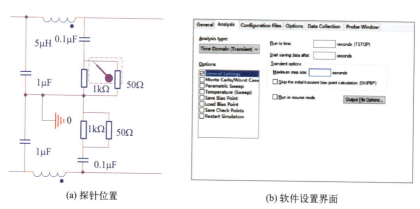

(a) 探针位置　　　　　　　　　(b) 软件设置界面

图 2.35 软件界面

利用理论计算的电机换向时的电刷接触压降作为模型的激励源，得到的电机传导干扰频谱如图 2.36 所示。

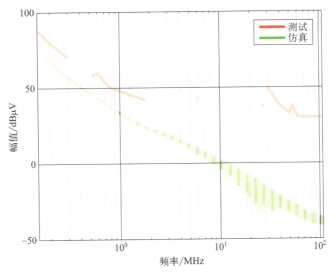

图 2.36 传导干扰仿真结果与测试结果对比图（理论计算干扰电压）

从图 2.36 所示的仿真与测试结果对比可以发现，按照理论计算得到的干扰电压作为电机的激励源，其仿真结果与实际测试相比具有较大的误差，无论是整体的幅值还是频谱的趋势都与实际测试不符合。接下来我们利用实测的电机端电压作为电机仿真的激励源。

为了最终仿真结果的准确性，在测试电机端电压时，利用磁滞制动器来模拟电机换向时的负载。运转时，电机会带动制动盘运转，这时利用示波器测试电机端的电压变化。电机端电压时域图如图 2.37 所示。

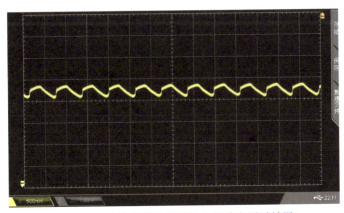

图 2.37 示波器测试得到的电机端电压时域图

通过图 2.37 可以发现，电机在运转的过程中，其端电压呈现出有规律的波动，图中纵坐标代表电压，一个单位是 500mV，可以看出，电压的上下波动范围在 500mV 以内。这些波动的产生主要是由于电机换向时电刷与换向片的有规律接触，图中每个波动周期都对应一个电机换向周期，大约为 1.8ms。按照图 2.34 所示的电机模型，将示波器测试得到的电机端的电压时域数据导入模型中的激励模块，然后进行仿真分析，得到电机的传导干扰频谱如图 2.38 所示。

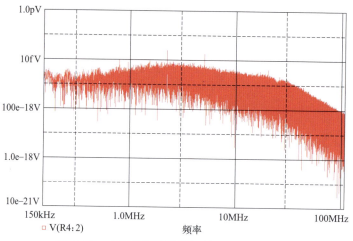

图 2.38　电机的传导干扰频谱（端电压测试）

通过图 2.38 可以看出，利用示波器测试得到的电机端的电压时域数据作为仿真激励源，其仿真结果，无论是幅值还是趋势，与实际的测试结果相比均有较大的误差。上述以理论计算电机接触压降和测试电机端电压作为传导干扰模型激励源的两种方法，其误差都比较大，难以反映实际测试得到的频谱数据。误差产生的原因分析如下。

（1）理论计算接触压降无法体现高频干扰

在电机运行的过程中，产生的火花干扰在电压时域图上可以表现为若干个细微的毛刺，这些毛刺具有时间短、上下起伏大的特点，在频域上表现为高频干扰。通过理论计算得到的换向接触压降可以得到整体的一个压降趋势，但是对于换向时产生的毛刺干扰难以通过理论计算得到。

（2）电机端电压时域数据作为激励不够准确

利用示波器测试得到电机在负载情况下的端电压数据，由于示波器采样频率的限制，不能测试得到高频率的电压波动。与理论计算的干扰电压类似，无法得到高频干扰，且示波器测试得到的端电压仅能体现出电机换向的差模干扰。

（3）绕组模型不能体现出电机的动态换向过程

电机的 8 绕组元件模型可以反映出电机在换向过程中的绕组非短路状态，但由于电刷与换向片的交替接触，绕组在一个换向周期内会出现一次一组绕组元件被短路的情况。此时，绕组模型就不够准确。

通过上述分析可以确定电机换向模型建模的关键有以下几点：

① 电机绕组模型应该是一个随时间变换的模型；
② 模型应该体现出电机换向时绕组元件的短路时间；
③ 对于激励源的选择不能单纯通过数学运算，需要考虑电机换向过程中一些高频干扰因素（火花）。

为了准确模拟出电机换向时的传导干扰，可以从电机换向动态过程出发，对电机换向过程进行动态模拟，即通过模型的运算来模拟出电机的电压波动，而非简单的理论数学计算。

电机换向导致的电压波动是整个电机传导测试系统的激励源，因此，对电机的换向过程进行准确建模是提高仿真准确性的关键一步。

如前面提到，目前很多文献是通过测试得到电机端子处的电压波动作为激励源，然后将测试数据放入仿真软件中进行仿真，或者是通过建立随时间变化的电阻元器件模拟。前者对于电机中的共模干扰不能充分考虑，后者则需要建立非常复杂的电路模型并且准确性不够。从电机换向时各个绕组元件的通断情况出发，利用 PSpice 中的理想时间开关元件来模拟电机在换向时绕组元件的通短路情况是一个很好的思路。

摇窗电机有一组对称的电刷和 8 个组成环形的换向片，绕组为 8 绕组元件结构。电机在换向时，在一个换向周期内随着时间的增加，电机的绕组元件会有规律地被短路。当电刷处于两个换向片之间时，因为相邻的两个换向片电势相同，所以相邻换向片之间的绕组元件会被短路。当电刷完全在换向片上时，绕组元件不被短路。

用于计算电机带负载换向时的绕组元件短路时间所需的相关参数的汇总如表 2.7 所示。

表 2.7 换向所需参数

参数	数值
转子转速/(r/min)	3957
换向片弧度/(°)	40.98
电刷弧度/(°)	37.93
换向片间弧度/(°)	4

实际的电机内部结构中，换向片和电刷均为圆弧形，对应到转子轴中心有一个弧度角，且电刷相对于轴中心的弧度角要小于换向片对应的弧度角。当电刷处于两个换向片之间时，绕组元件会被短路。为了便于计算换向过程中绕组元件的短路时间，可绘出电刷与换向片的相对位置，如图 2.39 所示。图中黑色的为电刷，下面的是换向片。图中按照箭头方向为一个换向周期的 4 个状态。实际运行中是换向片在移动，为了便于理解，简化为电刷移动，且将电刷和换向片简化为矩形。矩形框内的数字代表其相对于转子轴中心的弧度角。

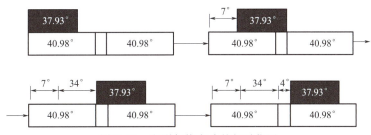

图 2.39 电刷与换向片的相对位置

图 2.39 中对应换向时的 4 个状态分别是：

① 电刷刚刚结束上一个换向过程（0°）；
② 换向片准备进入换向（7°）；
③ 换向片进入换向（34°）；
④ 换向结束（4°）。

上述过程电刷共移动45°，因为该电机为8绕组结构，正好对应一个换向周期，即在一个换向周期内，有换向片移动34°对应的时间处于短路状态，换向片移动11°对应的时间处于非短路状态。此时，电机的转动速度为3957r/min。经计算：一个换向周期为1.8ms，其中，短路时间为1.4ms，非短路时间为0.4ms。

计算出短路时间后为了便于建立电路模型，可以先得到在一个换向周期内各个绕组元件的通电情况，如图2.40所示。

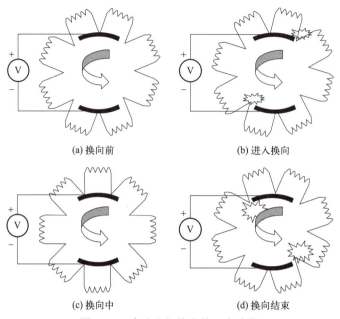

图2.40 直流电机换向的4个阶段

如图2.40所示，建立的电机绕组模型为8绕组元件模型。图2.40中单个的绕组元件可以用图2.30所示的绕组元件模型替代。在非短路状态为两个串联的4绕组元件并联，发生短路时为两个串联的3绕组元件并联。在这个过程中，电机绕组元件的短路时间是一个非常重要的数据，对于最终的仿真结果影响比较大。根据前面搭建的电路模型和计算的短路时间，在PSpice中建立绕组元件开关换向模型，如图2.41所示。

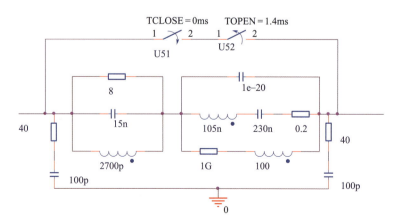

图2.41 绕组元件开关换向模型

在 PSpice 中，通过在电枢上面添加开关元器件 TCLOSE 和 TOPEN 来模拟出电机在换向过程中一个电枢的短路效果。TCLOSE 模块的时间代表当仿真时间到该设置时间时，TCLOSE 模块闭合使电路通路；TOPEN 模块的时间代表当仿真时间到该设置时间时，TOPEN 模块断开使电路断开。图中的两个开关时间间隔即为前面计算得到的短路时间。

针对图 2.41 中的换向模型，当仿真时间为 0ms 时，TCLOSE 模块向下闭合，TOPEN 模块处于闭合状态，此时两个开关模块下的绕组被短路；当仿真时间为 1.4ms 时，TOPEN 模块处于断开状态，此时绕组元件模型上面的开关电路无法连通，即绕组元件不能被短路。在 0~1.4ms 的时间范围内，绕组元件被短路，当时间 t 大于 1.4ms 时，绕组元件不被短路。整体来看，将仿真时间设置为 1.8ms，即一个电机换向周期时，在 0~1.4ms 时间范围内绕组元件被短路，1.4~1.8ms 时间范围内绕组元件不被短路。

直流电机换向的过程中，除去通过理论计算得到的换向电压波动，在其线束的电压波形图上，还会有很多高频分量，在电压时域图上表现为很多细小的电压毛刺。这些毛刺产生的时间一般都特别短，容易产生高频干扰。

导致这些毛刺产生的原因有很多。一方面，电刷与下一个换向片接触的一瞬间，电路中电磁能量的释放会导致产生换向火花，这些火花体现在换向电压上会呈现出不规则的电压波动，且时间间隔非常小；另一方面，也有可能是电刷与换向片接触不良、机械摩擦等因素导致的。由于上述原因，对换向过程中产生的毛刺进行电路建模是很困难的。

参考图 2.41 所示的绕组元件的开关电路，通过设置一些时间间隔较小的开关，来模拟在整个换向过程中产生的电压突变毛刺。

在仿真模型中，可以对其余的三组绕组设置三组不同的短路时间间隔，短路时间的选择根据最终的仿真频段覆盖的范围来确定。

在对一个电路进行激励干扰分析时，如果对电路分析的频率达到了 100MHz，那么激励源产生的干扰频率至少也应该达到 100MHz。为了尽可能模拟这些细微的毛刺，可以将开关时间间隔取为 1×10^{-5} ms（对应频率为 100MHz）、1×10^{-4} ms、1×10^{-3} ms。

最终确定的换向电路模型如图 2.42 所示。

2.2.3 电机传导干扰系统仿真

对于电源模型可以在 PSpice 中用一个 12V 的理想直流电压源来模拟。对于 LISN 的建模，可以查阅相关的标准，提取出 LISN 中的电路参数，确定 LISN 的电路模型，如图 2.43 所示。

电机的建模，根据前面的介绍，将绕组开关短路模型导入其中。对于 LISN 和电机之间的电源线，在测试时采用的是一根 15cm 的导线，其本身的电阻很小可以忽略不计。最终得到的传导干扰系统模型参见本章附录，该模型主要分为电源模型、LISN 模型和电机模型三个部分。

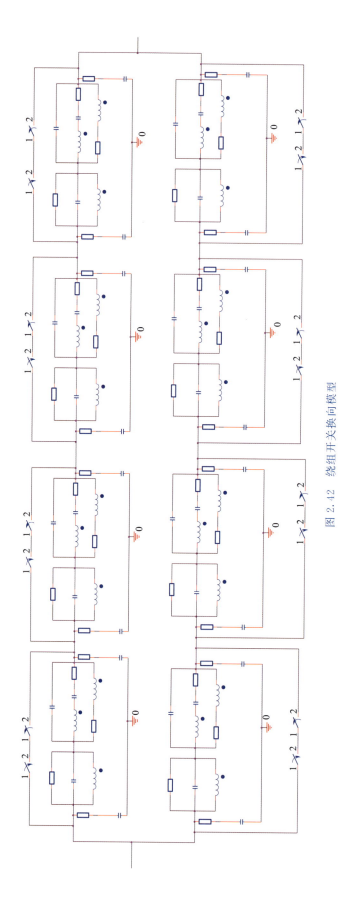

图 2.42 绕组开关换向模型

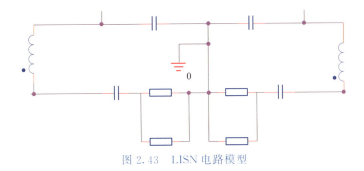

图 2.43　LISN 电路模型

实验室通过接收机与 LISN 的输出接口连接，得到 LISN 输出端的电压频谱数据作为该电机的传导干扰测试结果。在仿真软件 PSpice 中，通过瞬态仿真，利用软件自带的电压探针得到 LISN 电路模型中 50Ω 电阻两端的电压变化数据，将该数据进行计算后作为传导干扰结果。

在软件中可以进行如下仿真设置：

① 为了准确得到传导干扰在 150kHz～108MHz 范围的大小，将仿真时间间隔设为 2ns。

② 电机的换向周期为 1.8ms，仿真为一个周期，将仿真时间设为 1.8ms。

③ 横坐标设为对数坐标，频率设为 150kHz～108MHz。

利用 PSpice 自带的 FFT 运算功能，将该时域数据转换为频域数据，传导干扰的测试结果如图 2.44 所示。

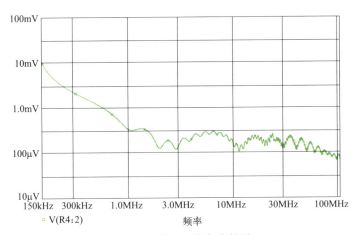

图 2.44　传导干扰仿真结果

为了与实际的测试结果进行比对，需要将仿真的结果利用式（2.18）把传导干扰的单位从 V 转换为 dBμV，并将该频域数据与测试结果进行对比。

$$U(\mathrm{dB\mu V}) = 20 \times \lg U(\mathrm{V}) + 120 \tag{2.18}$$

将测试报告中各个频段下的干扰取相应的数值并在 MATLAB 中绘图。最终得到测试结果和仿真结果如图 2.45 所示。在 150kHz～108MHz 频率范围内，仿真结果与实际测试结果能够较好地贴合，验证了仿真模型的准确性。

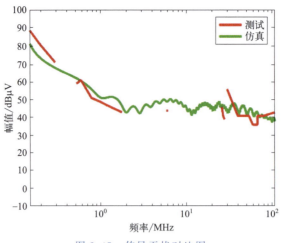

图 2.45 传导干扰对比图

2.3 直流电机辐射干扰建模与仿真预测

直流电机的辐射干扰在 ALSE 中得到其实测频谱数据，在进行模型构建时需要将建模重点放在辐射干扰测试时的激励源建模和试验环境的建模。

图 2.46 是直流电机辐射干扰测试的布置图。图中，1 为被测件，2 为电机外接线缆，3 为模拟负载，4 为 12V 直流蓄电池，5 为人工电源网络 LISN。在建模时，需要关注对试验结果影响比较大的因素，如放置电机的铜制平面模型、地面模型，以及各部件的尺寸参数；而对于如电机本体内部结构、实验室外部的吸波材料和实验室内部的形状等，则可以进行简化忽略。

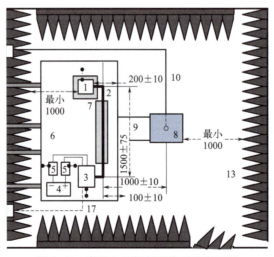

图 2.46 直流电机辐射干扰测试布置图

为了便于对比，对峰值干扰的包络轮廓描点并利用 MATLAB 绘图。由于电流钳的最大截止频率是 400MHz，仅对 150kHz～400MHz 的干扰结果进行仿真对比。

2.3.1 辐射干扰测试系统建模

(1) 测试系统三维模型

电磁波在媒介中传播时,波的振幅将随着媒介的厚度而减弱,规定电磁波在导体的表面穿透深度为 δ 以后,波的振幅将减小 37%。其中

$$\delta = \frac{1}{\sqrt{\pi f \mu \sigma}} \tag{2.19}$$

式中,f 是波的频率,Hz;μ 是材料的磁导率,H/m;σ 是材料的电导率,S/m。对于本次仿真来说,电机的外壳材料为铜板,铜的相关参数如下:铜板的磁导率 μ 为 1.26×10^{-6} H/m,电导率 σ 为 5.84×10^{7} S/m。

当分析频率为 150kHz 时,此时该频率为最小的仿真频率,铜板的穿透深度为 0.17mm,并且随着仿真频率的增加,铜板的穿透深度会越来越小。考虑到实验室的桌面铜板的实际厚度为 2mm,因此,电磁波基本不能穿透铜板外壳。

通过上面的分析可以认为,电磁波在遇到桌面的铜板时几乎都会反射出去,因此,可以将导体的外壳当作是理想导体,即电阻为 0、电导率无限大的一种物质。理想导体可以完全反射电磁波,其内部没有电场和磁场,导体内也没有电磁能量的进入。

在建模前,确定以下有关尺寸的参数:
① 电机与铜板边缘相差 200mm;
② 线束与铜板边缘距离 100mm;
③ 试验线束长度为 1500mm;
④ 测试点距离试验线束为 1000mm;
⑤ 地面为金属板材料,金属板尺寸为 8000mm(长)×5000mm(宽);
⑥ 测试台距离地面 950mm,测试台尺寸为 2500mm(长)×1500mm(宽),厚度为 2mm。

在辐射建模时,电机的金属外壳对于其内部的电磁干扰有很好的屏蔽效果,因此可以忽略电机内部的结构,只需要对电机的外壳进行建模。最终建立的电机辐射干扰测试系统三维模型如图 2.47 所示。

图中,1 为电机外壳模型,2 为电机的干扰线缆模型,3 为 LISN 模型,4 为 12V 蓄电池电源模型,5 为实验桌面,6 为实验室地面,7~9 表示天线模型。其中,7~9 所示的天线模型分别是 1m 长的垂直单极天线、双锥天线和对数周期天线,三种天线对应的测试频率范围分别是 150kHz~30MHz、30~200MHz 和 200~400MHz。

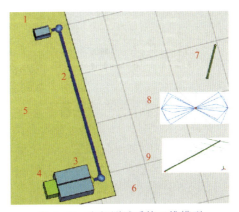

图 2.47 电机测试系统三维模型

考虑到天线本体对电磁干扰结果有一定的影响,为了仿真的准确性,需要构建出三种天线物理结构模型。辐射仿真结果通过在

电机三维仿真模型中添加电磁场探针获取,探针的位置和天线探测点的坐标位置保持一致。

(2) 系统二维电路模型

在 CST 三维仿真模块的 STUDIO 仿真环境中构建出电机的三维仿真环境后,切换到二维电路 Schematic 环境,对三维环境的接口进行建模处理。在该环境中,主要是设置相应的阻抗端口,建立 LISN 模型、直流电源模型,设置单位激励接口和仿真环境等。

建立二维电路模型前,需要考虑以下几个方面:
① 12V 电源模型;
② LISN 电路模型;
③ 线缆寄生参数模型;
④ 电源线对地的寄生参数模型;
⑤ Port(电机接口)。

寄生参数一般需要考虑寄生电感和寄生电容。仿真的频率范围为 150kHz～400MHz,在高频段的仿真需要把外接电源线上的寄生电感和外接电源线与桌面之间的寄生电容考虑进去。耦合路径上的寄生参数通常很难精确测量,因此,很大程度上需要依靠经验取值,仿真时寄生参数的选取主要是参考文献并与相关工程人员沟通所得,最终构建的二维电路模型如图 2.48 所示。图中,从左到右依次是:直流电源模型、LISN 模型、传输线模型和激励端口模型。

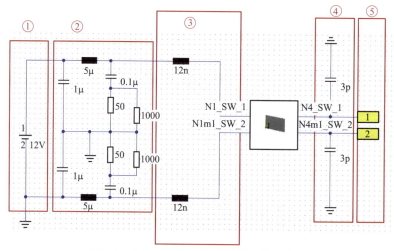

图 2.48 电机辐射干扰测试系统二维电路模型

图 2.48 中的黄色端点 1 和 2 指三维模型中的电机外接口,该接口与电机外接电源线连接,然后电源线与 LISN 和电池连接。直流电源可以简化成一个 12V 的理想直流电源,LISN 按照标准电路模型搭建。

2.3.2 辐射干扰仿真计算

电机在工作过程中形成的辐射干扰主要来自导线上的电流干扰,这些干扰将通过导线的天线效应向周围空间产生电磁辐射。

确定电机的辐射干扰激励源是电源线上的电流干扰以后，可以采用如图 2.49 所示的两种方式得到电机的辐射干扰结果。一种是通过电流钳测试得到电机运转过程中电源线上的共模干扰作为激励源，然后将该激励源与系统的传递函数频域乘积计算。另一种是通过仿真得到电机换向时外接电源线上的时域电流干扰，将该仿真结果代入仿真模型中，采用时域仿真计算得到辐射干扰结果。下面将对两种方法进行介绍，并对比两种仿真结果。

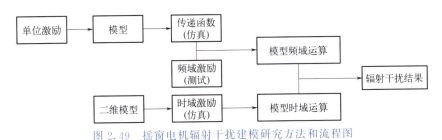

图 2.49　摇窗电机辐射干扰建模研究方法和流程图

图 2.50 所示是电机对外电磁辐射的示意简图，电机外接电源线上电流和电压的波动以电磁波的形式对外界产生电磁干扰。

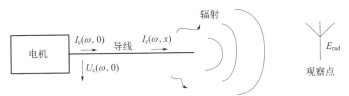

图 2.50　电机辐射示意简图

图中，$I_c(\omega,0)$ 表示导线端点处的干扰电流的频域数据。由于电机外接电源线的导线相对较长，不能忽略激励的延迟效应，因此导线上的电流在不同位置是不一样的，如式(2.20) 所示。

$$I_c(\omega,x)=I_c(\omega,0)D(\omega,x) \tag{2.20}$$

式中，$I_c(\omega,x)$ 是导线上任意位置处的电流；$D(\omega,x)$ 为电流分布函数，与频率及系统布置相关。导线上某点处的辐射发射强度为导线上各段微小电流元产生辐射场的叠加，可以将辐射干扰的幅值写成积分求解的形式：

$$E_{rad}=\int_{x=0}^{L} I_c(\omega,x)R(\omega,x)dx \tag{2.21}$$

式中，E_{rad} 为辐射干扰的幅值大小；L 为电源线的长度；$R(\omega,x)$ 为电流元的辐射因子，这个参数主要取决于系统。

由式(2.20) 和式(2.21) 可得：

$$E_{rad}=\int_{x=0}^{L} I_c(\omega,0)D(\omega,x)R(\omega,x)dx=I_c(\omega,0)\int_{x=0}^{L}D(\omega,x)R(\omega,x)dx \tag{2.22}$$

令

$$H(\omega)=\int_{x=0}^{L}D(\omega,x)R(\omega,x)dx \tag{2.23}$$

则辐射发射场强可写为：

$$E_{rad}=I_c(\omega,0)H(\omega) \tag{2.24}$$

式中，$H(\omega)$ 为系统的传递函数，也可以是系统布置的辐射场与导线端点处传导电流激励源的比值。系统的传递函数与系统本身的特性有关而与激励无关，因此，对于一个测试环境来说，一旦测试环境建模成功，其传递函数也会随之确定。采用传递函数法得到电机辐射干扰的计算流程如图 2.51 所示。

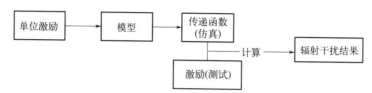

图 2.51　传递函数法计算流程

接下来是在构建出电机辐射干扰模型的基础上，在 CST 中计算电机辐射干扰测试系统的传递函数。以共模干扰作为电机对外辐射的干扰源，在 CST 中将电机的端口设置为单位电流激励。

建立单位激励端口 port 后，需要对端口 port 的相关参数进行设置，首先将激励源设置为电流脉冲，并将电流频域幅值设置为单位 1，端口激励的频率范围大于仿真频率范围，为了建模的准确度，选择设置为 550MHz，如图 2.52 所示。

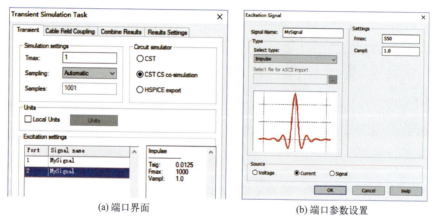

(a) 端口界面　　(b) 端口参数设置

图 2.52　激励端口的设置

通过在 CST 模型的电机端口处添加单位激励，仿真得到该测试系统的传递函数如图 2.53 所示。

获得了电机辐射干扰系统的传递函数后，下一步需要确定电机辐射干扰系统的激励源。电机在空载和负载两种工况下的换向电流差别较大，因此，两种工况下的外接电源线的干扰有较大的差异，为了保证激励测试的准确性，测试激励时需要给电机添加负载（磁滞制动器），如图 2.54 所示。

电源线上的电磁干扰可以分为共模干扰和差模干扰。对于差模干扰和共模干扰的大小和方向可以通过图 2.55 直观地表示。

图 2.55 中，I_1、I_2 是两根电源线上的电流，I_c 是共模电流（同向），I_d 是差模电流（反向）。电流钳是由一个被分隔成两半的环形陶铁磁体铁芯所构成，将铁芯环绕待测的导线束，则可以测量流经该导线束上的电流。

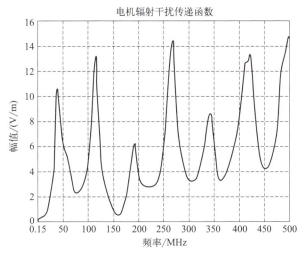

图 2.53 电机辐射干扰系统的传递函数

(a) 测试布置图　　　　　(b) 电机加负载

图 2.54 实验测试

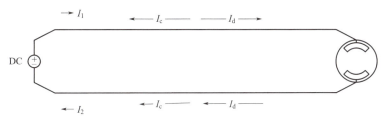

图 2.55 共模干扰和差模干扰示意图

电流钳原理实际是安培定律:

$$\oint_C H \mathrm{d}l = \int_S J \mathrm{d}s + \frac{\mathrm{d}}{\mathrm{d}t}\varepsilon \int_S E \mathrm{d}s \tag{2.25}$$

式中,C 是开放表面 S 的边界线。安培定律指出,磁场可以通过穿越平面 S 的传导电流或者位移电流感应出来,如图 2.56 所示。变化的电场产生位移电流。如果没有变化的电场穿过这个表面,那么感应出来的磁场直接与穿越环路的传导电流相关。

由法拉第定律可以知道环绕铁芯感应出的电动势与该磁场成正比。线圈的感应电压就可以通过电压测量设备测试得到,进而可以反映磁场的大小,即可以获得电流探头内流经的电流大小。

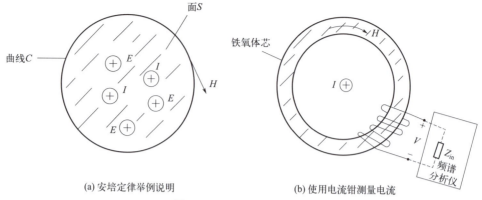

(a) 安培定律举例说明　　　　　(b) 使用电流钳测量电流

图 2.56　电流钳测量原理

根据共模干扰和差模干扰的流向,电流钳可以通过不同测试方式得到电源线内的共模干扰和差模干扰。

如图 2.57(a) 所示,在测试电源线上的差模干扰时,在电流钳内卡住一根电源线;如图 2.57(b) 所示,在测试电源线上的共模干扰时,在电流钳内卡住两根电源线,此时电源线内的差模干扰因为方向相反,产生的电磁感应效应正好抵消,共模干扰因为方向相同可以测试得到其大小。

(a) 差模干扰　　　　　　　　　(b) 共模干扰

图 2.57　电流钳测试

作为电机辐射的激励源,在实验室利用电流钳可以得到电机在负载运转的情况下电机外接电源线中的共模干扰结果。

差模干扰的测试结果如图 2.58 所示,可以看出,电机的差模干扰主要集中在低频段,在 150kHz 处,差模电流干扰达到 $73dB\mu A$,随着频率的增加,差模干扰频谱呈现下降的趋势,在某些频段会有波峰出现,最低值为 $5dB\mu A$。

共模干扰的测试结果如图 2.59 所示,可以看出,电机的共模干扰主要集中在低频段,在 150kHz 处,共模电流干扰达到 $37.5dB\mu A$,随着频率的增加,共模干扰频谱呈现下降的趋势,在某些频段会有波峰出现,最低值为 $2.5dB\mu A$。

在实际的工程环境下,差模电流是工作所需的电流,因此,差模电流普遍比较大。共模电流主要是元器件与接地的电势差引起的电流,在工程应用中是不需要的电流。共模电流的数值一般要小于差模电流好几个数量级,但是其引起的电磁干扰会远远大于差模电流引起的电磁干扰,如图 2.60 所示。

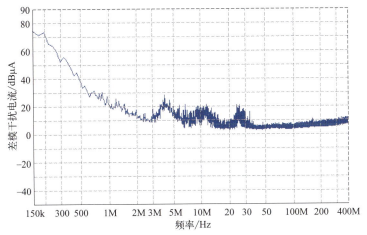

图 2.58 电机电源线差模干扰

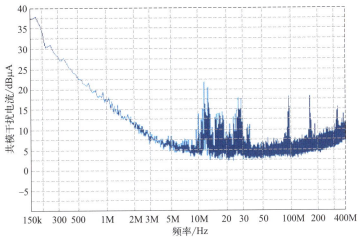

图 2.59 电机电源线共模干扰

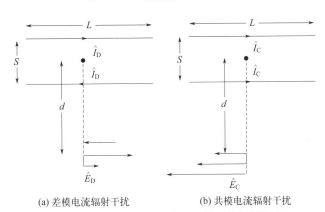

(a) 差模电流辐射干扰　　(b) 共模电流辐射干扰

图 2.60 差模电流和共模电流的对外辐射强度

为了解释上述结论,在下面两种特定的情况下,在计算时可以将导线看作一个电偶极子模型。两种条件分别是:①导线距离测试点的距离相对于导线的长度要足够大,即导线上的每一点与监测点之间的连线都是平行的;②导线上的电流分布较为均匀,要求导线的电长度小于 1/4 的波长。

例如，一根 1m 长的导线在 300MHz 时为 1 个波长，在 100MHz 时，它的电长度为 1/4 的波长。按照上述的两种假设条件，利用偶极子天线辐射场的计算公式可以推导出线缆上电流辐射场公式。

由两根导线上的差模电流产生的辐射场为：

$$|\hat{E}_{D,\max}| = 1.316 \times 10^{-14} \frac{|\hat{I}_D| f^2 Ls}{d} \tag{2.26}$$

辐射的最大值出现在与导线垂直的平面上，在与两导线距离相等的点处辐射场相互抵消。辐射场的最大值随下面的因素而改变：频率的平方、差模电流的环路面积 $A = Ls$、差模电流幅值 $\hat{I}_D$。因此，减小差模辐射的方法主要是减小差模电流值以及减小差模电流环路面积。

由两根导线上的共模电流产生的辐射场为：

$$|\hat{E}_{C,\max}| = 1.257 \times 10^{-6} \frac{|\hat{I}_C| f L}{d} \tag{2.27}$$

假设存在两条 1m 长的平行导线，导线间距为 50mil❶，即 1.27×10^{-3} m。导线上流动着频率为 30MHz、幅值为 20mA 的差模电流。利用式(2.26)可以计算出由这对差模电流在距离 1m 远处所产生的辐射场强度：

$$|\hat{E}_{D,\max}| = 1.316 \times 10^{-14} \times \frac{|2 \times 10^{-2}| \times (3 \times 10^7)^2 \times 1 \times 1.27 \times 10^{-3}}{1} \approx 301 \mu V/m \tag{2.28}$$

假设线缆上还同时存在幅值为 $8\mu A$ 的共模电流，利用式(2.27)计算由此共模电流在同样的距离所产生的场强：

$$|\hat{E}_{C,\max}| = 1.257 \times 10^{-6} \times \frac{|8 \times 10^{-6}| \times 3 \times 10^7 \times 1}{1} \approx 302 \mu V/m \tag{2.29}$$

可以看到，由一个幅值仅为 $8\mu A$ 的共模电流所产生的辐射场与比其大 68dB（2500倍）的差模电流所产生的辐射场是相同的。这说明了线缆上共模电流对系统辐射发射起主要的贡献。本章传递函数法中，以图 2.59 测试得到的电源线共模干扰作为激励源进行仿真。

2.3.3 辐射发射仿真

三维模型和二维电路模型构建完成后，切换到 CST 中的建模仿真设置页面，设置仿真频率为 150kHz～30MHz；定义边界条件为开放边界，即 open；在三维模型的电源线水平相距 1m 处设置电磁场探针，且探针位置位于接地平面以上 1000mm 处，记录电磁场分布。

首先，对时域仿真法进行分析验证，仿真对比结果如图 2.61 所示。

通过图 2.61 的对比图发现，电机的仿真结果与测试结果误差较大，即以时域仿真的结果作为激励源难以体现测试结果的幅值和趋势。接下来利用传递函数法即共模电流干扰作为激励源进行仿真计算。

---

❶ $1\text{mil} = 2.54 \times 10^{-5}$ m。

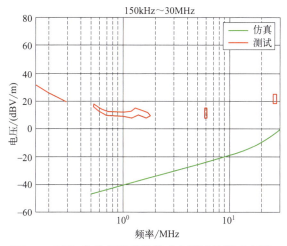

图 2.61　150kHz～30MHz 电机辐射干扰仿真和测试结果对比图（时域仿真法）

利用图 2.59 所示的共模干扰频谱和图 2.53 所示的电机辐射干扰测试系统的传递函数在频域进行乘积运算，得到电机辐射干扰测试系统的仿真结果。通过 MATLAB 绘制测试结果与仿真结果对比图，如图 2.62 和图 2.63 所示。

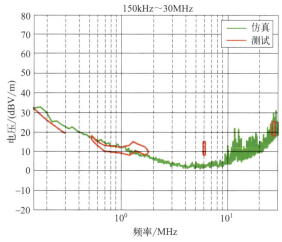

图 2.62　150kHz～30MHz 电机辐射干扰仿真测试对比图（传递函数法）

通过图 2.62 可以发现，在 150kHz～30MHz 频率范围内，测试结果与仿真结果基本一致，即仿真结果可以很好地预测出电机辐射干扰。通过图 2.63 可以发现，在 30～400MHz 高频段，仿真结果与测试结果在频谱趋势和幅值上均有一定的误差，但仿真结果依然能反映出测试结果的幅值和趋势情况，具有一定的参考价值。

通过对比以上两种方法得到的仿真结果可以发现，通过时域仿真法得到的电机辐射干扰的结果在频谱趋势和幅值上均与测试结果有较大的误差，该方法难以对测试结果的幅值和趋势进行预测。针对时域仿真法的误差分析如下：

① 由于采用的激励源是通过传导干扰系统模型仿真得到，仿真的数据本身就有一定的误差，利用有误差的数据作为激励再用于仿真会导致误差放大；

② 在 PSpice 中利用电流探针得到的电流时域数据本身只能体现出其差模时域电流，难以考虑共模干扰；

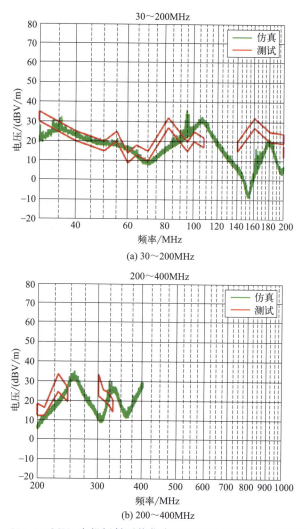

图 2.63 30～400MHz 电机辐射干扰仿真和测试结果对比图（传递函数法）

③ 用仿真的数据难以模拟实际测试环境中电机的各种环境因素导致的电流变化，比如电机的外接电源线的长度、电源线的种类等因素均对干扰有一定的影响。

对于传递函数法，从与测试结果对比上来看，更加符合测试结果。但是在高频段，该方法仍然有一定的误差。针对该高频段的仿真误差，分析误差原因主要是二维电路模型中寄生参数的选取不够准确，这些参数主要有以下几种：①电源线分布参数；②电源线对地寄生参数；③电源线之间的寄生参数；④其他寄生参数。

上述的模型寄生参数的数值选取主要是凭经验和测试得到，其取值具有较大的不确定性，这使得高频段的仿真存在一定误差。

本章附录　传导干扰系统模型

本章最终得到的传导干扰系统模型如图 2.64 所示。

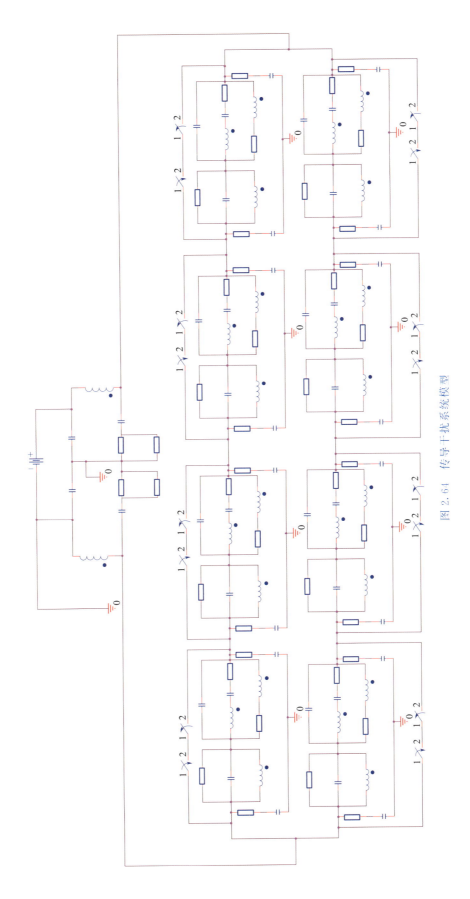

图 2.64 传导干扰系统模型

第 3 章

印刷电路板关键激励源及干扰建模与仿真预测

3.1 概述
3.2 印刷电路板电磁干扰机理
3.3 印刷电路板传导干扰建模与仿真
3.4 印刷电路板辐射干扰建模与仿真
本章附录 EMI测量接收机仿真程序

3.1 概述

在新能源汽车电动化和智能化的时代趋势下,印刷电路板(PCB)作为消费电子产品的核心元件,其尺寸将不断减小,传输信号频率将不断提高,电磁干扰超标情况越来越多。如果等产品加工完成后才发现电磁干扰(EMI)超标不合格再整改不仅费时费力,更会增加高额的制造成本和试验成本。针对车载指示灯产品的电磁干扰预测问题,本章介绍板级关键激励源及电磁干扰建模与仿真预测方法。即使在印刷电路板设计研发阶段,也可以通过仿真手段预测其在国标实测环境下的传导干扰和辐射干扰结果,达到节省试验成本和时间人力成本的目的。

3.2 印刷电路板电磁干扰机理

在 PCB 级别,各种潜在干扰源可能导致多种潜在威胁/影响,包括传导干扰、辐射干扰、发射和静电放电(ESD)。传导干扰通过电源输入线和电缆进入系统。辐射干扰是由来自电力和通信线路以及开关设备的电磁波而发生的,它通过电子设备传播,并通过空气追踪干扰其他电子系统。另一方面,当绝缘体或未连接的导体上积累正电荷或负电荷时,就会发生 ESD,这会损坏 PCB 和焊接在 PCB 上的电子元件。

图 3.1 显示了所有可能影响 PCB 的潜在噪声源。PCB 连接器上的带状电缆可以形成偶极子的臂,形成寄生天线。电源中有源元件在开关过程中出现的电流和电压峰值会激发寄生天线,从而导致辐射强度上升。此外,PCB 上连接两个 IC 的走线以多个 90°角连接。如果 IC 是高频开关,这种排列会导致振铃和串扰,从而降低 EMC 性能。

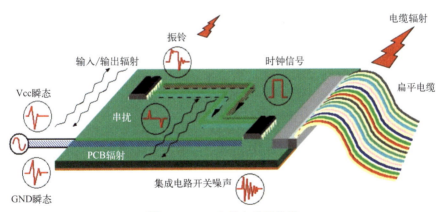

图 3.1 PCB 上的电磁干扰源

板级电路中的大多数电磁干扰的传播路径问题与 PCB 的布局密切相关。PCB 布局本质上定义了寄生电阻、电感和电容(RLC)组件,这些组件由 PCB 迹线引入,从而直接导致 EMI。对板级 EMI 的传播路径分析必须考虑到一系列问题,其中主要考虑以下几个因素。

(1) 组件的相对位置

板上元件的相对位置对受干扰线路或电路中的源或侵入线引起的干扰量有重大影响。源电路和受害电路的相对位置越远,电容和电感耦合就越低,从而产生较少的传导电磁干扰。以同样的方式,辐射的电磁干扰将更小。

(2) 环路的区域大小

它被定义为电流回路所包围的面积。电磁干扰与环路面积成正比,因此,环路面积的减小是电磁干扰减小的一个相关问题。

图 3.2 显示了作为某 PCB 的可用于评估 EMI 性能的门驱动电路布局的主要回路。这些回路是控制门驱动器上开关 MOSFET 的低和高输入回路。从视觉上检查布局,可以注意到高输入回路(蓝色)比低输入回路(红色)有更大的回路面积。此外,这是一个具有高开关噪声的回路。因此,这个回路预计会产生电路中最大的电磁干扰,它的面积需要减小。

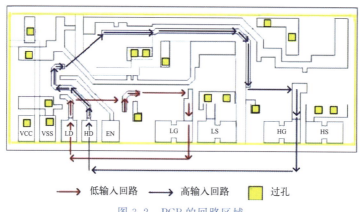

图 3.2 PCB 的回路区域

(3) 电源和接地平面

它是指提供供电电平和接地参考的导线层的布置。这些平面上的电流分布对 PCB 的寄生参数有显著影响。

图 3.3 显示了门驱动器的两种布局。在图 (a) 的布局中,VCC、GND 和 Floating Plane(浮动平面)在同一层,浮动平面具有较高的开关噪声。在它上产生的电磁干扰被传输到电路板的其余部分。图 (b) 的布局显示了多层设计,其中浮动平面位于 VCC

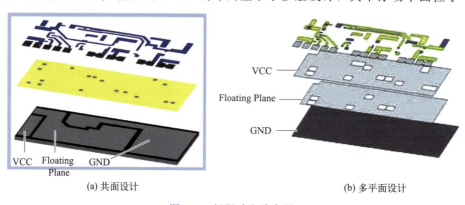

图 3.3 门驱动电路布局

和 GND 平面之间。这种安排有屏蔽的效果，限制 VCC 和 GND 平面之间的电磁干扰，并避免它传输到板的其他部分。

（4）PCB 寄生系数

它是指电路元件和迹线固有的电阻、电感和电容。这些在理想模型中可以被忽略。PCB 寄生系数的评价在电磁干扰的估计和降低中起着重要的作用。PCB 寄生评价中最重要的方面包括：自感和互感，迹线对地和迹线对迹线的电容、电阻，频率效应，功率和接地面效应。

PCB 寄生的建模如图 3.4 所示。这个模型是集总的半 π 模型，其中 Rx、Ry、Lx 和 Ly 分别是迹线 x 和迹线 y 的一半电阻和一半自感。M_{LxLy} 和 C 之间是迹线之间的互感和电容。Cx 和 Cy 是迹线对地面的电容。所得模型可用于 PCB 电磁干扰的评估。

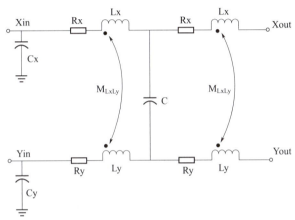

图 3.4　PCB 寄生模型

3.2.1　电磁干扰测量接收机

电磁干扰测量接收机（EMI test receiver）是每个 EMC 测试不可或缺的核心组件，其原理如图 3.5 所示。电磁干扰测量接收机是采集数据进行分析的高性能仪器，EMI 接收器用于可能出现瞬变信号或杂散发射且必须以快速采集速率采集的场景。多个组织已经制定了测试这些辐射的标准，包括 CISPR、IEC/EN、FCC 和 MIL-STD，它们建议使用 EMI 测量接收机进行完全兼容的测试。

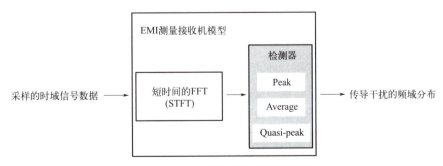

图 3.5　EMI 测量接收机的原理图

为了成功进行这些测量，EMI 接收机需要比频谱分析仪更可靠。应考虑许多因素，包括以下内容：采样频率跨度内足够数量的测量点；测试标准规定的准峰值（QP）检测器或 CISPR 平均检测器的要求；其他重要要求，包括滤波器、低噪声和允许根据特定测试标准显示通过或失败条件的软件。

在 EMI 接收机上插入电源端口，可以自动捕捉电磁干扰，可记录近万条数据。在计算机上使用电磁干扰分析软件可以显示电磁干扰发生的时间、瞬态电压和频率的极值，为制定抗干扰措施提供真实依据，也可用于测试抗干扰措施的真实效果，清除后可以再次使用。

如图 3.6 所示，试验中采用的电磁干扰测量接收机属于 ROHDE&SCHWARZ 公司产品，型号是 R&S®ESR。该仪器测量电磁干扰支持使用两种扫描方式：传统步进扫描方式和基于快速 FFT 的时域扫描方式。它还可作为功能强大的信号和频谱分析仪。该接收机具有实时频谱分析功能，并提供范围广泛的诊断工具，用于详细分析干扰信号及其历史记录。使用这些工具，用户可以检测隐藏的或零星的电磁干扰发射并分析其原因。

图 3.6 R&S®ESR 电磁干扰测量接收机

该仪器具有如下几个特点：①频率范围从 10Hz 到 3GHz、7GHz 或 26.5GHz；②符合 CISPR 16-1-1、ANSIC 63.2、MIL-STD-461 和 FCC 等多个标准；③高动态范围和精度；④使用基于 FFT 的时域扫描进行超快测量。CISPR 频带中的扫描以毫秒为单位执行，高达 30MHz 的传导干扰可以实时测量，比传统模式快几个数量级。

3.2.2 快速傅里叶变换算法及 EMI 接收机仿真

傅里叶变换是分析时域和频域信号的关键工具，时域函数的傅里叶分析是指提取一系列正弦和余弦，当它们叠加时将再现该函数，这种分析可以表示为傅里叶级数，是一种将时间函数转换为频率函数的数学方法。快速傅里叶变换（FFT）提供了一种计算傅立叶系数更快、更省力的算法。快速傅里叶变换是为实现离散傅里叶变换（DFT）而优化的算法，它将所需要计算的点数从 $2N^2$ 减少到 $2N\log_2 N$。

要将某一信号的时域分布转换为频域分布，本质是通过在一段时间内采样时域信号并将其分成频率分量，这些分量是不同频率的单一正弦振荡，每个都有自己的振幅和相位。如图 3.7 所示，展示了信号在时域和频域之间的转换，在测量的时间段内，信号包含 3 个不同的主频率。

FFT 算法在扫描过程中，主要包括两个相关参数：①测量系统的采样频率 f_s（如

48kHz），这是1s内获得的平均样本数；②选定的样本数量，或者称为块长度 BL，一般在 FFT 中是以 2 为底的整数幂（如 $2^{10}=1024$ 个样本）。根据两个基本参数 f_s 和 BL，可以确定测量的其他参数。

① 带宽 f_n（奈奎斯特频率，Nyquist frequency）。该值表示 FFT 可以确定的理论最大频率。可以用如下公式确定，例如，在 48kHz 的采样频率下，理论上可以确定高达 24kHz 的频率分量。在模拟系统的情况下，实际可实现的值通常略低于此值。

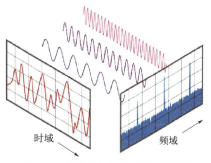

图 3.7 时域和频域中的信号视图

$$f_n = f_s/2 \tag{3.1}$$

② 测量持续时间 D。测量持续时间由采样频率 f_s 和块长度 BL 给出，具体关系式如下，在 $f_s=48$kHz 和 $BL=1024$ 时，这会产生 $D=1024/48000=21.33$ms。

$$D = BL/f_s \tag{3.2}$$

③ 频率分辨率 df。频率分辨率表示两个测量结果之间的频率间隔，可由式(3.3)计算，在 $f_s=48$kHz 和 $BL=1024$ 时，给出了 $48000/1024=46.875$Hz 的 df。实际上，采样频率 f_s 通常是系统给定的变量，但是，通过选择块长度 BL，可以自定义测量持续时间和频率分辨率。

$$df = f_s/BL \tag{3.3}$$

由上述关系可以知道，小块长度导致快速测量重复，频率分辨率较差；较大的块长度会导致较慢的重复测量和良好的频率分辨率。

在国标 EMI 试验中，EMI 测量接收机是必不可少的设备，前面已经阐述了接收机的底层原理和 FFT 算法的原理，不同的采样点数、采样频率和扫描带宽对最终 EMI 测试结果曲线都有较大的影响，因此要得到与实测结果接近效果良好的仿真模型，则需要先对 EMI 测量接收机做建模和仿真。

EMI 测量接收机本质上是一个提取时域信号中频域分量的测试仪器，可以采用快速傅里叶变换算法提取频域分量。

图 3.8 是某个时域信号的波形图，本节将以该时域信号为研究对象，介绍将其转换为与实测频域波形相同的仿真方法。

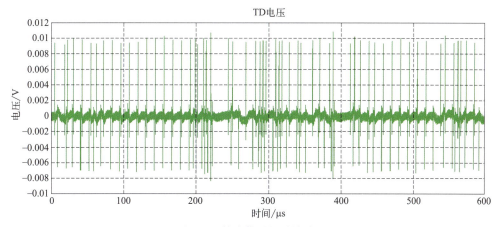

图 3.8 某个信号的时域波形

在 CST 软件中，有一个功能包模拟了实测环境下的 EMI 测量接收机，如图 3.9 所示，该功能采用后处理的方式实现，可以对时域电压信号做 FFT，同时可以根据不同的仿真频段，选择不同的分辨率带宽（RBW），并且支持 PK、AV、QP 等不同的检波方式。

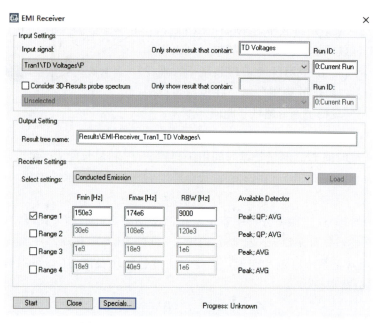

图 3.9　CST 软件中 EMI Receiver 功能包

在完成了选取待处理时域信号、输出数据位置、输出频域范围和 RBW 这几个设置之后，启动处理，得到的结果如图 3.10 所示。图 3.10 是图 3.8 中时域信号的频域分布。

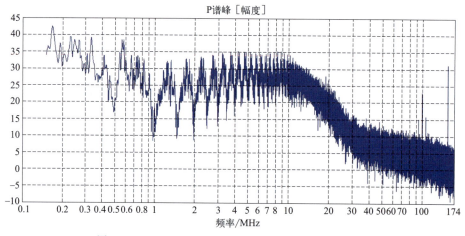

图 3.10　EMI Receiver 对时域信号做频域变换的结果

为了验证该功能包的正确性，采用 MATLAB 数值分析软件，编写基于 FFT 算法的 EMI 测量接收机仿真程序（见本章附录），并探究算法中采样点数 N 和采样带宽 RBW（Resolution Bandwidth）对结果的影响。仿真结果如图 3.11 所示。

图 3.12 是 MATLAB FFT 算法程序和 CST EMI Receiver 功能包对同一时域信号做频域转换的结果对比，可以看到，该功能包的准确性较好。

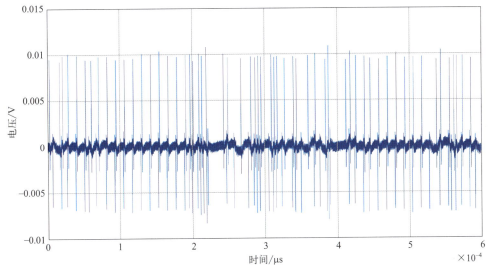

图 3.11 MATLAB 软件绘制时域数据波形

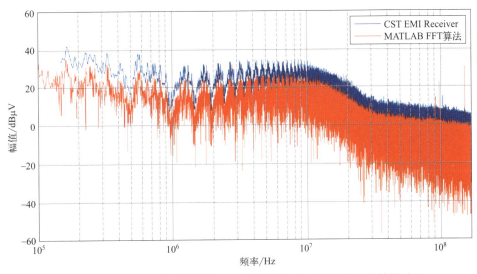

图 3.12 MATLAB 仿真程序和 CST EMI Receiver 的频域变换结果对比

两种方法存在差异，是因为 MATLAB 所设计的 FFT 算法中对于 RBW 参数采用的是最大值，即 f_s/N，在该时域数据中，$f_s = 4.121 \times 10^9$ Hz，$N = 2.528 \times 10^6$，算出的 RBW 为 1.63kHz，该分辨率带宽小于国标测试标准和试验中的仪器分辨率带宽参数，因此，使用 MATLAB FFT 算法得到的结果分辨率更高。

CST EMI Receiver 功能包存在一些缺点，如不能自由设置采样点数，以及不能研究不同 FFT 参数对变换结果的影响。因此，下面从 MATLAB 角度出发，研究各因素对时域到频域转换过程的影响，这对后面用其他场路电磁仿真软件（如 ANSYS HFSS）的时域结果处理具有重要的参考价值。不同 RBW 对结果影响的 MATLAB 程序如图 3.13 所示。

首先是研究分辨率带宽（RBW）对频域转换结果的影响。在频谱分析中，分辨率带宽（RBW）定义为应用于输入信号的最终滤波器的频率跨度。较小的 RBW 提供更精细的频率分辨率和区分频率更接近的信号的能力。较小的 RBW 也降低了噪声下限，

```
clc,clf,clear
data=importdata('./有用数据/xxx.txt');%删除第一行表头
tt=1e-6*data(:,1); %时间,把单位转换为s
Vcet=data(:,2);%传导电压,单位V
plot(tt,Vcet);%时域图
xlabel('时间/us');
ylabel('电压/V')
grid on
figure(2);%频域图
N=length(tt);%样本数据长度
t=tt(1):(tt(end)-tt(1))/(N-1):tt(end);
Vce=interp1(tt,Vcet,t,'spline');
fs=1*100/(t(200)-t(100));%样本采样频率
for rbw=[9e3,120e3]
    n=fs/rbw;   %rbw=fs/n,表示分辨率带宽
    t=tt(1):(tt(end)-tt(1))/(n-1):tt(end);
    Vce=interp1(tt,Vcet,t,'spline');
    y=fft(Vce);
    P2 = abs(y)*2/n;%P2为真实频谱,然后计算单侧频谱P1。
    P1 = P2(1:floor(n/2+1));
    f=(0:n/2)*(fs/n);%只看一半的信号
    ce=20*log10(P1)+120;%此时是dBv,+120之后才是dBuV
    semilogx(f,ce) ;
    hold on
end
xlim([1.5e5 1.74e8]);%150k-174MHz
xlabel('Hz');
ylabel('dBuv')
grid on
legend('9e3 Hz','120e3 Hz')
```

图 3.13　不同 RBW 对结果影响的 MATLAB 程序

但它们延长了给定频率范围内的扫描时间，因此需要调整 RBW，为应用程序提供速度和分辨率之间的适当平衡。例如，相隔 20kHz 的两个信号，要想在频谱分析仪中看到清楚的分离，建议 RBW 设置为 3kHz。

图 3.14 是使用 MATLAB 程序，控制变量修改 RBW 值，观察不同 RBW 转换之后的频域分布对比。

由图 3.14 可以看到，RBW 对频域分布结果影响较大，RBW 越小，反映的频域分量越丰富，因此波形越振荡，且 RBW 越小，频域波形整体幅值越小。

采样点也是一个主要参数，如添加一组时域数据作为激励源，那么可以先对该数据做 FFT 变换，查看该时域信号的频域分量，此时如果该时域信号的数据量不够，则得到频域分布的最大频率可能不满足要求。

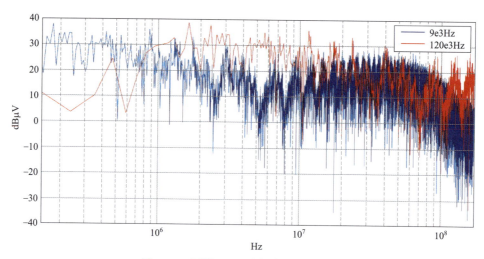

图 3.14　不同 RBW 对频域波形的影响

由图 3.15 可以看到，不同采样点数对频域分布的趋势影响较小，但对频域分布的最大频率值影响较大，采样点数 N 与对应采样时长 T 的比值等于所支持变换的最大频率的 2 倍，即

$$f_{max}=\frac{N}{2T} \quad (3.4)$$

图 3.15 中，对应的时域信号参数为：$N/20=1.264\times10^5$，$T=0.6\text{ms}$，可算得 $f_{max}=105\text{MHz}$，与仿真结果相同。

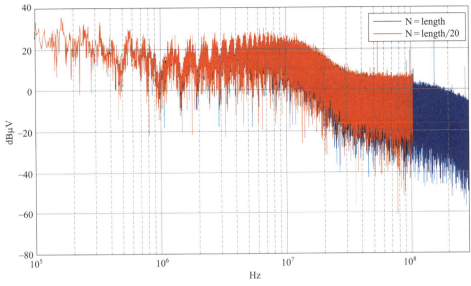

图 3.15 不同采样点数对频域波形的影响

因此，相较于采样点数和采样时间，采样密度显得更为关键。如果时域信号在单位时间内的点数不够，则不论是使用 MATLAB 还是使用 CST EMI Receiver 功能包进行频域转换，在超过理论最大频率的频域范围，变换结果都是错误且不可信的。

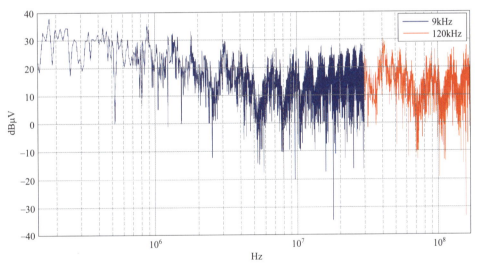

图 3.16 用 MATLAB 仿真国标分段 RBW 的频域测试

在国标测试规范中，对同一时域信号的不同频率段，有着不同的要求：在 150kHz～30MHz 范围内，分辨率带宽 RBW 应该设置为 9kHz；在 30～108MHz 范围内，RBW 应该设置为 120kHz。因此，在 MATLAB 中编写了可以实现分段 RBW 的频域转换程序，结果如图 3.16 所示。

3.2.3 印刷电路板电磁干扰激励源

车载指示灯系统的指示灯主要用来提醒驾驶员汽车挡位的工作状态以及存在的故障

图 3.17　车载指示灯产品实物图

信息，包括信息指示灯与故障告警灯两大类。图 3.17 为车载指示灯产品实物图，挡位信息指示灯包括 P、R、N、D 四个挡位，P 为驻车挡，N 为空挡，R 为倒挡，D 为前进挡，中间的指示灯用来故障告警。

在 PCB 级别，各种潜在干扰源可能导致多种潜在威胁/影响。PCB 电磁干扰的潜在噪声源，包括：PCB 连接器上的带状电缆，形成寄生天线；开关电源中有源元件（如 MOSFET）在开关过程中出现的电流和电压峰值会激发寄生天线；PCB 上 90°角连接的迹线，这种排列在传输高频信号时会导致振铃和串扰。

下面以车载指示灯系统为例分析潜在电磁干扰激励源。

（1）PCB 结构分析

图 3.18 是将车载指示灯系统拆开后的 PCB 图，板子的长宽尺寸分别为 175mm 和 15mm。图 3.19 是车载指示灯 PCB Layout 图。

图 3.20 是车载指示灯 PCB 的原理框图，可以看到，该 PCB 的主要功能是结

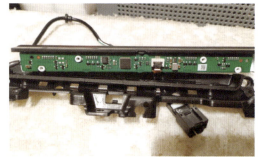

图 3.18　车载指示灯产品内部 PCB 图

合压力传感器和 CAN 信号通信起到点亮背光灯的作用，因此该 PCB 结构围绕 Touch 主控芯片、Power 开关电源芯片和 CAN 高速收发器芯片进行外部电路搭建。

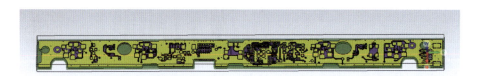

图 3.19　车载指示灯 PCB Layout 图

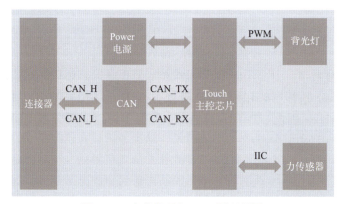

图 3.20　车载指示灯 PCB 原理框图

结合一般板级电磁干扰源和具体的 PCB 结构分析，可以判断车载指示灯系统电磁干扰源，见表 3.1。

表 3.1 车载指示灯系统电磁干扰源

器件代号	类别	器件功能作用	电磁干扰类型
LP5912	开关电源	DC/DC（外部电源转 5V）	场效应管通断
LMR33620	开关电源	DC/DC（内部 5V 转 3.3V）	场效应管通断
CY8C4247LWS-M484	MCU	主控芯片	高频数据信号
TJA1044GT/3Z	CAN 收发器	传输 CAN 信号	高频数据信号

（2）CAN 收发器芯片

车载指示灯系统使用的是 NXP 的 TJA1044GT 型号具有待机模式的高速 CAN 收发器。

TJA1044 是 MantisCAN 收发器系列的一部分。该收发器专为汽车行业的高速 CAN 应用而设计，可提供差分传输和接收功能给带有 CAN 协议控制器的微控制器。TJA1044 提供针对 12V 汽车应用优化的功能集，与 NXP 的第一代和第二代 CAN 收发器（如 TJA1040）相比有了显著改进，并具有优秀的电磁兼容（EMC）性能。此外，TJA1044 还具有以下特性。

① 电源电压关闭时 CAN 总线存在理想被动行为；
② 具有总线唤醒功能的极低电流待机模式；
③ 在 500kbit/s 的速度下，即使没有共模扼流圈，也具有出色的 EMC 性能。

这些特性使 TJA1044 成为所有类型 HS-CAN 网络的绝佳选择，特别是在可以通过 CAN 总线唤醒的低功耗节点中。TJA1044 框图如图 3.21 所示。

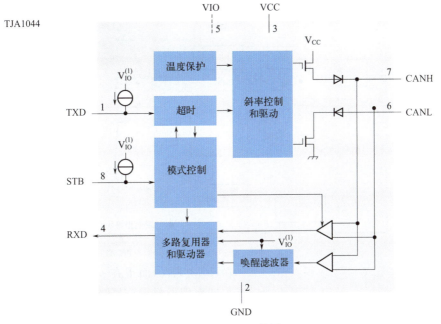

图 3.21 TJA1044 框图

TJA1044 实现了当前 ISO 11898 标准（ISO 11898-5：2007 和 ISO 11898-2：2016）中定义的 CAN 物理层。TJA1044T 指定用于高达 1Mbit/s 的数据速率。ISO 11898-2：2016（包括 CANFD 和 SAE-J2284-4/5）的发布为 TJA1044GT 和 TJA1044GTK 指定了定义环路延迟对称性的附加时序参数，可在 CANFD 快速阶段以高达 5Mbit/s 的数据速率实现可靠通信。

（3）开关电源芯片

由于与线性稳压器相比效率显著提高，SMPS 已成为许多系统设计中的关键组件。功率硅 MOSFET 或 GaN 功率器件的开关导致电流不连续，是影响系统可靠运行的主要因素。开关电源产生 EMI 的原理如图 3.22 所示。

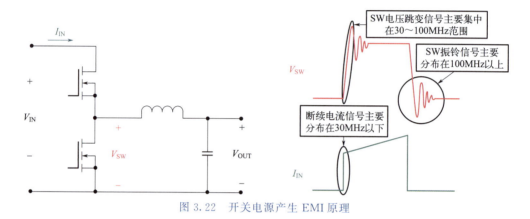

图 3.22 开关电源产生 EMI 原理

在车载指示灯系统中，有两个降压芯片，一款是型号为 LMR33620 的开关电源芯片（内部原理图见图 3.23，外部端口电路见图 3.24），一款是型号为 LP5912-Q1 的开关电源芯片（内部原理图见图 3.25，外部端口电路见图 3.26）。

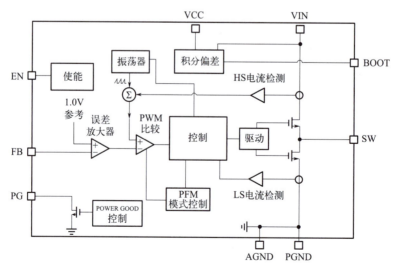

图 3.23 LMR33620 芯片内部原理图

LMR33620 芯片可以将 3.8～36V 的输入电压转换为稳定的 5V 输出电压。
LP5912-Q1 芯片可以将 1.6～6.5V 的输入电压转换为稳定的 3.3V 输出电压。

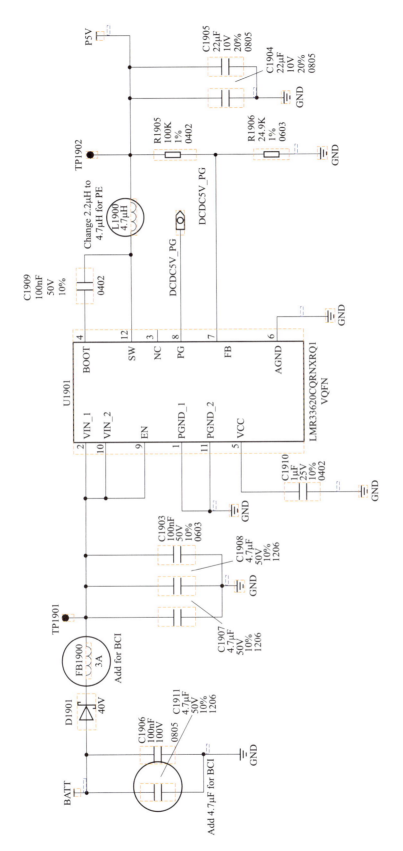

图 3.21 LMR33620 芯片外部端口电路

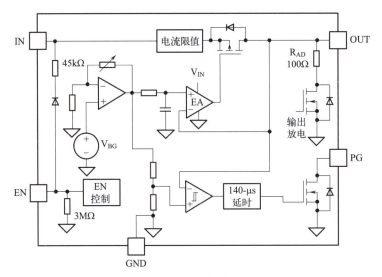

图 3.25　LP5912-Q1 芯片内部原理图

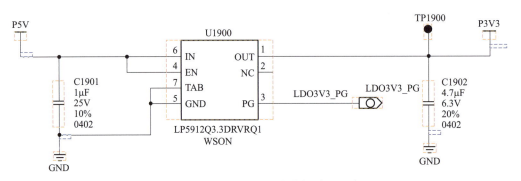

图 3.26　LP5912-Q1 芯片外部端口电路

为了准确地研究开关电源高频特性,本节利用 PSpice for TI 软件及其自带的芯片模型库进行仿真研究。

关于 PSpice for TI 软件,它是德州仪器公司(TI)提供的一款可帮助评估模拟电路功能的设计和仿真软件。仿真套件使用 Cadence 的模拟分析引擎。借助 PSpice for TI 的设计和仿真环境及其内置的模型库,可对复杂的混合信号设计进行仿真。

图 3.27 是在 PSpice for TI 软件中搭建的开关电源电路模型,其中包括 LMR33620 和 LP5912-Q1 两款开关电源芯片,且芯片外部端口电路与原理图中一致,以达到准确的 EMI 分析效果。在开关电源芯片电路模型中,设置了三个电压探针,分别在 50Ω 电阻处、LMR33620 芯片 SW 输出端口处和 LP5912 芯片 OUT 输出端口处,对应图 3.27 中的蓝色探针、绿色探针和红色探针。

在启动上述电路的仿真之前,需要先完成软件的仿真任务设置,设置 $1000\mu s$ 的仿真时长,为了只关注开关电源芯片的稳态工作特性,所以只保存 $500\mu s$ 之后的仿真数据,同时注意不要勾选"跳过初始瞬态偏置点计算(SKIPBP)",然后启动仿真,得到图 3.28 所示的电压波形图。

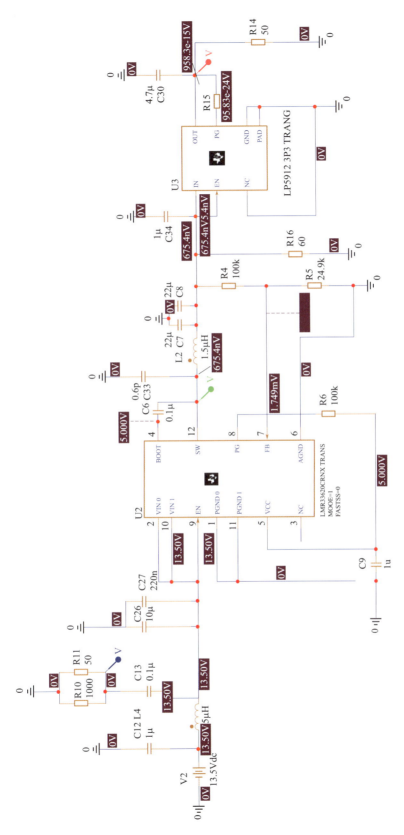

图 3.27 开关电源芯片电路模型

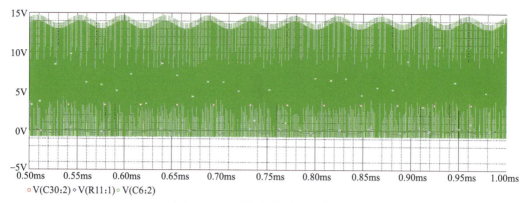

图 3.28 三个探针处的电压波形图

图 3.28 中,曲线颜色对应探针颜色,绿色线表示 SW 端口处的电压波形,红色线表示负载处的电压波形,蓝色线表示人工网络 50Ω 电阻处电压波形。为了便于观测,将图形局部放大,且分开展示三条曲线,如图 3.29~图 3.31 所示。

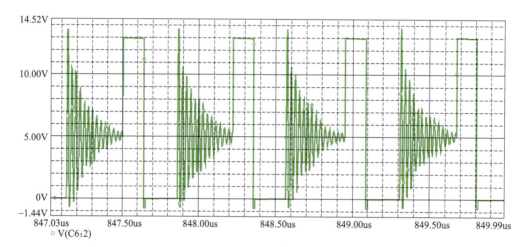

图 3.29 SW 端口的电压波形局部放大图

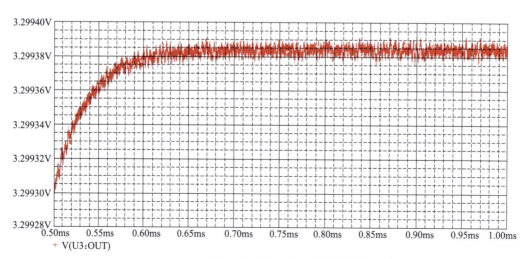

图 3.30 负载处的电压波形局部放大图

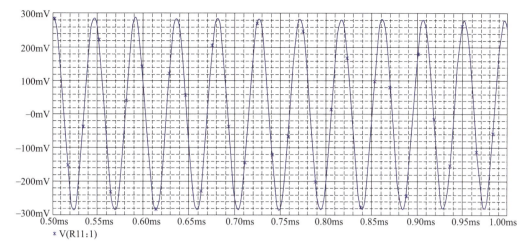

图 3.31 人工网络 50Ω 电阻处电压波形放大图

从图 3.29 可以看到，开关波形有较明显的振荡，结合开关电源的原理，是因为 MOS 的电流在非常短的时间内出现剧烈变化，这就导致了很大的电流变化率 di/dt，并且，由于下管存在体二极管，在上管导通时会存在反向恢复电流，导致上管的电流在导通瞬间出现一个非常大的电流尖峰，这就形成了更大的电流变化率 di/dt。

为了系统能更稳定地工作，需要尽量减小开关波形的高频振荡。振荡的主要原因是寄生电感和快速的电流变化，因此可以从这几个方面改善：①优化 PCB 布局和走线，尽可能减小输入电容和 MOS 的电流环路；②选用集成 MOS 方案，最好是单芯片，增加 MOS 驱动电阻和 BOOT 电阻。

由图 3.30 可以看到，虽然第二款开关电源芯片可以将输出电压稳定在 3.3V，但仍然存在较多的毛刺。在 PSpice for TI 软件中，对负载处和人工网络 50Ω 电阻处的电压进行 FFT 计算，可以得到频域分布图，分别如图 3.32 和图 3.33 所示。

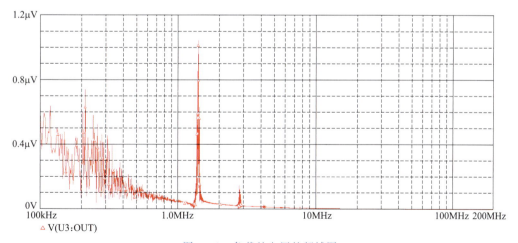

图 3.32 负载处电压的频域图

由图 3.32 和图 3.33 可以看到，无论是开关电源电路中的输入信号，还是开关电源电路中的输出信号，信号的频域分布图中，其幅度峰值频率满足比较严格的倍频关系，

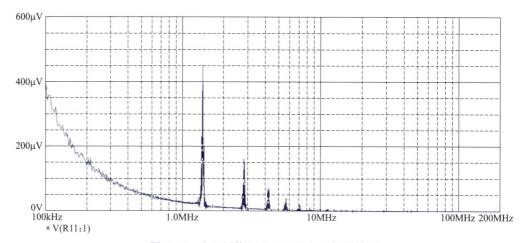

图 3.33 人工网络 50Ω 电阻处电压的频域图

基频是 1.4MHz。该频率与芯片指导手册上的参数一致,也验证了仿真结果的准确性,同时曲线也反映了开关电源在 0~200MHz 频率范围内产生的传导电磁干扰,对后面的传导干扰建模起着重要作用。

3.3 印刷电路板传导干扰建模与仿真

参考国家标准 GB/T 18655—2018 对 150kHz~108MHz 范围内的传导发射试验,进行对标实际测试环境的仿真模型搭建,以期准确预测传导 EMI 辐射强度值和分布趋势。

需要说明一点,虽然国标对传导干扰的限制频率段为 150kHz~108MHz,对 108MHz 以上的传导干扰强度值并没有给出限制,但为了满足更为严格的 EMI 标准(如 Tesla 标准)以及对传导干扰进行更为全面的研究,本书所考虑的传导干扰频率段为 150kHz~174MHz。

3.3.1 传导干扰测试系统组件建模

(1) 线路阻抗稳定网络

线路阻抗稳定网络(line impedance stabilization network,LISN),是一种在各种 EMC/EMI 测试标准中规定的传导和辐射射频发射及敏感性测试中使用的设备。LISN 有时也被称为人工网络(AN)或人工主网(AMN)。在传导发射测量中,LISN 被插入到被测设备的供电线路中,并提供 RF 输出来测量传导排放。在许多其他测试装置中,LISN 被插入到 EUT 馈线中,只是为了创建一个定义的源(电源)阻抗。电源的输出阻抗几乎是未知的,并且因电源而异。EMC 测试需要定义良好且可重复的设置,这可以通过将 LISN 与源串联来创建。被测设备不再看到源的输出阻抗,而是 LISN 的指定阻抗。

根据标准 GB/T 18655—2018,由 LV 供电的零部件应使用图 3.34 所示的 5μH/

50Ω 线路阻抗稳定网络（LISN）。LISN 应该安置在与大地接触良好的测试桌平面上。LISN 的负极线应与接地参考平面良好搭接。LISN 的测量位置应与一个负载（50Ω）相连。

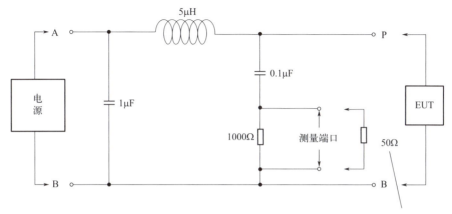

图 3.34　5μH 线路阻抗稳定网络（LISN）原理图

其中，1μF 和 5μH 用于过滤电网侧干扰，为用电器最大程度上提供未经干扰的电源。5μH LISN 主要用于安装在车辆中的测试设备。5μH 模拟长度为 5m 的供应线的电感，车辆中的线束几乎不超过这一长度。5μH LISN 主要用于频率范围为 150kHz～400MHz 的噪声测量。等效 LISN 模型布置 1 如图 3.35 所示，等效 LISN 模型布置 2 如图 3.36 所示。LISN 阻抗特性仿真结果如图 3.37 所示。

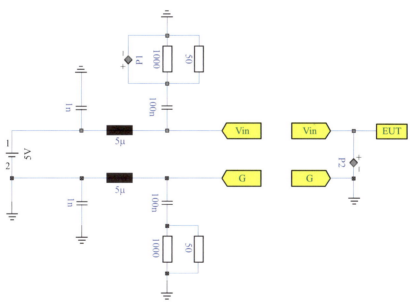

图 3.35　等效 LISN 模型布置 1

可以看到，P1 端就是测试仪器测得的 EMI 传导电压（频域），P2 端测得的是被测件的电压（频域）。直流电源 5V 并不影响 P2 的结果是 3V，同时，在待测范围 150kHz～108MHz 内，所测得的传导电压与实际被测件电压仅在 1MHz 以下区域有细微偏差。这满足标准中的要求。

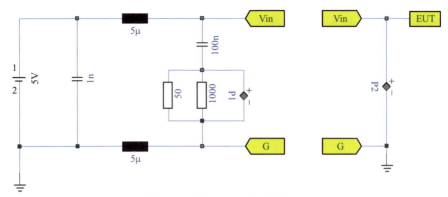

图 3.36　等效 LISN 模型布置 2

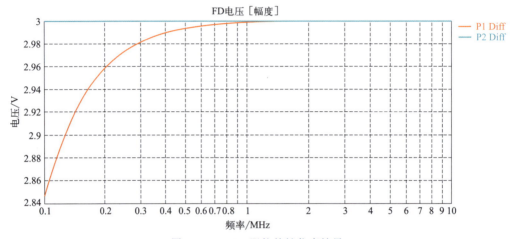

图 3.37　LISN 阻抗特性仿真结果

(2) PCB 的等效 SPICE 模型

首先介绍下 S 参数（或散射参数），缩写 S 是由单词 scattering 衍生而来的，对于高频，用波而不是电压或电流来描述给定的网络是很方便的，这样可以更容易地定义参考平面。S 参数用于描述能量如何通过电网传播，用于描述不同端口之间的关系，此时根据幅度和相位与频率的关系而不是电压和电流来描述网络变得尤为重要。S 参数用于将复杂网络显示为简单的黑盒，并轻松呈现该网络中信号发生的情况。S 参数可以保存为 S4P 文件，其中包含网络中反射和传输的所有组合，这显示了被测设备在正向和反向信号下的行为方式。

S 参数是复数（具有实部和虚部的数字），可以直接使用或在矩阵中使用以显示频域中的反射/传输特性（振幅和可选的相位）。当复杂的时变信号通过线性网络时，幅度和相移会显著扭曲时域波形，因此，频域中的振幅和相位信息都很重要。S 参数是支持这两种信息的参数，对于高频器件表征具有很多优势。

双端口网络有四个 S 参数：S11、S12、S22 和 S21。S 参数的编号约定是"S"后的第一个数字是信号出现的端口，第二个数字是信号应用的端口。例如，S21 是从端口 2 出来的信号相对于进入端口 1 的 RF 发射的测量值。当数字相同时（如 S11），它表示输入和输出端口相同的反射测量，S 参数也可以用 dB 表示，如 $20\lg|S_{xy}|$，其中 $x,y=1$ 或

2。反射参数 S11/S22 表示反射（回波损耗）、阻抗、导纳和 VSWR。传输参数 S21/S12 显示增益/损耗（插入损耗）、相位和群延时（延迟时间）。

因此，下面利用 S 参数来描述 PCB 上的传输线的阻抗及分布参数。

CST 获取 S 参数的方式不止一种，而 S 参数又可拓展为混合模式的 S 参数（单端 S，差共模 S）。MWS 微波工作室中 S 参数推荐的获取流程如下：①在三维环境中，定义单端端口，如图 3.38 所示。②可在三维环境或电路环境中，计算单端 S 参数。电路环境中的好处就是可以添加其他元件和电路，然后获得总系统的 S 参数。③差模 S 参数，在电路中获得。

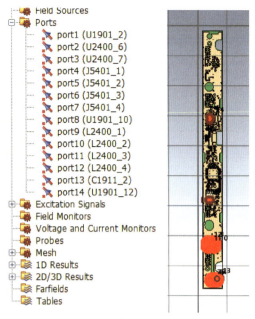

图 3.38 建立 Port 端口

仿真结果中的 S 参数曲线如图 3.39 所示。集成了各端口 S 参数的 PCB 的 SPICE 模型如图 3.40 所示。

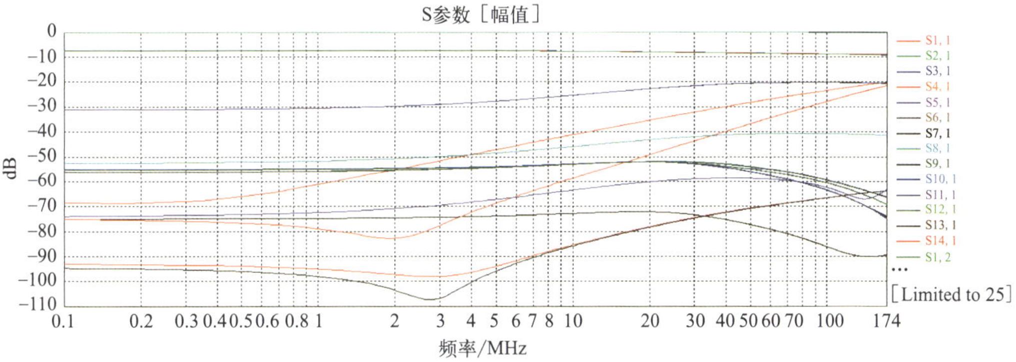

图 3.39 仿真结果中的 S 参数曲线

（3）板级关键激励源

从前述分析可知，CAN 信号、开关电源芯片的 Vin 端口信号及 Vsw 端口信号，都是引起 EMI 的关键激励源。因此，通过高采样频率的示波器提取以上三个信号的时域数据，并对其进行快速 FFT 变换，以观察信号的频域分量，进而可以根据信号的频域幅值大小来定性估计对传导 EMI 的影响。

图 3.41～图 3.46 是三个信号的时域图和频域图。

根据图 3.42、图 3.44 和图 3.46 这三个信号的频域分布图，可以初步判断 Vsw 信号和 CAN 信号对结果的影响高于 Vin 信号，这也符合开关电源的工作特性，因为 Vsw 信号是输出信号，Vin 信号是输入信号，虽然两者信号在频域分布上的趋势和峰值点接近，但幅值上 Vsw 远高于 Vin。

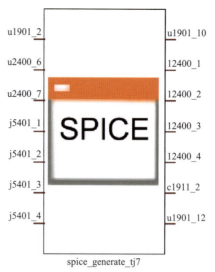

图 3.40　集成了各端口 S 参数的 PCB 的 SPICE 模型

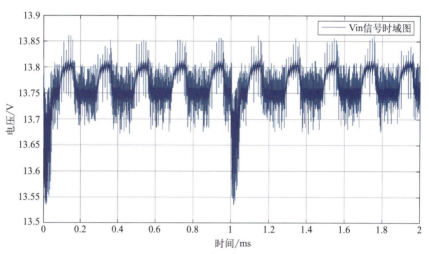

图 3.41　Vin 端口信号时域图

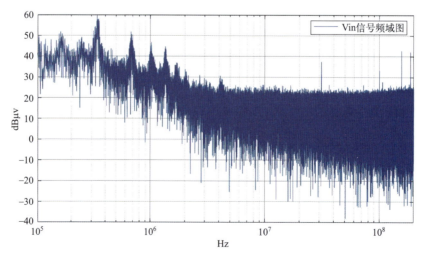

图 3.42　Vin 端口信号频域图

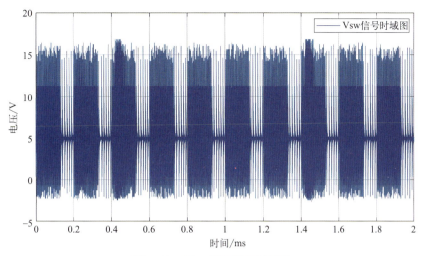

图 3.43　Vsw 端口信号时域图

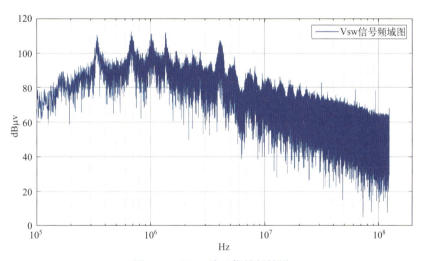

图 3.44　Vsw 端口信号频域图

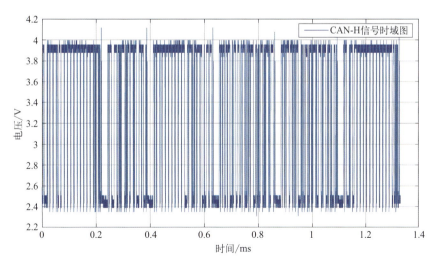

图 3.45　CAN-H 信号时域图

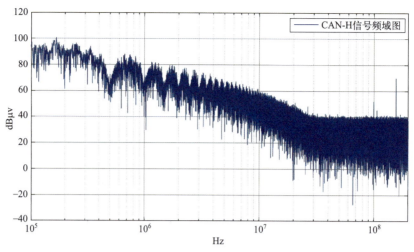

图 3.46　CAN-H 信号频域图

3.3.2　系统寄生参数建模

使用 CST PCB Studio 工具可以实现寄生参数的提取，主要建模方法有三种：PEEC 建模法、TL 建模法和 FE/FD 建模法。下面先介绍这三种建模方法的底层原理。

PEEC 建模法基于准静态 3D 方法，所有选定的导体被划分为许多元素，并转移到由电阻、电感和电容组成的等效电路中，电容和电感代表两个网格单元之间的最长距离，限制了整个电路的最大频率范围，最大有效频率由程序自动计算。

2D TL 建模法基于经典传输线理论，所有选定的传输线被划分为有限数量的具有恒定截面的直线段，并用于信号完整性应用（SITD 分析和 SIFD 分析），对于每个区段，将通过二维静态场计算主传输线参数（RLCG 参数），这意味着最大频率范围受限于截面的最大尺寸，最大有效频率由程序自动计算。

3DFE/FD 建模法的开发重点是电源完整性应用（PI 分析），可以实现对多层 PCB 的配电网络（PDN）的全波电磁效应进行精确建模，包括三个区域：夹在 PDN 铜区/平面之间的域、通孔和它们的局部环境，以及包含微带线的域。因此，该求解器应用于分析具有分布式电容（电源/地平面对）的 PDN。

前面提到，共模干扰是主要干扰，差模通过线缆间的寄生参数传播，共模通过线缆与桌面寄生参数传播。因此，后者的寄生参数研究更为重要。

(1) 线缆与地面间的寄生参数

首先介绍在描述线缆相对尺寸上的一个参数——电尺寸，它表示的是信号所在的线缆的物理长度与信号最大频率所对应波长的比值。当线缆的物理尺寸小于波长的 1/10 时，可以认为是电小尺寸；当传输线缆的物理尺寸与信号的波长相近时，则认为是电大尺寸。

当外接电缆的长度是电大尺寸时，此时长线缆会降低它与测试台桌面（铜平面）的输出寄生阻抗，进而造成传导干扰在频域上的若干峰值。如图 3.47 所示，电缆存在两种耦合方式：PCB 上快速电流变化 di/dt 环路与电缆的电感耦合；快速电压变化 du/dt

与电缆之间的电容耦合。

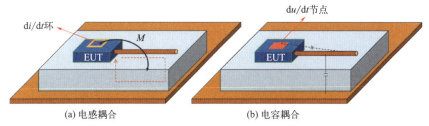

图 3.47 外接线缆的电感耦合和电容耦合

下面从传输线理论分析如何建模信号传输线缆与金属导体桌面之间的阻抗。微小单元传输线的等效 RLGC 电路如图 3.48 所示。

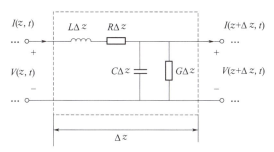

图 3.48 微小单元传输线的等效 RLGC 电路

如图 3.48 所示，利用输入输出两端的电压和电流关系，可以列出等式：

$$V(z+\Delta z,t)-V(z,t)=-R\Delta zI(z,t)-L\Delta z\frac{\partial I(z,t)}{\partial t} \quad (3.5)$$

$$I(z+\Delta z,t)-I(z,t)=-G\Delta zV(z+\Delta z,t)-C\Delta z\frac{\partial V(z+\Delta z,t)}{\partial t} \quad (3.6)$$

当 Δz 趋于 0，时谐场条件下，传输线方程可进一步化简为：

$$\frac{dI(z)}{dz}=-(G+j\omega C)V(z) \quad (3.7)$$

$$\frac{dV(z)}{dz}=-(R+j\omega L)I(z) \quad (3.8)$$

解导数方程，得传输线方程的一般解为：

$$V(z)=V^+e^{-\gamma z}+V^-e^{+\gamma z} \quad (3.9)$$

$$I(z)=\frac{1}{Z_0}(V^+e^{-\gamma z}-V^-e^{+\gamma z}) \quad (3.10)$$

其中，γ 和 Z_0 分别表示传输线的传播常数和特性阻抗：

$$\gamma=\alpha+j\beta=\sqrt{(R+j\omega L)(G+j\omega C)} \quad (3.11)$$

$$Z_0=\sqrt{\frac{R+j\omega L}{G+j\omega C}}=|Z_0|e^{j\phi_z} \quad (3.12)$$

无损耗情况下，R 和 G 的数值为 0，则可以写成：

$$\beta=\omega\sqrt{LC}, \quad \gamma=j\beta, Z_0=\sqrt{L/C} \quad (3.13)$$

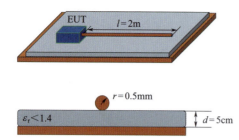

图 3.49 外接线缆与地面的相对位置示意图

式中，β 表示相移常数。需要注意的是，由于 L、C 的大小由传输线的横截面形状、尺寸、介质参数决定，因此，特性阻抗 Z_0 与传输线的长度无关，与源和负载也无关，它是描述某种具体传输线的固有属性。

图 3.49 为外接线缆与地面的相对位置示意图。传输线到地面的寄生电感 L 和寄生电容 C 为：

$$L = \frac{\mu_0}{2\pi} \ln\left(2\frac{d}{r}\right) \times X \tag{3.14}$$

$$C = 2\pi\varepsilon_0\varepsilon_r / \ln\left(2\frac{d}{r}\right) \times X \tag{3.15}$$

式中，d 为传输线到地面的间距；r 为传输线半径；X 为传输线长度；ε_r 为相对介电常数，以上各变量的单位都是标准国际单位。

将边界条件 $I(z=0)=0$，$V^+ = V^-$ 代入式中，可以得到：

$$V(Z) = 2V^+ \cos(\beta z) \tag{3.16}$$

$$I(Z) = \frac{2V^+}{Z_0} e^{\frac{-j\pi}{2}} \sin(\beta z) \tag{3.17}$$

进一步地，由上述两式得到阻抗：

$$Z_{OC} = Z(z=-l) = -jZ_0 \cot(\beta l) \tag{3.18}$$

根据式（3.18）可知，当 $\beta l = n\pi (n=0,1,2,\cdots)$ 时，Z_{OC} 取最大值；当 $\beta l = \left(n+\frac{1}{2}\right)\pi (n=0,1,2,\cdots)$ 时，Z_{OC} 取最小值。β 由式（3.13）确定，再结合 $\omega = 2\pi f$，$\mu_r = 1$，$c = \frac{1}{\sqrt{\mu_0 \varepsilon_0}}$，可转换为如下结论：

$$f = \frac{nc}{4\sqrt{\varepsilon_r}L} \text{ 或 } f = \frac{3nc}{4\sqrt{\varepsilon_r}L} \tag{3.19}$$

$$f = \frac{nc}{2\sqrt{\varepsilon_r}L} \tag{3.20}$$

式中，c 为光速；L 为线缆长度；ε_r 为相对介电常数。式（3.19）是计算线缆阻抗峰值频率公式，式（3.20）是计算线缆阻抗谷值频率公式。

在线缆阻抗取极值点的情况下，寄生阻抗可以看作图 3.50 所示的 LC 谐振模式，左图对应阻抗峰值，右图对应阻抗谷值。

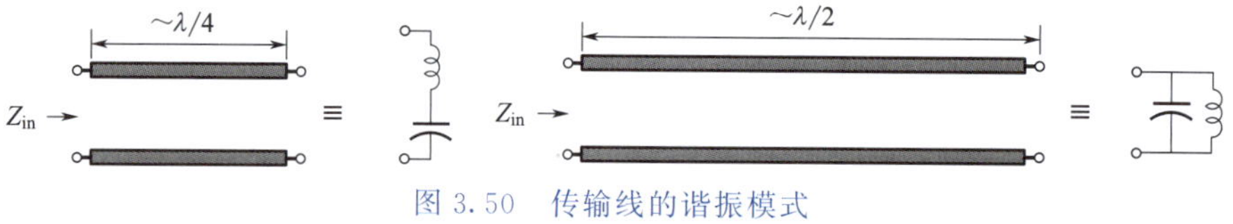

图 3.50 传输线的谐振模式

上面是关于单传输线理论的分析，由此知道传输线与传输线之间、传输线与导体地面之间会形成电流回路，因此，下面利用仿真手段验证上述单线缆理论，由此得到多线缆的高频特性和等效电路。

（2）线缆的高频特性与等效电路

根据（1）中内容可知，待测件所连接的外部线缆的高频特性不容忽视，在高频条件下，外部线缆与桌面间的寄生电感和寄生电容会使得 EMI 分布出现"意料之外"的情况。

选取 CST 的电缆工作室进行建模，因为 CST 电缆工作室可以仿真真实工况下由数十米长的数十根线缆组成的多线缠绕线束的电磁干扰问题，如线束串扰、线束辐射和线束感应噪声等。线缆载体可以为任意金属或介质结构，线缆可为单线、排线、屏蔽线、双绞线、屏蔽层、绝缘层及它们的任意排列组合。CST 电缆工作室是基于时域传输线法（TL）、边界元法（BEM）、时域有限差分法（FITD）、传输线矩阵算法（TLM）的，专注于搭建布线线缆模型的电磁干扰仿真软件，可以对任意形式的线缆进行分布参数提取，可以针对真实工况下各种结构参数线缆、各种安置形状和各类环境的线缆进行 SI/EMI/EMS 分析，能够进行单向和双向线束与磁场自洽相互作用场路协同仿真，解决线缆线束瞬态和稳态的电磁干扰问题。CST 电缆工作室也可以仿真整个系统中每根线缆的信号完整性和线缆间的互耦。

图 3.51 是搭建的和测试系统一致的三维线缆模型，其中总共有四根线缆，包括两根电源线（正极线和负极线）、两根 CAN 通信线（CANH 信号线和 CANL 信号线）。图 3.51 中，橙色部分是桌面模型，浅蓝色部分是支撑泡沫垫模型，深蓝色部分是四根等间距为 2mm 的电缆。需要强调的是，电缆中两根电源线长度为 30cm，两根 CAN 通信线长度为 225cm。

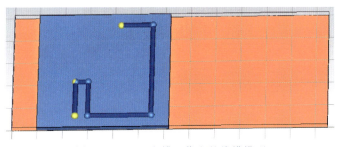

图 3.51　CST 电缆工作室的线缆模型

橙色地面模型设置为 CST 材料库中的 copper（铜）材料；浅蓝色泡沫垫模型设置介电常数为 1.4，与国标要求一致；深蓝色线缆的参数设置见图 3.52，横截面为单圆形、半径为 0.404mm、绝缘层厚度为 0.3mm。

在 schematic 界面，在四根线的八个端口处，设置了八个外部端口，对应不同的仿真任务（Tasks），需要设置不同的外部端口类型，如图 3.53 所示。

在研究多线缆的高频特性之前，为简化问题，先对单线缆的高频特性进行仿真。如图 3.54 所示，电路模型中设置了两个仿真任务（Tasks）：对于 AC 扫描仿真 task，将 port1 设置为幅值为 1、频率范围为 0～300MHz 的单位电流激励，将 port2 设置为 50Ω 负载；对于 S 参数仿真 task，将 port1 和 port2 均设置为 constant 的 50Ω 负载即可。

图 3.55 和图 3.56 分别是上述电路模型的两个仿真 task 的结果。

图 3.52 线缆模型的参数设置

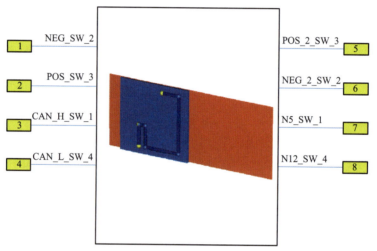

图 3.53 四线缆模型的电路部分

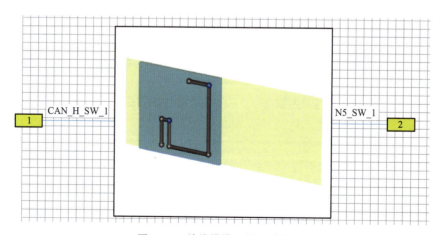

图 3.54 单线缆模型的电路部分

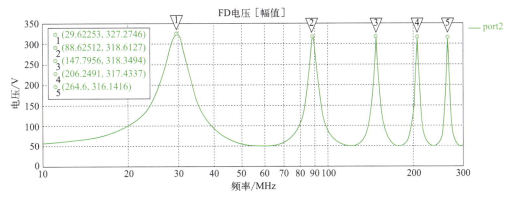

图 3.55　AC 扫描仿真的 port2 处电压

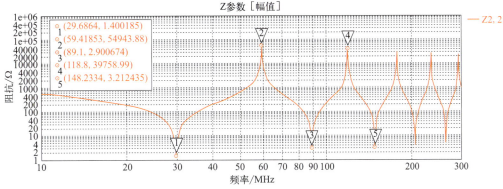

图 3.56　S 参数仿真的 $Z_{2,2}$ 阻抗特性

观察图 3.55 和图 3.56 的峰值和谷值频率，可以看出，基频频率为 29.7MHz，其他极值点频率均是它的整数倍。利用式(3.19)，可以算出基频频率为：

$$f = \frac{c}{4\sqrt{\varepsilon_r}L} = \frac{300}{4\times\sqrt{1.4}\times 2.25} \approx 28.2 (\text{MHz})$$

两者频率基本完全一致，由此验证了前面单传输线理论。

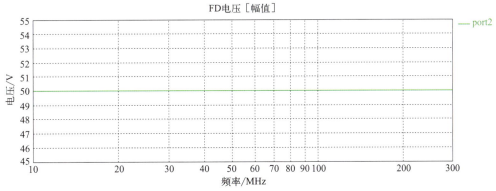

图 3.57　将桌面设置为木质材料时的 port2 处电压

进一步地，将桌面设置为木质材料，再次启动仿真，得到结果如图 3.57 所示，发现电压稳定在 50V，说明对于单线缆而言，若地面不是导体材料，则不能构成电流回路，进而不会有寄生参数和高频特性，这与理论吻合，也验证了 CST 电缆工作室搭建

线缆模型的可行性和准确性。

在实测环境中,线缆并不是单线缆,对于车载指示灯系统,PCB外接线缆有四根,因此还需要考虑多线缆的高频特性。还是使用图3.53所示的四线缆电路模型,Tasks任务设置与单线缆基本相同,区别是将port7设置为AC扫描单位电流激励的端口。仿真结果如图3.58~图3.60所示。

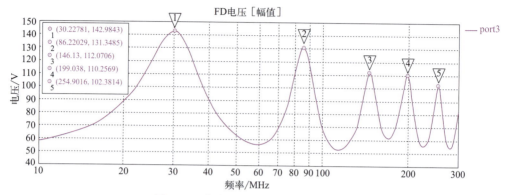

图3.58 多线缆下的port3端口处电压

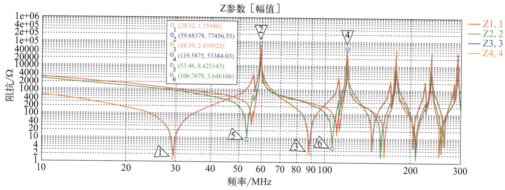

图3.59 多线缆下四根线的阻抗特性

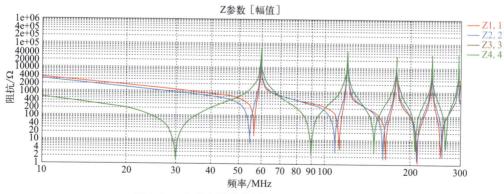

图3.60 去掉电缆绝缘层后四根线的阻抗特性

观察上述CST电缆工作室的仿真结果,可以得到如下结论:

对于单线缆,存在基频为 $f = \dfrac{c}{4\sqrt{\varepsilon_r}L}$ 的比例关系的峰谷值。不过需要注意的是,上述公式成立需要满足两个条件：①桌面是导体；②线缆到地面的介质是均匀的。如果存在两种介电常数不一致的介质，如导线绝缘层、空气和泡沫垫同时存在的话，峰值频率点会右移，且单峰会分裂成多峰。

而对于多线缆，由于线缆之间也存在寄生参数，因此比例关系与单线缆有所不同（推导过程的核心是寄生参数串联）：①长线缆阻抗的频域分布仍满足 $f=\dfrac{nc}{4\sqrt{\varepsilon_r}L}$；②短线缆的阻抗分布，其峰值频率满足 $f=\dfrac{nc}{2\sqrt{\varepsilon_r}L}$（$L$ 是多线缆中的最长线缆长度），谷值频率满足 $f=\dfrac{n}{4\sqrt{(L_0+L_2)\left(\dfrac{1}{\dfrac{1}{C_0}+\dfrac{1}{C_2}}\right)}}$，其中，$L_0$、$C_0$ 表示长线到地面的寄生参数，L_2、C_2 表示短线到长线的寄生参数，该寄生参数可由式（3.14）和式（3.15）计算。

为了验证所推导出的短线缆的谷值频率点的计算公式，由图 3.59 可以看到，短线缆的谷值频率点为 53.46MHz（基频），接下来用数值计算软件 MATLAB 编写计算程序。如图 3.61 所示，计算得到基频频率 f_foot 为 58.6MHz，可以看到，CST 软件的仿真结果与推导的理论公式值结果基本一致，验证了结论成立，也验证了 CST 电缆工作室的准确性。

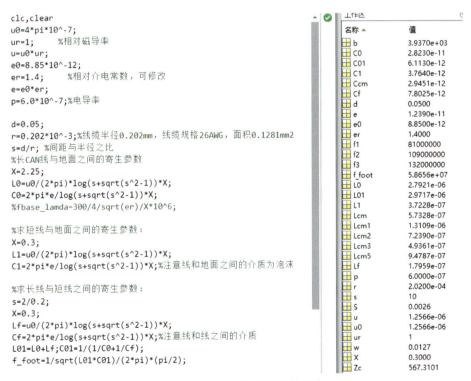

图 3.61 多线缆基频频率计算程序

综上所述，可以使用计算得到的寄生参数值所构成的 LC 等效电路来替代三维线缆等效电路，作为线缆模型，相比于三维线缆模型，其具备计算速度更快的优点。

图 3.62 为线缆模型的两种建模方式。图 3.63 为等效电路模型的 S 参数仿真结果。

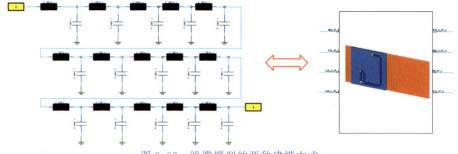

图 3.62 线缆模型的两种建模方式

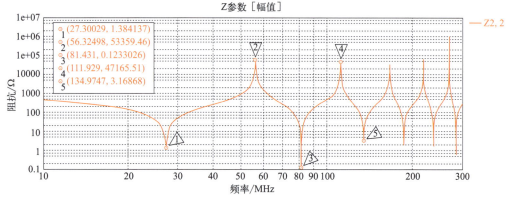

图 3.63 等效电路模型的 S 参数仿真结果

对比图 3.56 和图 3.63，前者是三维线缆模型的仿真结果，基频为 29.7MHz，后者是线缆等效电路模型的仿真结果，基频为 27.3MHz，可以证实线缆等效模型的准确性。综上所述，3D 线缆 ≈ 等效电路线缆 ≈ 理论传输线公式，都可以反映线缆的传输线特性，即在高频下，传输线会与桌面形成寄生回路。

需要注意的是，对于等效线缆模型，线缆需要分成多少段 LC 电路，取决于分多少段后线缆尺寸为电小尺寸，如 200MHz 信号的波长为 1.5m，那么如果想要线缆等效 LC 模型准确，则线缆尺寸需要小于信号中最小波长的 1/10，即 0.15m，而我们所搭建 CAN 传输线长度为 2.25m，因此线缆至少需要被分成 15 段，如图 3.62 左图中的等效电路由 15 组 LC 电路组成。

进一步地，通过编制算法计算得到图 3.63 所示的仿真结果，其在 $f=\dfrac{n}{2\sqrt{LC}}$ 处存在阻抗峰值，L、C 分别表示电路所有电感和电容之和。

(3) PCB 与地面间的寄生参数

PCB 寄生对任何给定 PCB 布局的 EMI 都有显著影响。因此，大多数电磁干扰评估和提取工具的有效性将取决于其寄生估计的速度和准确性。现有的 PCB 寄生提取技术包括域方法、积分方程法和解析法。

第一种 PCB 寄生提取技术是域方法。域方法是基于微分麦克斯韦方程组的解（用于得到 R、L 和 C），常用的方法包括：①有限差分法（FD），通过将微分方程的导数表达式替换为近似等价的差分商来逼近微分方程解的数值方法；②有限元法，用于求偏微分方程（PDE）和积分方程的近似解。求解方法要么完全消除微分方程，要么将微分方程转化为等价的常微分方程。

第二种PCB寄生提取技术是积分方程法，它求解的是积分方程而不是微分方程。常用的方法有：①矩量法（MoM），求解线性偏微分方程的一种数值计算方法，它被表述为积分方程；②边界元法（BEM），求解工程或科学问题中近似微分方程的一种重要方法，在应用边界元法时，只需要曲面的网格，这使得它更容易使用。

第三种PCB寄生提取技术是解析法。解析法使用解析方程来近似PCB寄生的结果是牺牲了一些速度更快的算法。用来计算电感的一个概念是偏电感。偏电感被定义为单个导体相对于无穷远处的电感，它作为返回电流的参考。通过将每个轨迹段定义为形成自己的无穷大返回环路，偏电感被用来表示最终的环路相互作用，而不需要预先了解实际的电流环路。

有文献指出，当单板的接地平面和参考平面之间没有连接时，单板共模阻抗Z_{CM_board}的电容性仅为200mH。它取决于板的尺寸和板与参考平面之间的距离。矩形板与大参考平面之间的CM电容可由以下闭合公式估计：

$$C_{CM} = C_P + C_i = 1.1 \frac{\varepsilon_0 \varepsilon_r S}{h} + \frac{15.7 \varepsilon_0 \sqrt{S}}{\pi + \sqrt{S}} \tag{3.21}$$

式中，C_P为板与参考平面之间的平面电容和边缘电容；C_i为板的本征电容；S为板的表面积；h为板与参考平面之间的高度。

矩形PCB的长宽尺寸是175mm×15mm，可以计算面积S，h为50mm，ε_r为1.4，代入到式（3.21）中，可计算得到$C_{CM}=2.945$pF。

$$Z_C = \frac{60}{\sqrt{(\varepsilon_r + 1)/2}} \ln\left(\frac{8h}{w} + \frac{w}{4h}\right) \tag{3.22}$$

$$L_{CM} = Z_C^2 C_{CM} \tag{3.23}$$

确定电容C值之后，只要再算出特性阻抗Z_C值则可以推算出电感L值，将参数微带线宽度$w=5$mil（典型值）代入后算得$L_{CM1}=0.7239\mu H$，然后再结合短线的电感参数$L_{CM2}=0.49361\mu H$和长线的电感参数$L_{CM3}=1.3109\mu H$，共组成三组车载指示灯系统到地面的寄生参数等效LC电路模型，如图3.64所示。

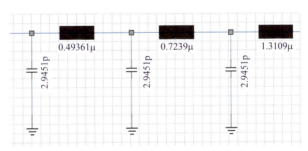

图3.64 车载指示灯系统寄生参数模型

3.3.3 传导干扰仿真模型与仿真结果

（1）传导干扰仿真模型

综合前述的线路阻抗稳定网络模型、PCB的等效SPICE模型、激励源信号、线缆模型和系统的寄生参数模型，得到图3.65所示的传导干扰仿真模型。

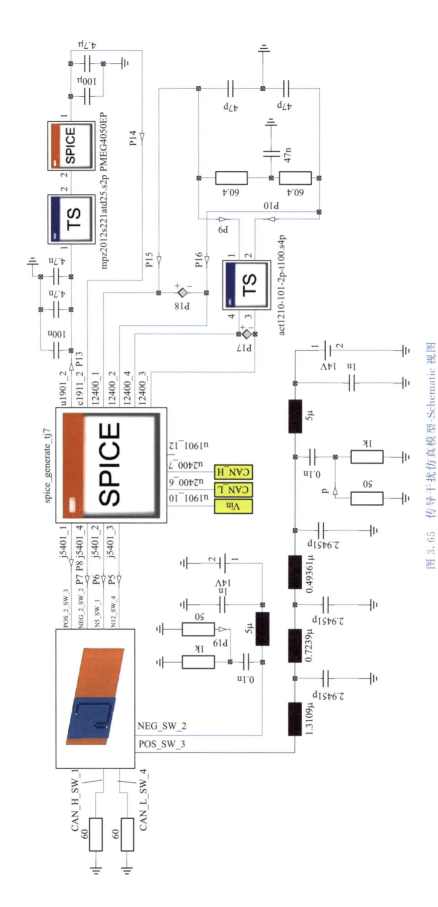

图 3.65 传导干扰仿真模型 Schematic 视图

上述传导干扰仿真模型中，SPICE 的外部端口电路还包括一个共模电感 TS 模型、一个二极管 SPICE 模型和一个磁珠 TS 模型，这些都是与 PCB 原理图所对应的。

（2）仿真软件设置与仿真结果

在启动仿真前，需要注意仿真任务参数的设置，因为开关电源启动到稳定的时间需要 150μs，以及如前所述，若要确定 200MHz 需要一定的采样点数量，因此参数设置如图 3.66 所示。

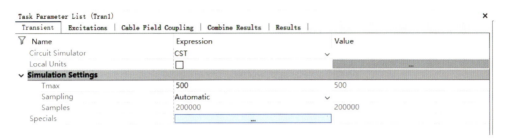

图 3.66　传导干扰仿真模型设置

图 3.67 是添加共模扼流圈前后的共模电压对比，可以看到，在高频的 CAN 传输线上添加共模扼流圈器件可以有效地降低信号的抖动幅值，即可以降低电压电流瞬态变化强度，进而降低耦合到电源线的传导干扰电压。

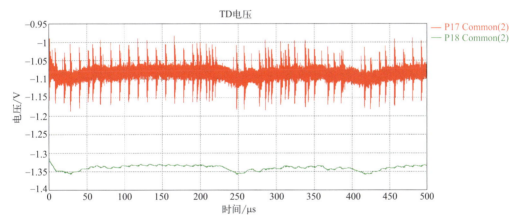

图 3.67　添加共模扼流圈前后的共模电压波形

图 3.68 是图 3.65 所示模型仿真后的 LISN 的 50Ω 处的时域电压波形，可以看到，虽然电压振荡的幅值数量级仅在 0.001V，但是短时高频的变化仍能引起较大的传导干扰，将该时域信号做 EMI Receiver 处理，设置 RBW=9kHz，F_{min}=150kHz，F_{max}=174MHz，结果如图 3.69 所示。

3.3.4　传导干扰测试结果及对比

（1）传导干扰试验

为了确定仿真结果的正确性，本节将针对车载指示灯系统，按照国标 GB/T 18655—2018 和 Tesla 标准分别进行试验测试。

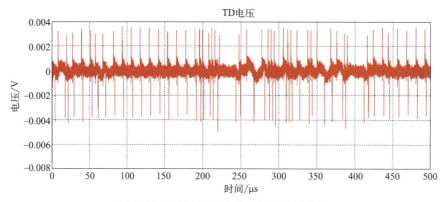

图 3.68　LISN 的 50Ω 处的时域电压波形

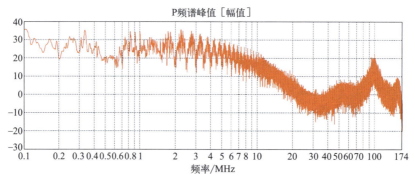

图 3.69　传导干扰模型仿真结果

两个 EMI 测试标准不一样的地方是：Tesla 标准设置的传导干扰测试频率范围为 150kHz～174MHz、RBW 为 9kHz、CAN 线长大于等于 1.5m；国标 GB/T 18655 设置的传导干扰测试频率范围为 150kHz～108MHz、RBW 为 9kHz（测试频率＜30MHz）和 120kHz（测试频率＞30MHz）、CAN 线长等于 20cm。

RBW 和 CAN 线长对 EMI 结果影响较大，而 Tesla 标准的要求显然更为严格，研究注重仿真模型和方法的正确性，因此前述仿真模型的 RBW 和 CAN 线长因素参照的是 Tesla 测试标准，后续与仿真结果对标的测试结果也是依据 Tesla 标准所做测试的结果。传导干扰 EMI 测试现场布置图（CAN 线环形）如图 3.70 所示。

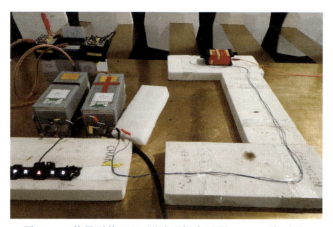

图 3.70　传导干扰 EMI 测试现场布置图（CAN 线环形）

为了消除实验室测试环境不同对传导干扰结果的影响，图 3.71 所示是在两个暗室实验室对同一车载指示灯系统产品做传导干扰电压法测试得到的结果对比，可以看到，在中频段（4~50MHz），两个实验室得到的结果略有差异，取蓝色线结果作为与仿真结果对比的实测结果。

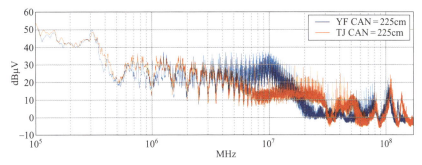

图 3.71　CAN 线长为 2.2m 的传导干扰实测结果

前面已经得出结论，线缆与地面的寄生参数特性会使得线缆在基频倍数的频率点上出现阻抗峰值，进而引起传导 EMI 峰值，因此为了研究不同线缆长度对 EMI 的影响，修改 CAN 线长，并再次测其传导干扰，结果如图 3.72 所示。

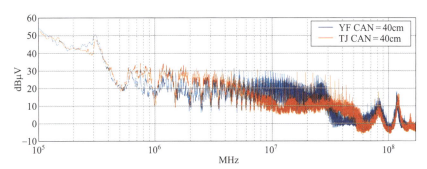

图 3.72　CAN 线长为 0.4m 的传导干扰实测结果

在测试中，不仅是依照标准要求做了传导干扰电压的测试，在这过程中，也研究了一些环境因素对传导干扰结果的影响，具体包括线缆布置形状、POS 线绝缘层、POS 线与 CAN 线间距等因素。传导干扰 EMI 测试现场布置图（CAN 线直条形）如图 3.73 所示。测试结果如图 3.74 所示。

图 3.73　传导干扰 EMI 测试现场布置图（CAN 线直条形）

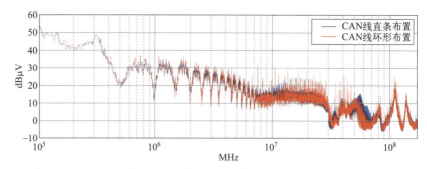

图 3.74　不同 CAN 线布置方式的传导 EMI 实测结果对比

由图 3.74 可以看到，对于长线缆在测试过程中的布置形式，不论是长直条布置还是弯折环绕布置，对传导 EMI 的影响可忽略不计。

POS 线的绝缘层剪开后线间距为 0 的布置示意图和测试结果如图 3.75、图 3.76 所示。

图 3.75　POS 线的绝缘层剪开后线间距为 0 的布置示意图

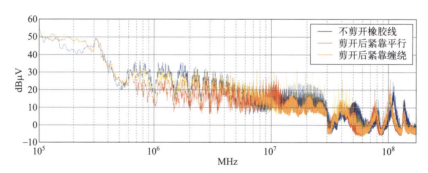

图 3.76　线间距为 0 时不同线缠绕方式的传导 EMI 实测结果对比

由图 3.76 可以看到，将板子所连外部线缆的绝缘层剪开之后，不论四根线是平行还是缠绕，对传导 EMI 的影响可忽略不计，也与不剪开绝缘层的结果相同，说明在线间距为 0 时，线束的缠绕与否对结果没有影响。

POS 线的绝缘层剪开后 CAN 线和电源线分开的布置示意图和测试结果如图 3.77、图 3.78 所示。

由图 3.78 可以看到，将板子所连外部线缆的绝缘层剪开，并将电源线和 CAN 通信线的间距拉大之后，对传导 EMI 在高频段的影响较大。

图 3.77 绝缘层剪开后 CAN 线和电源线分开的布置示意图

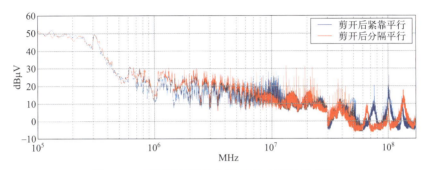

图 3.78 不同线间距的传导 EMI 实测结果对比

由上述四组实测结果可得出以下结论：

① CAN 线布置方式（条形或环形布置）、电源地线与 CAN 线平行或缠绕这两个因素，对传导干扰电压结果无影响。

② CAN 线的长度、电源地线与 CAN 线的间距这两个因素会影响传导干扰电压高频段（＞100MHz）的峰值以及频率点的分布。

(2) 传导干扰仿真与实测结果对比分析

将图 3.69 所示的传导干扰仿真结果和图 3.71 所示的传导干扰实测结果的数据导出，并在 MATLAB 软件中绘图，以方便比较，结果如图 3.79 所示。

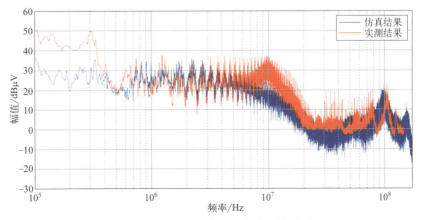

图 3.79 传导干扰仿真结果与实测结果对比

图 3.79 中，蓝色线是仿真结果，橙色线是实测结果。从结果可以看到，所搭建的传导干扰仿真模型较为准确，在 300kHz~150MHz 频率范围内，仿真结果与实测结果较为贴近。

实测的传导干扰频域分布在 130MHz 有个峰值点，这是仿真所没有预测到的，这是因为寄生参数能产生较为严重的 EMI 频域曲线包络峰值，而目前的传导干扰仿真模型中，其寄生参数是由理论计算而得，且只考虑了 PCB 整板、外接长短线缆到地面的寄生参数，没有考虑 PCB 里面的迹线到地面的高频寄生参数，因此，在高频段仿真结果与实测结果贴合效果不是很好。

3.3.5 传导干扰抑制措施

共模扼流圈是一种电气滤波器，可阻止两条或多条数据线或电源线共有的高频噪声，同时允许所需的直流或低频信号通过。共模（CM）噪声电流通常有不需要的无线电信号、未屏蔽电子设备、逆变器和电机等来源辐射。如果不过滤，这种噪声会在电子电路中造成干扰问题。

在正常或差分模式（单扼流圈）中，电流从一条线上正向传输（电源到负载），也同时会从另一条线反向传输回来（负载到电源）。而在共模模式下，噪声电流在两条传输线上是向同一个方向传输。

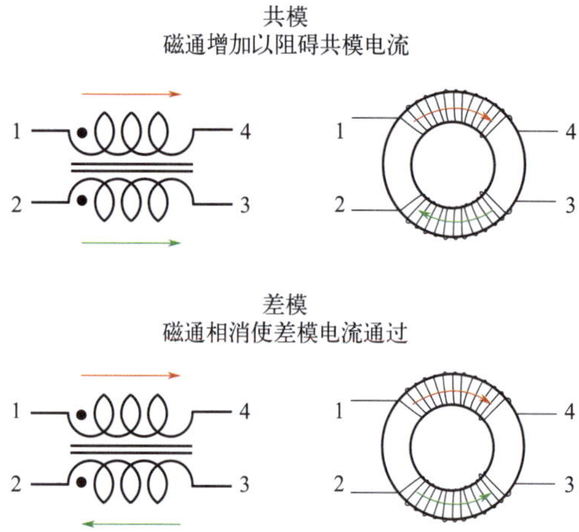

在共模模式中，两条线路中的电流沿同一个方向传输，因此根据楞次定律，此时线圈中的磁通量会增加，以产生相反的电流来阻碍共模电流，如图 3.80 所示的共模电感工作原理图中环形磁芯中的红色和绿色箭头所示。在差模模式中，电流沿相反的方向传输，磁通量相减或抵消，因此场不会与正常模式信号相反。

图 3.80 共模电感工作原理

选择共模扼流圈的主要标准是：
① 所需阻抗：需要多少噪声衰减。
② 所需的频率范围：噪声在什么频率带宽内。
③ 所需的电流处理能力：它必须处理多少差模电流。

输入滤波器是指：电源输入端的内部或外部安装的低通或带阻滤波器，可降低馈入电源的噪声。输入线路滤波器包含在大多数开关模式电源中，以减少来自交流线路中存在的电磁和其他电气噪声的干扰。滤波器还用于确保电源符合政府法规和机构标准。

输入线路滤波器的两个主要功能是：①防止电源内部产生的 EMI 信号到达输入电源线并影响连接在同一线路上的其他设备；②防止电源线上的高频电压和 EMI 通过并到达电源输出端。输入滤波器的设计和组件选择对于确保它不会不必要地增加电源的体积和成本或损害电源性能非常重要。

如图 3.81 所示，设计了一款对电源线上传导干扰具有良好抑制作用的电路模型，模型是由共模电感＋滤波电容组成，滤波电容包括 2 个 Y 型电容和 1 个 X 型电容。

为了验证上述共模扼流圈＋滤波电容的抑制作用，同时更全面地观察和对比抑制效果，接下来分别选择基础电路模型（不含 SPICE 电路模型）和传导干扰模型（含 SPICE 电路模型以及外部端口电路），在两类电路中添加抑制电路进行验证。验证电路图如图 3.82 和图 3.84 所示，对应的仿真结果如图 3.83 和图 3.85 所示。

由图 3.83 和图 3.85 可以看到，该抑制电路对电源正极线上的 LISN 处的传导干扰电压抑制效果明显，抑制效果主要体现在幅值抑制上，对传导干扰的趋势分布影响不大，幅值抑制效果在高频段更是可以达到接近 $100\mathrm{dB}\mu\mathrm{V}$ 的幅值抑制，与预期一致，抑制效果较好。

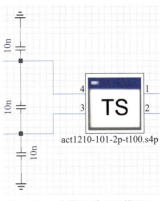

图 3.81　共模电感 TS 模型＋X 型电容和 Y 型电容

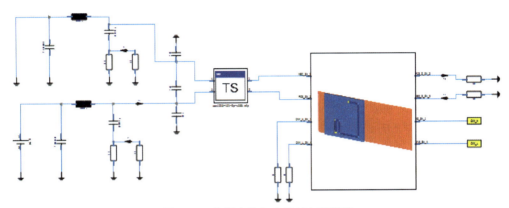

图 3.82　抑制电路加入基础电路模型

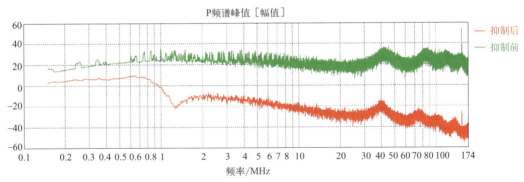

图 3.83　基础模型中添加抑制模型前后对比

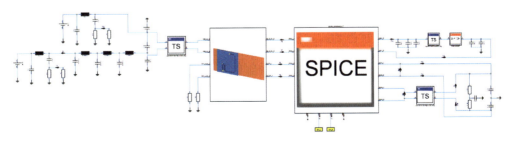

图 3.84　抑制电路加入传导干扰电路模型

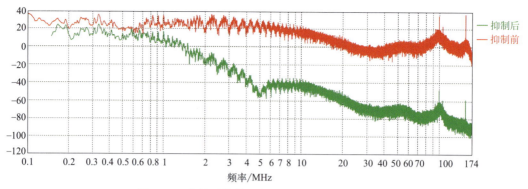

图 3.85　传导干扰模型中添加抑制模型前后对比

3.4　印刷电路板辐射干扰建模与仿真

依据国家标准 GB/T 18655—2018 中辐射发射试验的规定，进行对标实际测试环境的仿真模型搭建，以期准确预测 EMI 辐射强度值和分布趋势。

车载指示灯系统在正常工作时产生的辐射干扰主要由外接线缆（1.5m 长）上的干扰电流导致，这些干扰电流将借助导线的天线效应向四周空间辐射电磁场，因此可以将该电流干扰作为辐射干扰模型的激励源。需要说明的是，对辐射干扰而言，测试线缆中的干扰电流包括共模干扰电流和差模干扰电流，但由于在电路回路中，两根线的共模干扰电流方向相同，而差模干扰电流方向相反，因此，差模干扰电流在远场处辐射的矢量值叠加时会互相抵消大部分，所以共模电流对辐射 EMI 结果的影响远大于差模电流影响。本节对干扰电流的研究对象都是指共模电流。

如图 3.86 所示，有两种方式（实测或仿真）获取辐射干扰激励源，也有两种方法（用天线接收或用探针接收）得到辐射干扰的仿真结果。采取天线接收电压分布的方式，其优点是能够根据实验室中实际测试时候的天线进行建模并考虑其天线系数，缺点是三维场模型大且网格划分数量多，使得仿真所需时间过长；而用探针接收场强分布的方式，其优点在于仿真速度快，缺点则是不能考虑实测时候的天线系数对 EMI 结果的影响。

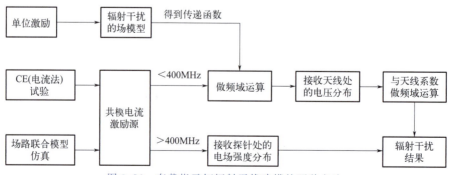

图 3.86　车载指示灯辐射干扰建模的两种方法

图 3.86 中，对于 400MHz 以下和 400MHz 以上频率段，分别采用两套建模方式和仿真方案：对于低频段的仿真模型，波长较长，网格数量相对较少，因此在低频段采用更接近实际结果的"实测/仿真激励+天线接收"仿真方案；而对于 400MHz 以上的高频段，则采用更快速的"仿真激励+探针接收"仿真方案。具体建模步骤介绍如下。

① 400MHz 以下，通过实测方法（借助电流钳和频谱分析仪）得到 PCB 外接线缆上的频域分布的干扰电流（实测不能得到干扰电流的时域分布数据），将其作为辐射干扰的激励源，然后将该激励源与测试系统的传递函数做频域乘积运算（如果激励源和传递函数的频域分布的纵坐标单位是 dB，则是相加运算）可以得到天线端口处的接收电压分布，再与天线系数做频域运算得到反映电场强度的辐射干扰频域分布。

② 400MHz 以上，通过仿真方法得到 PCB 外接线缆上的时域分布的干扰电流，将该仿真结果作为激励源代入辐射干扰仿真模型中，可以通过时域仿真得到接收探针处的电场强度分布，该结果即为辐射干扰分布结果。

下面按照环境模型建模、接收天线仿真、辐射干扰激励源获取、仿真模型及仿真结果的顺序介绍。

3.4.1 辐射干扰测试系统环境建模

1）暗室模型

电波暗室用于测量天线特性、电磁干扰（EMI）和电磁兼容性（EMC），电波暗室内有吸收器，吸收器配置有大量金字塔形物体，这些物体将传播的入射场引导至相邻的吸收器。通过吸收电波暗室内的电磁波并阻挡来自外部的入射信号，电波暗室内将产生一个虚拟无限空间，其中几乎没有内部反射，也没有任何不必要的外部射频噪声。

此模型还添加了用于 EMI 测试的双锥形天线，它位于电波暗室的中心。计算得出的远场辐射方向图和 S 参数（S11）表明，微波吸收器能够显著减少壁反射，而不会影响天线性能。

（1）屏蔽暗室

电波暗室墙壁上附着有金字塔形状的吸波材料（图 3.87），搭建 9m×6m×6m 的暗室模型如图 3.88 所示。

然后，在天线中心处添加激励源，观察暗室电场分布，验证暗室的吸收效果。

从图 3.89 可知，电场分布在 w 轴方向对称，且分布均匀。图 3.90 反映出了电场强度大小在空间的分布，颜色越深表明数值越大。可以看到，电场在暗室顶面有较明显的吸收效果。

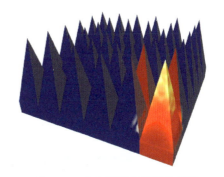

图 3.87 金字塔形状的吸波材料

（2）吸收暗室

将双锥天线模型放置在暗室外，同样的激励设置下，观察暗室电场分布，验证暗室的屏蔽效果。

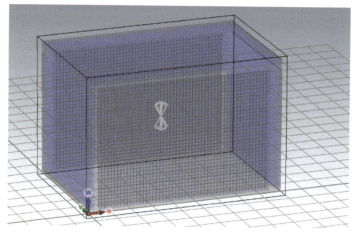

图 3.88 CST 暗室模型（带天线）

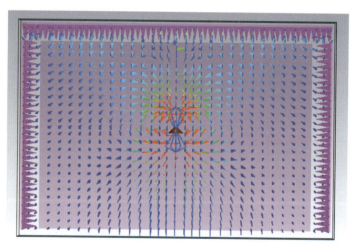

图 3.89 电场矢量分布图

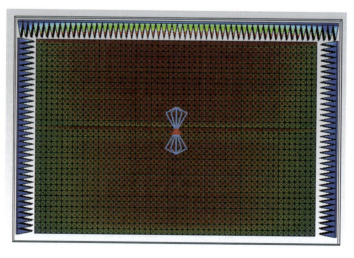

图 3.90 电场标量分布图

因暗室外壁设置为金属导体材料，由图 3.91 可以看到，电场在外壁发生反射和吸收，暗室内部仅存在很弱的电场强度。

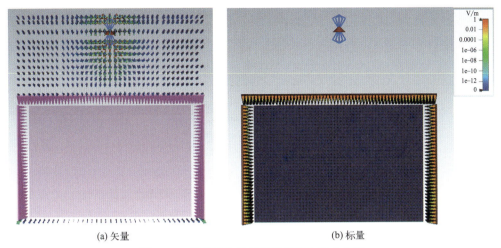

(a) 矢量　　　　　　　　　　　　　　(b) 标量

图 3.91　外部干扰屏蔽性能仿真电场分布图

2）测试桌及线缆模型

本部分介绍按照标准要求搭建测试桌模型和线缆模型的过程。

在 Inventor 中搭建测试桌的三维模型如图 3.92 所示，其中，桌子的尺寸为 2500mm×1000mm×900mm（长×宽×高）；泡沫高度为 50mm；桌面上放置一块铁板，厚度为 1mm；铁板上方放置一块铜板，厚度为 2mm，且铜板接地。另外，搭建 LISN、CAN 通信上位机以及 PCB 的简化模型，分别使用铝材料的长方体代替。

图 3.92　测试桌的三维模型

将上述环境模型导入 CST 电缆工作室中。系统的激励源是通过线束加在 PCB 和 LISN 以及 CAN 通信上位机之间的，因此，还需要在三维电磁场中建立线缆的电磁仿真模型。在该模型中，按照 GB/T 18655—2018 要求，搭建了相应尺寸的信号线，其截面图如图 3.93 所示。

每根单线铜芯内导体的直径为 0.404mm，外圈 PVC 材料的直径为 0.6mm。搭建的线束模型与试验布置相同：平行于接地参考平面，线缆长度 150cm，距离测试桌边缘 10cm。

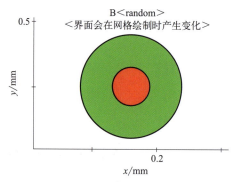

图 3.93 线缆三维模型的横截面

3）天线模型

执行精确的辐射发射测量需要天线，这是合规测量系统的关键组件。大多数 EMI 天线被设计成覆盖较宽的频率范围，因此，被指定为"宽带"或"多波段"。这些类型的天线通常在特定频带的灵敏度（增益）方面是折中的，通常在较低频率的灵敏度较低。EMC 天线将提供校准因子或天线系数（AF），以平衡灵敏度并匹配 50Ω 系统阻抗。AF 将在后面进一步讨论。

辐射发射场强值测量步骤如下：

① 将天线放置在距发射源或被测设备适当的距离处。

② 将天线放在被测产品上。这包括孔位方向和极化方向。

③ 使用低驻波比（VSWR）、低损耗同轴电缆将接收天线的输出端连接到接收系统（用于测量场的频谱分析仪）的输入端。接收系统的输入阻抗和接收天线都应匹配到 50Ω。

④ 测量参考接收系统的射频电压 V_a。应以 $dB\mu V$ 为单位，即应进行转换。

⑤ 一旦读数转换为以 $dB\mu V$ 为单位，就可以将其添加到天线系数以确定场强。天线系数在校准或新购买时随天线一起提供。如果天线的天线系数未知，则可以使用典型值来近似场强，但在开发中，这对于正式的合规性测试是不可接受的。

参照 GB/T 18655—2018 要求：接收天线应该满足输出电阻 50Ω、线性极化的特性。为提高实验室结果的一致性，使用 Antenna Magus 分四个频段（$0.15\sim30MHz$、$30\sim300MHz$、$200\sim1000MHz$、$1000\sim2500MHz$）分别建立垂直单极天线、双锥天线、对数周期天线和喇叭天线模型，如图 3.94～图 3.97 所示。

（1）单极天线（$0.15\sim30MHz$）

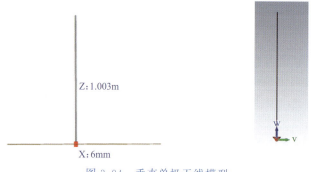

图 3.94 垂直单极天线模型

(2) 双锥天线 (30～300MHz)

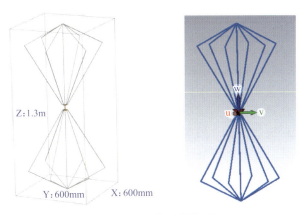

图 3.95　双锥天线模型

(3) 对数周期天线 (200～1000MHz)

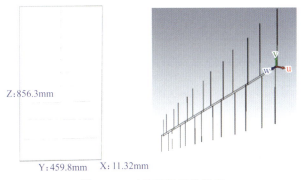

图 3.96　对数周期天线模型

(4) 喇叭天线 (1000～2500MHz)

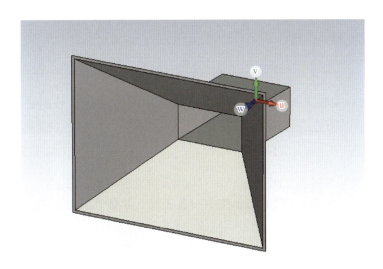

图 3.97　喇叭天线模型

3.4.2 接收天线仿真

国标实测辐射 EMI 是通过天线来接收的,因此本小节阐述了天线接收辐射干扰的机理以及如何用 CST 软件仿真天线模型接收 EMI 的过程。

因为在实际辐射干扰测试过程中,就需要结合天线系数才能将天线所测得的电压分布转换为场强分布,所以为了对测试全过程进行建模以达到良好的辐射 EMI 预测效果,需要仿真以获得天线的天线系数。拟采用双天线法,仿真获得三种天线(单极天线、双锥天线、对数周期天线)在各频点处的天线系数。

(1) 双天线法

双天线法是一种利用弗里斯传输方程来确定远场天线增益的测量技术。这项技术需要两个在几何和电子上完全相同的测试天线样本。两根相同的天线之间隔着一段距离,使它们彼此相对,距离地面的高度相同。其中,一个天线将作为辐射天线,另一个天线将作为接收天线。应该确保天线在阻抗和极化方面很好地匹配。使用 Rohde & Schwarz FSH8 便携式频谱分析仪来确定从天线-1 传输到天线-2 的功率。利用弗里斯传输方程,根据测量到的传输功率来确定天线的增益,可以运用自由空间、远场条件下的计算式。

在 50Ω 测试系统中,由天线增益 G 可以计算得到天线系数 AF:

$$AF = 20\lg\frac{9.73}{\lambda} - G \tag{3.24}$$

式中,G 为天线增益,dB;λ 为波长,m。需要注意的是上述关系式成立的前提是满足远场条件,即发射天线和接收天线之间的距离大于 $\lambda/2\pi$。

采用双天线法可以对天线增益进行测量,其接收与发射的功率关系为:

$$10\lg P_R = 10\lg P_T + G_T + G_R - 20\lg\frac{4\pi d}{\lambda} \tag{3.25}$$

式中,P_R 为天线接收系数,W;P_T 为发射天线的发射功率,W;G_T 为发射天线的增益,dB;G_R 为接收天线的增益,dB;d 为两天线水平距离,m。

若两天线完全相同,则 $G_T = G_R = G$,式(3.25)变为:

$$G = 10\lg\frac{4\pi d}{\lambda} + 5\lg\frac{P_R}{P_T} \tag{3.26}$$

在发射天线和接收天线阻抗相同的条件下,用测量电压代替测量功率,因此可得到:

$$G = 10\lg\frac{4\pi d}{\lambda} + 0.5(U_R - U_T) \tag{3.27}$$

式中,U_R 为天线接收电压,dBμV;U_T 为天线发射电压,dBμV。

按图 3.98 所示,在 CST 仿真软件中布置天线,并仿真获得两天线之间的传输系数 S_{21}。

其中,$S_{21} = U_R - U_T$,由式(3.24)、式(3.27)得到:

$$AF = 0.5|S_{21}| + 10\lg f_m - 16 \tag{3.28}$$

式中,f_m 为仿真频率,MHz;AF 为天线系数,dB/m。

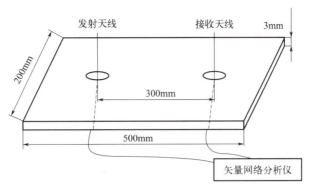

图 3.98 双天线法测试布置方式

(2) 天线系数仿真

依照先前所搭建的天线模型,在 CST 中按照双天线法的布置,分三个频段进行场-路联合仿真。仿真"场"模型如图 3.99 和图 3.100 所示。其中,两根单极天线与两个双锥天线的间距均为 1m,两对数天线的间距为 3m。

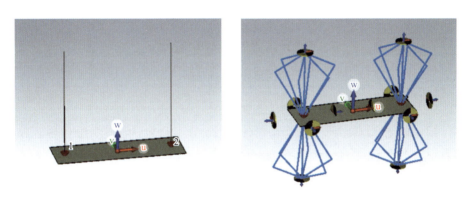

图 3.99 垂直单极天线和双锥天线系数仿真"场"模型

图 3.100 对数天线系数仿真"场"模型

天线系数仿真"路"模型如图 3.101 所示。在 1 端口加入标准冲击函数,并向两个天线端口添加 50Ω 的匹配阻抗。1 端口的天线为发射天线,2 端口的天线为接收天线。添加瞬态仿真任务,并设置仿真时长为 1μs。

仿真获得三种天线的天线系数分别如图 3.102～图 3.104 所示。

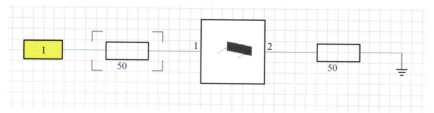

图 3.101　天线系数仿真"路"模型

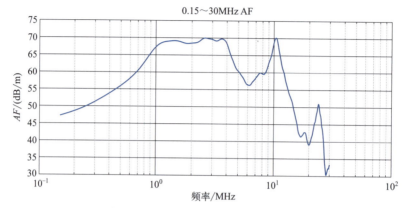

图 3.102　垂直单极天线的天线系数

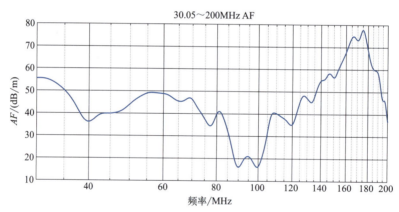

图 3.103　双锥天线的天线系数

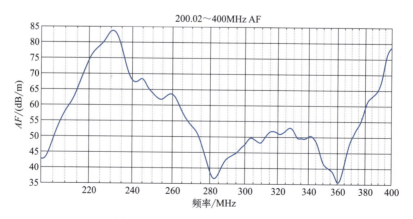

图 3.104　对数周期天线的天线系数

（3）天线系数验证

为了验证天线系数仿真的准确性，接下来使用一根长度为1m的线缆作为发射源，在线缆一端施加标准单位激励，在线缆的另一端添加50Ω的匹配阻抗并接地。在距离线缆中点附近1m处分别使用CST自带探针监视器功能与接收天线探测观察点处的电场强度，并进行对比。其中，天线离散端口处的场强等于天线离散端口处的电压值乘以对应频点的天线系数。仿真对比模型如图3.105、图3.106所示。

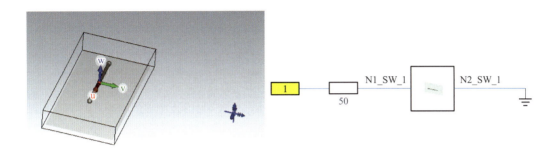

图3.105 探针对照仿真模型

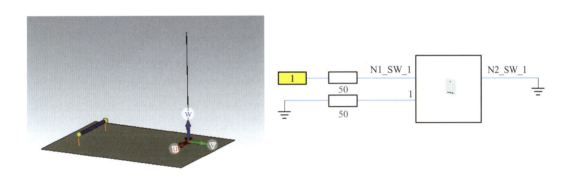

图3.106 天线对照仿真模型

在观察点处，探针与三种天线接收到的场强对比如图3.107～图3.109所示。

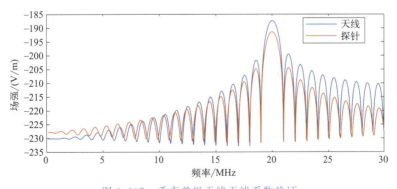

图3.107 垂直单极天线天线系数验证

可以看到，探针测得的电场强度与天线测得的电场强度在趋势与幅值上基本一致，证明天线系数的仿真方法是可信的。

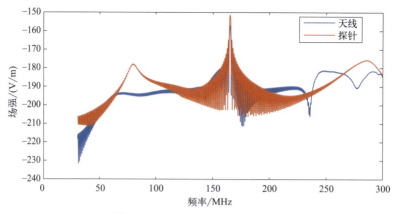

图 3.108 双锥天线天线系数验证

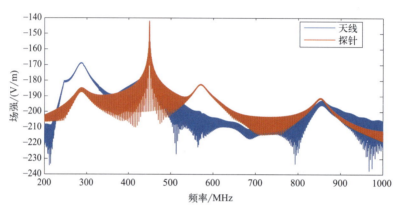

图 3.109 对数周期天线天线系数验证

3.4.3 辐射干扰激励源的获取

(1) 仿真获取时域激励源

参照 GB/T 18655—2018，传导干扰限值电流法的布置如图 3.110 所示。

其中，试验线束长度为 1700^{+300}_{0} mm，放置在非导电且相对介电常数小于等于 1.4 的材料上，距离参考地平面上方 50mm±5mm。在 CST 软件的线缆工作室中搭建电流法"场"模型，如图 3.111 所示。

"场"模型包含线缆模型、泡沫支撑垫模型、电源模型、木桌模型和置于桌面上的铜板模型。同时，参照国标要求，在距离 PCB 端口 50mm 处，放置电流探头，以获取线缆中的共模电流，如图 3.111 中的局部放大图所示，封闭红线为顺时针方向，将 CAN 信号线与电源线均包含在内。

如图 3.112 所示，为电流监视器示意图。设 dS 为某曲面上的一个面元，它与该点上的电流方向有夹角 θ。定义电流密度 J，它的方向沿着该点上的电流方向，它的数值等于单位时间内垂直通过单位面积的电量，从而通过面元 dS 的电流 dI 为：

$$dI = J\,dS\cos\theta \tag{3.29}$$

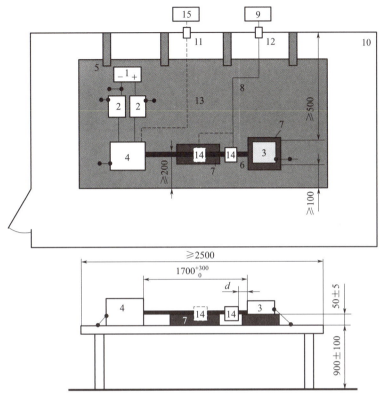

图 3.110 传导干扰限值电流法布置图

1—电源；2—人工网络；3—EUT（接地：如果在实验计划中明确）；4—负载模拟器；5—接地平面；6—导线线束；
7—低相对介电常数的支撑物（$\varepsilon_r<1.4$）；8—优质同轴线缆（50Ω）；9—测量仪器；10—屏蔽室；
11，12—壁板连接器；13—光缆；14—电流探头；15—模拟和监视系统；d—EUT 到最近的探头的距离

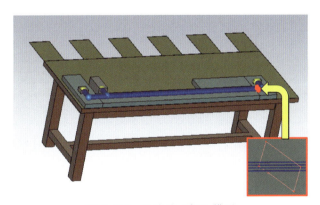

图 3.111 电流法"场"模型

通过任意曲面 S 的总电流强度 I 为：

$$I = \int_S J\,\mathrm{d}S \tag{3.30}$$

从式(3.30)可以看出，计算通过封闭曲线所围成曲面的总磁通量，即可获得线缆中的共模电流之和。

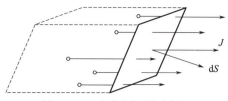

图 3.112 电流监视器示意图

由于在使用电流法测量共模电流时,系统连接与传导干扰电压法布置相同,电流法"路"仿真模型与前面的电压法"路"仿真模型相似,如图 3.113 所示。

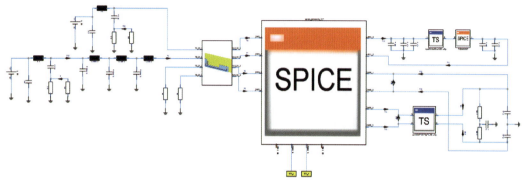

图 3.113 电流法"路"模型

"路"模型包含 LISN 模型、PCB 的 SPICE 模型及其外部端口电路。设置仿真时间为 $300\mu s$,仿真频率为 $0\sim400MHz$,仿真获得时域共模电流如图 3.114 所示。

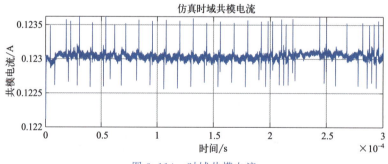

图 3.114 时域共模电流

利用先前章节中 MATLAB FFT 算法程序,对图 3.114 的时域信号进行快速傅里叶变换,获得共模电流频域分布,如图 3.115 中的蓝色线所示。

图 3.115 中的红线为实测共模电流在 $0\sim400MHz$ 的频域分布结果,具体测试过程将在之后介绍。从对比图可以看出,实测结果与仿真结果有相似的趋势与谐振频点,且幅值相似,可以当作辐射发射的激励源。

(2) 试验获取频域激励源

为了验证传导干扰电流法仿真结果,并对比辐射发射仿真的最终结果,需要通过试验的方式获取实际的共模电流值以及辐射发射的电场分布。其中,通过试验方式获得的传导电流也可以被直接当作辐射发射仿真的激励源。下面将介绍传导干扰电流法的试验。

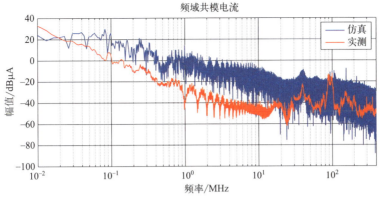

图 3.115 共模电流仿真与实测对比

参照 GB/T 18655—2018 中对于传导干扰电流法的布置要求,在暗室中进行相应的布置,如图 3.116 所示。

图 3.116 传导干扰电流法试验布置全局

如图 3.117 所示,将电流探头放置于受测件 50mm 处,并将四根导线全部置于电流探头中,可以获得共模电流的频域分布,如图 3.118 所示。

图 3.117 传导干扰电流法电流探头

从图 3.118 所示共模电流的频域分布可以看出,10MHz 之前的共模电流主要由

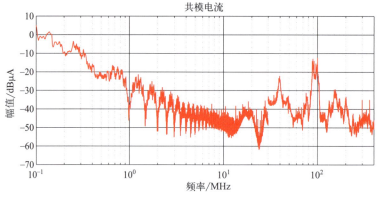

图 3.118　频域共模电流的试验结果

CAN 线缆产生；在 10～400MHz 部分，主要来自电源线，由电源芯片中快速通断的开关器件产生较大电流或电压跳变，并将高频干扰信号耦合至电源线。

3.4.4　辐射干扰仿真模型及仿真结果

(1) 辐射干扰模型的传递函数

前面提到，在得到 PCB 外接线缆上的频域分布的干扰电流后，将其作为辐射干扰的激励源，然后将该激励源与测试系统的传递函数做频域运算（相乘运算，如果传递函数是 dB 单位则为相加运算）。

仍然使用"场""路"联合仿真，具体过程如下所述。

在 CST 电缆工作室中，根据 GB/T 18655—2018，设置仿真频率为 0.15～30MHz、30～200MHz、200～400MHz 三段分别进行仿真；定义边界条件为开放边界，即 open；记录各频点下的电磁场分布；在系统 1m 处分别设置垂直单极天线、双锥天线与对数周期天线，且天线离散端口位置位于接地平面以上 100mm±10mm 处，记录观测位置下的电场分布。对应的三维仿真模型如图 3.119 所示（三个频段对应三个不同的天线，此处只展示了单极天线）。

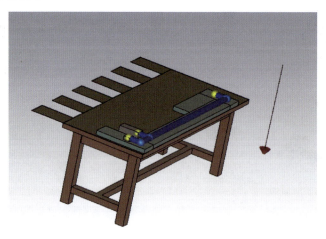

图 3.119　0.15～30MHz 仿真模型

在 CS-Schematic 界面，提取 CST 电缆工作室中系统的二维电路模型。由传输线阻抗匹配，单线接有 50Ω 的终端阻抗，且在天线离散端口处连接 50Ω 的匹配电阻。对四根线缆的端口添加单位脉冲激励，激励的频率范围与仿真频率相对应。提取到的电路模型如图 3.120 所示。

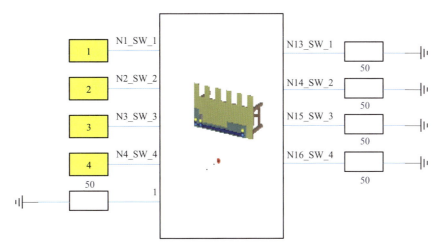

图 3.120 PCB 电磁模型的二维电路结构

图 3.120 中，线缆的两个节点 N1 和 N4 分别对应实际系统直流供电的正负极；线缆节点 N2 和 N3 分别对应 CAN High 信号和 CAN Low 信号。

接下来还需要对三维模型划分网格。在划分网格的过程中，最小网格越小，则仿真时间越长。最小网格小一半，在其他条件不变的情况下，仿真时间增加一倍；相反地，最小网格大一倍，仿真时间减少一半。因此，在满足仿真精度的要求下，最小网格越大越好。最小网格步长的设置原则为仿真关键结构中最小尺寸乘以 0.5~0.8。

CST 共包含五种网格形式：六面体网格、六面体网格 TLM、四面体网格、三角面元、四边形面元。不同网格类型对应的常用算法如表 3.2 所示。

表 3.2 CST 五种网格及其适用的算法

网格类型	中文名称	简称	适用的算法
Hexahedral TLM	六面体网格 TLM	HEX TLM	传输线矩阵法(TLM)
Hexahedral	六面体网格	HEX	时域有限积分法(FITD)
Tetrahedral	四面体网格	TET	频域有限元(FEM)
Surface-Triangle	三角面元	SUR-TRI	矩量法(MoM)、边界元法(BEM)
Surface-Quad	四边形面元	SUR-QUA	有限积分法(FIT)

CST 的电缆工作室中包含两个时域算法：时域有限积分法（FITD）和传输线矩阵法（TLM）。两者均采用六面体网格，但是 FITD 使用的网格是 Hexahedral，而 TLM 使用的则是 Hexahedral TLM。FITD 直接对时域麦克斯韦方程组进行离散，TLM 则基于传输线原理进行离散，FITD 要求网格最大边长与最小边长之比在 100 以下，而 TLM 则可高达 1000，因此 TLM 适用于系统级的 EMC 问题。

基于传输线矩阵法，搭建系统电磁模型，并进行辐射发射仿真之后，可得电场分布的传递函数。从距离线缆中点 1m 处的天线上获得的频域电压分布，即传递函数 $H(s)$ 的三段频域分布（对应三段天线）如图 3.121～图 3.123 所示。

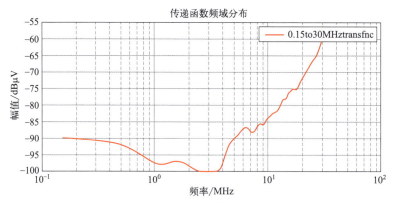

图 3.121　0.15～30MHz 系统的电场传递函数

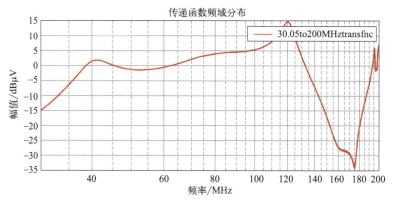

图 3.122　30～200MHz 系统的电场传递函数

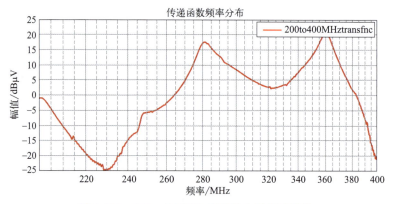

图 3.123　200～400MHz 系统的电场传递函数

（2）辐射干扰试验

参照标准 GB/T 18655—2018，将 0～400MHz 的辐射发射试验分为三个部分进行。

低频 0～30MHz 使用垂直单极天线接收，布置如图 3.124 所示；中频 30～200MHz 使用双锥天线接收，布置如图 3.125 所示；高频 200～400MHz 使用对数周期天线接收，布置如图 3.126 所示。值得注意的是，垂直单极天线需要与实验桌共地。

图 3.124　0～30MHz 辐射发射试验布置

图 3.125　30～200MHz 辐射发射试验布置

图 3.126　200～400MHz 辐射发射试验布置

将三个频段的试验结果绘制到一起，0～400MHz 的辐射发射结果如图 3.127 所示。需要说明的是，国标 GB/T 18655—2018 对 30～40MHz 频段的辐射 EMI 限值未作要求，因此试验数据在该频段为空白。

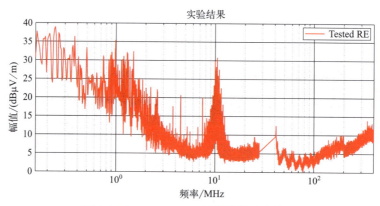

图 3.127　0～400MHz 辐射发射试验结果

（3）400MHz 以下辐射干扰仿真与实测结果对比分析

由式（2.24）可知，激励源、传递函数和场强分布都是频域形式，因此，将实测或仿真获得的共模电流频域分布与传递函数相乘，并乘以相应的天线系数，就可以获得观察点处实际的电场分布。此处采用先前实测得到的共模电流作为激励源。

低、中、高三个频段的辐射发射仿真与实测结果对比如图 3.128～图 3.130 所示。

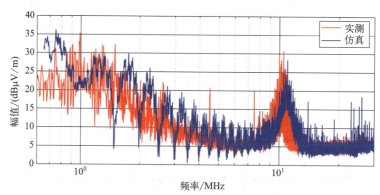

图 3.128　0～30MHz 辐射发射仿真-实测结果对比

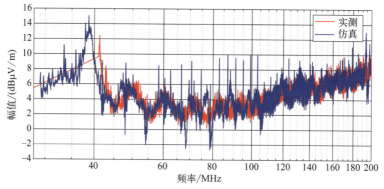

图 3.129　30～200MHz 辐射发射仿真-实测结果对比

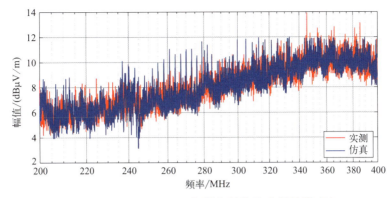

图 3.130 200～400MHz 辐射发射仿真-实测结果对比

从三个频段的对比结果可以看出，仿真结果与实测结果在幅值与趋势上均有较大相似性，且辐射发射模型十分完美地复现出了观察点处在 10MHz 时的包络峰值。

(4) 400MHz 以上辐射干扰仿真与实测结果对比分析

由于电流法试验中电流探头的限制，所能获取到的传导电流信号频率最高为 400MHz，故对于 400MHz～1GHz 的辐射发射仿真，无法再使用传递函数的方法。同时，通过傅里叶变换可知，CAN 信号在 400MHz 以后的频谱分布幅值较低。因此，在 400MHz～1GHz 频段的激励源，除了 CAN 信号以外，还需要考虑电源芯片中由于开关器件快速通断而耦合到电源线上的干扰信号。此频段下的"场"模型、"路"模型如图 3.131、图 3.132 所示。

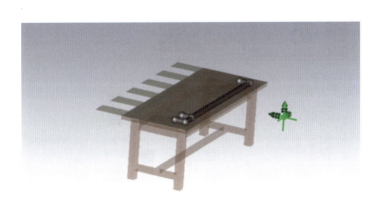

图 3.131 400MHz～1GHz 辐射发射"场"模型

由于观察点距离线缆最小距离为 1m，远大于 $\lambda_0/10$ 的远场界限，故可以在观察点处直接放置一枚远场探针用于接收观察点处的电场分布，如图 3.131 所示。在图 3.132 中，除了 CAN 端口以外，还从 PCB 上提取出了对应电源芯片的 SW 端口相对于电源 POS 线端口的阻抗特性，并将其封装于 SPICE 模型中。将实测 SW 端口电压信号添加到对应的 SPICE 端口。获得 400MHz～1GHz 的辐射发射仿真与实测结果对比图，如图 3.133 所示。

图 3.133 中，由于试验条件限制，实测结果最高频率为 944MHz。实测与仿真结果在趋势上基本保持一致，且最大谐振幅值基本保持一致。

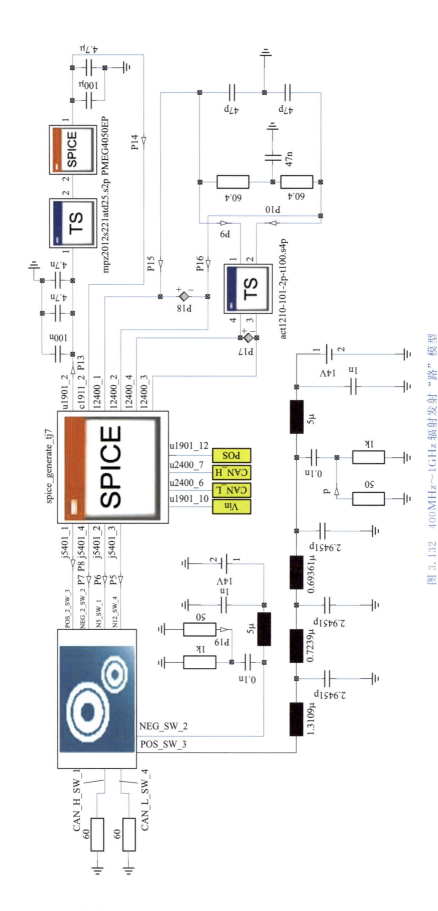

图 3.132 400MHz～1GHz 辐射发射"路"模型

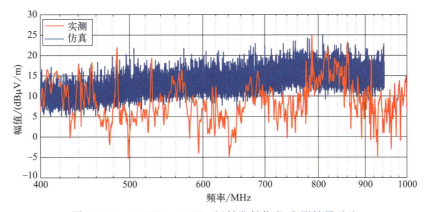

图 3.133　400MHz～1GHz 辐射发射仿真-实测结果对比

本章附录　EMI 测量接收机仿真程序

MATLAB 程序：

```
clc,clf,clear
data=importdata('./xxx.txt');% 删除第一行表头
tt=1e-6*data(:,1);% 时间,把单位 us 转换为 s
Vcet=data(:,2);% 传导电压,单位 V
%时域图
plot(tt,Vcet);
grid on
%频域图
figure(2);
N=length(tt);% 样本数据长度
t=tt(1):(tt(end)-tt(1))/(N-1):tt(end);
fs=1*100/(t(200)-t(100));% 样本采样频率
rbw=9e3;
    n=fs/rbw;%rbw=fs/n 表示分辨率带宽
    t=tt(1):(tt(end)-tt(1))/(n-1):tt(end);
    Vce=interp1(tt,Vcet,t,'spline');
    y=fft(Vce);
    P2=abs(y)*2/n;%真实频谱,计算双侧频谱 P2
    P1=P2(1:floor(n/2+1));%单侧频谱 P1
    f1=(0:n/2)*(fs/n);%只看一半的信号
    ce1=20*log10(P1)+120;%此时是 dBV,+120 之后才是 dBuV
rbw=120e3;
    n=fs/rbw;%rbw=fs/n 表示分辨率带宽
    t=tt(1):(tt(end)-tt(1))/(n-1):tt(end);
```

```
        Vce=interp1(tt,Vcet,t,'spline');
        y=fft(Vce);
        P2=abs(y)*2/n;%真实频谱,计算双侧频谱 P2
        P1=P2(1:floor(n/2+1));%单侧频谱 P1
        f2=(0:n/2)*(fs/n);%只看一半的信号
        ce2=20*log10(P1)+120;%此时是 dBV,+120 之后才是 dBuV
idx1=find_Idx(3e7,f1);
semilogx(f1(1:idx1),ce1(1:idx1),'b');
grid on,hold on
idx2=find_Idx(3e7,f2);
semilogx(f2(idx2:end),ce2(idx2:end));
xlim([1.5e5 1.74e8]);%150kHz-174MHz
xlabel('Hz');
ylabel('dBuv')
legend('9kHz','120kHz')
function outputArg=find_Idx(target,source)
%查找30MHz 点或者查找待滤波峰值点等位置,如:find_Idx(3e7,f1)
%target 是待查找数据,source 是源数组,返回数据在数组中的位置索引
        for i=1:length(source)
            if(source(i)>=target)
                outputArg=i;
                break;
            end
        end
end
```

第4章

DC/AC调制方式及开关频率对电机驱动系统的影响

4.1 概述
4.2 DC/AC传导干扰机理
4.3 IGBT及线缆建模
4.4 控制系统建模及联合仿真
4.5 DC/AC逆变器电磁干扰的抑制

4.1 概述

为应对日益突出的环境污染和能源危机，发展新能源汽车已经成为业内共识和国家战略，电动汽车越来越受到重视，并得到了长足的发展。电动汽车电子电气装置多，电磁环境复杂，电磁兼容问题严峻。电机驱动系统是电动汽车的主要干扰源，其电磁干扰不仅影响系统及整车通过 EMC 测试，更会危害车辆的行车安全。

尽管国内外对电机驱动系统的电磁干扰问题及随机调制对电磁干扰的抑制作用进行了很多研究，但还是存在以下问题：

① 电机驱动系统的电磁干扰模型大都是等效电路模型，无法进行控制策略及工况的仿真。而在工程应用中，电机驱动系统的电磁兼容研究首先要满足系统性能的要求，而这种等效电路模型无法做到对系统性能的仿真。

② 目前，随机调制对电机驱动系统电磁干扰抑制作用的研究主要集中在对逆变器输出电压、输出电流谐波的抑制上，而且频谱范围很小，大都只有几十千赫兹；而关于随机调制对电磁兼容所关心的共模电压、共模电流抑制作用的研究很少。

③ 目前，关于开关频率、运行工况对电机驱动系统电磁干扰影响的研究很少，而且都是检测中心、实验室或整车厂所做的一些测试工作，很少有仿真研究及分析。

4.2 DC/AC 传导干扰机理

4.2.1 DC/AC 干扰源分析

电磁兼容研究的三要素是：干扰源、耦合路径和受扰源。干扰源通过耦合路径向外传递能量，当受扰源接收到了这一能量，并且该能量有足够的幅值或频谱分量，以至于受扰源发生了意外的行为，就构成了电磁干扰。因此，在电磁干扰的构成中，三要素缺一不可。本章将从这三个方面对电机驱动系统的传导干扰进行研究。

对于电机驱动系统，研究普遍认为干扰源是快速变化的电压 du/dt 和迅速变化的电流 di/dt。根据麦克斯韦方程组，二者必定同时存在，但同时，二者也有强弱主次之分。不同的电压或电流之间也有强弱之分，一般强的电压或电流是主要干扰源，弱的电压或电流是次干扰源或受扰源。从这点来说，高压部件 DC/AC 逆变器是主要干扰源，而控制器等弱电部件是受扰源。同时，干扰源的强弱是建立在频域基础上的，同一干扰源在频域的不同频段幅值不同，干扰强弱也不同。干扰一般发生在重叠的频段上，即受扰源频段幅值大的干扰源是主要干扰源。

从电磁干扰产生的原理上分，干扰源可以分为两类：功能性的和器件性的。功能性的主要是指为了实现某功能而造成的干扰，如控制方式等。而器件性的是指器件固有的物理特性造成的干扰，如迅速开通关断的 IGBT 等。对于电机驱动系统，其干扰源分类如表 4.1，主要有：

① du/dt，在 IGBT 开关的瞬间，电压迅速变化，以本书使用的 IGBT 为例，IGBT 在 $0.3\mu s$ 内迅速导通关断，产生的电压变化高达 $10^9 V/s$。在驱动系统中有大量的寄生电容，这个变化的电压通过一个 1nF 的电容即可产生几安的干扰电流。这种高幅值的电流脉冲会产生强烈的电磁干扰。

② di/dt，在 IGBT 开关的瞬间，流过 IGBT 的电流迅速变化，形成大幅值的电流脉冲。一方面，这些电流脉冲可以通过杂散电感感应出电压；另一方面，这些电流脉冲流经回路时，会对空间产生辐射电磁场，产生辐射干扰。

③ 非线性的元器件，主要是电阻、电感、电容等。在设计电路时，通常把它们看作理想的纯电阻、纯电感、纯电容，但实际上，在高频段它们已经不再是纯电阻、纯电感、纯电容，而是各自耦合了寄生参数。电阻、电感、电容是基本元器件，它们的阻抗特性发生了变化，会使流经的信号发生畸变，对电机驱动系统的电磁兼容性能造成影响。

④ PWM 信号，驱动系统中，用 PWM 信号来控制逆变器内 IGBT 的通断。PWM 信号除了有用的基频信号外，还包含了由大量调制波和开关频率倍频组成的谐波。目前，汽车电机驱动系统的开关频率从几千赫兹到几十千赫兹，因此，高次谐波的频率也从几千赫兹到几兆赫兹。由于高次谐波的存在，而且谐波集簇在开关频率倍频处，会对逆变器的输出电压、电流等造成电磁干扰。

⑤ 控制电路高频脉冲信号，控制器的高频脉冲时钟波形也是干扰源之一，不过，由于控制器电压低，属于弱电，干扰微弱。

表 4.1 电机驱动系统的干扰源分类

类别	器件性			功能性	
名称	du/dt	di/dt	非线性的元器件和电路	PWM 信号	控制电路高频脉冲信号

4.2.2 DC/AC 耦合路径分析

耦合路径，即电磁干扰从干扰源传输到受扰源的路径。按照路径的不同，干扰可以分为传导干扰和辐射干扰。传导干扰，即干扰源的能量通过电路直接传输到受扰源，这里的电路可以是导线、线缆、寄生电容、电感、接地面等。辐射干扰，即干扰源的能量以电磁波的形式通过空间传输给受扰源。如图 4.1 所示，左边是传导干扰，右边是辐射干扰。根据天线原理，如果导线与波长长度相当，则容易产生电磁波。对于汽车，线缆长度在数米以内，故线缆会产生频率 30MHz 以上的电磁波。频率低于 30MHz 的电磁波，由于波长太长，在线缆中流过同样大小的电流时，辐射强度不高。所以，对于汽车，在 30MHz 以内的频段主要是传导干扰；超过 30MHz 的干扰一般认为是辐射干扰。

(1) 共模和差模的区分

通常系统输入输出导线上的电流包含了有用信号和各种原因形成的干扰信号，分析输入输出导线的电流信号无法清楚地说明实际物理现象。因此，在电磁兼容的研究中，

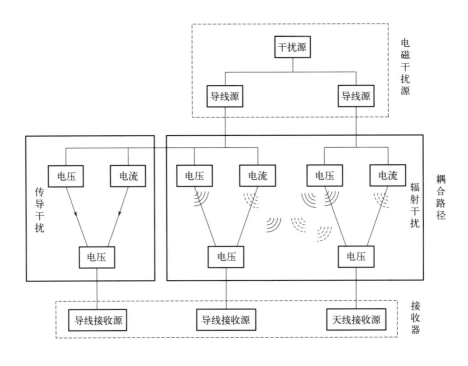

图 4.1 电磁干扰的耦合路径

为了便于分析传导干扰的耦合机理,根据传导干扰耦合路径的不同,将传导干扰分为共模干扰和差模干扰。

共模干扰又称不对称干扰、接地干扰,指线缆和大地之间的干扰。共模干扰在系统干扰源的驱动下,经过设备线缆与地面之间的寄生电容,形成干扰电流。共模干扰由线缆、对地寄生电容、地线形成回路,主要是由迅速变化的电压 du/dt 和寄生电容相互作用形成的高频振荡。

差模干扰又称对称干扰、常模干扰,指线缆和线缆之间的干扰。差模干扰在系统干扰源的驱动下,经过电源线、线缆等形成回路。在逆变器输入侧,差模干扰主要是电路其他部件的 EMI 通过传导或辐射的耦合途径进入线缆,在线缆间流动而形成,它主要是脉动的电流 di/dt;在逆变器输出侧,差模干扰由输出信号中的谐波形成。

研究表明,电力电子装置在有差模滤波器时,共模干扰在传导干扰中占了主要成分。在整个电驱系统中,共模干扰的危害最大,并且辐射干扰也主要是由共模干扰引起的。

(2) 逆变器输出侧的共模电压和差模电压

在 PWM 逆变器中,共模电压定义为逆变器输出中点对参考地的电压。对于本书,电机为星形连接,因此,输出中点为电机三相负载的中点,即星形连接的 N 点。而参考地的选取一般取电源直流母线的中点。三相逆变器和电机负载的电路拓扑如图 4.2 所示。

根据基尔霍夫电压定律有以下等式:

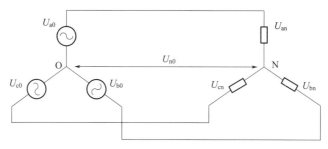

图 4.2　三相逆变器和电机负载的电路拓扑图

$$\begin{cases} U_{an} = Ri_a + L\dfrac{di_a}{dt} \\ U_{bn} = Ri_b + L\dfrac{di_b}{dt} \\ U_{cn} = Ri_c + L\dfrac{di_c}{dt} \end{cases} \quad (4.1)$$

式中，U_{an}、U_{bn}、U_{cn} 分别是三相电机的相电压；i_a、i_b、i_c 分别是三相电机的相电流；R 是定子绕组的电阻；L 是定子绕组的电感。

又有

$$\begin{cases} U_{n0} = U_{a0} - U_{an} = U_{b0} - U_{bn} = U_{c0} - U_{cn} \\ U_{CM} = U_{n0} \end{cases} \quad (4.2)$$

式中，U_{a0}、U_{b0}、U_{c0} 分别是三相逆变器的输出电压；U_{n0} 是三相电机中点的对参考地电压，即共模电压 U_{CM}。

根据以上公式可得：

$$U_{a0} + U_{b0} + U_{c0} - 3U_{CM} = \left(R + L\dfrac{d}{dt}\right)(i_a + i_b + i_c) \quad (4.3)$$

而 $i_a + i_b + i_c = 0$，故得到共模电压为：

$$U_{CM} = \dfrac{U_{a0} + U_{b0} + U_{c0}}{3} \quad (4.4)$$

而逆变器输出侧的差模电压是输出侧相线之间的电压。以 A、B 相为例，差模电压的表达式为：

$$U_{DM} = U_{a0} - U_{b0} \quad (4.5)$$

对于空间矢量调制，共模电压的理论波形如图 4.3 所示。

（3）共模干扰的耦合路径

如图 4.4 所示，共模干扰是由逆变器开通关断产生的 dU/dt 和系统的寄生电容相互作用导致。共模电压经过寄生电容，产生共模电流。电机驱动系统的寄生电容主要包括 IGBT 对散热器的寄生电容 $C_{converter}$、三相线缆对地的寄生电容 C_{cable}、电机绕组对电机外壳的寄生电容 C_{motor}，以及直流母线对地的寄生电容 $C_{battery}$。

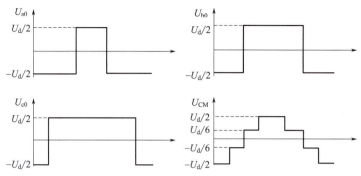

图 4.3 共模电压的理论波形

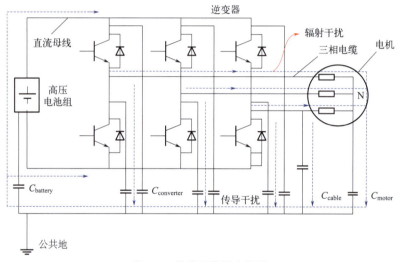

图 4.4 共模干扰耦合路径

IGBT 为了散热需要添加散热装置，同时在散热片和散热器之间填充了用于导热的硅脂。这就使得集电极、发射极和散热器之间形成了大的寄生电容。而为了使结构牢靠，散热器通过螺钉与机壳连接固定，同时，为了避免人触电，机壳与地连接，这就使得 IGBT 的集电极、发射极和地之间形成了寄生电容。

C_{cable} 是三相线缆对地的寄生电容，对于本书所用的屏蔽线缆，C_{cable} 是对屏蔽层的电容。

如图 4.4 所示，共模干扰的耦合路径有三条：

① IGBT—$C_{converter}$—公共地—$C_{battery}$—直流母线—逆变器；

② IGBT—三相线缆—C_{cable}—公共地—$C_{battery}$—直流母线—逆变器；

③ IGBT—三相线缆—电机—C_{motor}—公共地—$C_{battery}$—直流母线—逆变器。

同时，共模电流会通过线缆的天线作用，向空间辐射电磁波，形成辐射干扰。

（4）差模干扰的耦合路径

差模干扰由逆变器快速变化的电流 di/dt 和系统中的杂散电感相互作用形成。和有用信号的路径一样，差模干扰在线缆之间传输。杂散电感包括：IGBT 引脚电感、直流母线电感、三相线线缆电感和电机的绕组电感。

差模干扰耦合路径如图 4.5 所示，当 K_1、K_4、K_6 导通时，差模干扰从逆变器 A 相出发，流经 A 相线缆、电机，然后通过 B、C 相线缆回到直流母线，再回到逆变器，形成回路。

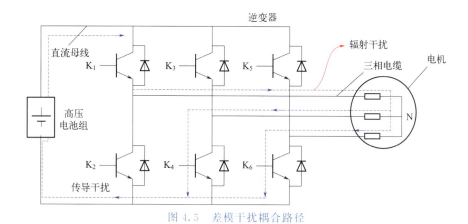

图 4.5 差模干扰耦合路径

4.3 IGBT 及线缆建模

本节主要使用 Saber 软件建立逆变器的等效电路模型，包括 IGBT 的行为模型、线缆的等效电路模型。对于 IGBT 建模，电磁兼容研究最关心的是 IGBT 的开关过程，据此选用了 Saber 软件的 igbt1 模型，并详细介绍了根据产品手册提取参数的过程。之后研究了栅极电阻对开关过程的影响。最后介绍了 IGBT 对散热器寄生电容 $C_\text{converter}$ 的获取过程。对于线缆，根据多导体传输线理论建立了等效电路模型。

4.3.1 IGBT 的结构和特性

(1) IGBT 的基本结构

IGBT 是绝缘栅双极型晶体管（insulated gate bipolar transistor）的简称。IGBT 是四层三端口器件，由栅极 G、集电极 C 和发射极 E 组成。图 4.6 为 IGBT 的基本结构和图形符号。从下往上看，IGBT 基本结构依次称为 N 基区、P^+ 体区、N^+ 漂移区、N^-

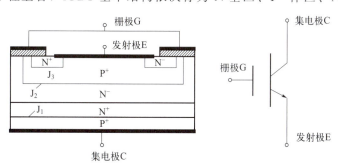

图 4.6 IGBT 的基本结构和图形符号

缓冲区、P^+ 注入区。

IGBT 的开通和关断由栅极-发射极电压 U_{ge} 决定，当 U_{ge} 大于栅极开启电压时，IGBT 开通；若 U_{ge} 小于栅极开启电压，则 IGBT 关断。

（2）IGBT 的静态特性

静态特性主要指转移特性和输出特性，如图 4.7 所示。

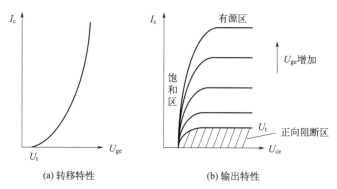

图 4.7　IGBT 的静态特性

IGBT 的转移特性指集电极电流 I_c 与栅极电压 U_{ge} 的关系曲线，当栅极电压 U_{ge} 小于开启电压 U_t 时，IGBT 关断；当 U_{ge} 大于开启电压 U_t 时，随着栅极电压 U_{ge} 增加，集电极电流 I_c 近似线性增加。集电极电流 I_c 受到最大电流的限制，故栅极电压 U_{ge} 也受到限制。对于 Toshiba MG200Q2YS40 型号 IGBT，U_{ge} 的限制为 $\pm 20\mathrm{V}$，一般 U_{ge} 取值为 $\pm 15\mathrm{V}$。

IGBT 的输出特性指以栅极电压 U_{ge} 为参变量时，集电极电流 I_c 与集电极-发射极电压 U_{ce} 的关系。在相同的 U_{ce} 下，栅极电压 U_{ge} 越大，则集电极电流 I_c 也越大。因此，出于过流保护，要适当降低栅极电压 U_{ge}。

（3）IGBT 的动态特性

IGBT 的动态特性是指其开通和关断过程。由于寄生电容的存在，开通和关断过程需要对电容进行充放电，这个过程构成了充放电时间。同时，由于感性负载的存在，集电极-发射极电压出现尖峰。

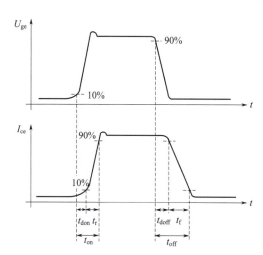

图 4.8　IGBT 的开通和关断过程

IGBT 的开通和关断过程如图 4.8 所示。图中，t_{don} 是开通延时时间，指从 U_{ge} 上升至 10% 到 I_{ce} 上升至 10% 的时间；t_r 是上升时间，指 I_{ce} 从 10% 上升至 90% 的时间；t_{on} 是开通时间，指从 U_{ge} 上升至 10% 到 I_{ce} 上升至 90% 的时间；t_{doff} 是关断延时时间，指从 U_{ge} 下降至 90% 到 I_{ce} 下降至 90% 的时间；t_f 是下降时间，指 I_{ce} 从 90% 下降至 10% 的时间；t_{off} 是关断时间，指从 U_{ge} 下降至 90% 到 I_{ce} 下降至 10% 的时间。

4.3.2 IGBT 行为模型的建立

(1) 模型的选取

Saber 包括大量的具体型号的器件模型以及反映不同特性的通用模型，可以提供精确的仿真与分析。对于 IGBT，Saber 有五种模型可供选择，分别介绍如下。

① igbt_bx (Buffer Layer IGBT with Self-Heating Effects)，该模型来自美国国家标准与技术研究院（NIST），基于 Henfer 带缓冲层自加热模型。该模型是一款物理模型，可以描述电压、电流、充电特性以及热效应。

② igbt_b (Buffer Layer Insulated Gate Bipolar Transistor)，该模型来自美国国家标准与技术研究院（NIST），基于 Hefner 模型。该模型是一款物理模型，可以描述电压、电流及充电特性。它是一款通用模型，可以在各个商业领域作为基本模型使用。

③ igbt1_1x (Behavioral IGBT Model)，它是一款完全的行为模型，可以对 IGBT 的动态热特性、沟道效应、极间电容及关断时的拖尾电流进行选择性的描述。大部分的参数可以从产品手册获得。

④ igbt1_2x (Behavioral IGBT Model)，它是一款行为模型，可以对 IGBT 的静态特性、沟道效应及极间电容进行选择性的描述。大部分的参数可通过试验获取。

⑤ igbt1 (Behavioral IGBT Model)，它是一款完全的行为模型，可以对 IGBT 的动态特性、沟道效应、极间电容及关断时的拖尾电流进行描述。大部分的参数可以从产品手册获得。

物理模型精度高，但参数提取困难，同时计算速度慢，主要用于元器件的设计研制；行为模型精度低，参数获取容易，计算速度快，主要用于电路仿真。根据产品手册进行建模，同时重点关注 IGBT 的静态及动态开关响应特性，不考虑热特性，故选用 igbt1 模型。

(2) igbt1 的等效电路

igbt1 的等效电路如图 4.9 所示，R_g 为栅极电阻，C_{cg}、C_{ce} 和 C_{ge} 为三个极之间的寄生电容。I_{mos} 是受控电流源，由 U_{ce} 和 U_{ge} 控制。U_{on} 为导通 U_{ce} 阈值电压。

三个寄生电容 C_{cg}、C_{ce} 和 C_{ge} 满足：

$$\begin{cases} C_{rss} = C_{cg} \\ C_{oss} = C_{cg} + C_{ce} \\ C_{iss} = C_{cg} + C_{ge} \end{cases} \quad (4.6)$$

式中，C_{rss} 为反馈电容；C_{oss} 为输出电容；C_{iss} 为输入电容。

寄生电容 C_{ce} 对 IGBT 的开关过程没有影响。IGBT 的静态特性由静态特性参数描述，这些参数

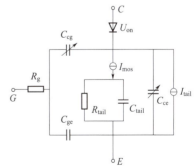

图 4.9 igbt1 的等效电路

可以通过产品手册上的输出特性曲线和转移特性曲线获得；相应的，动态特性参数需要通过产品手册中 C_{rss}、C_{oss}、C_{iss} 和 U_{ce} 的关系曲线及门极电荷特性曲线获得。I_{tail}、R_{tail} 和 C_{tail} 与 IGBT 关断时刻的拖尾电流有关，本节主要关注静、动态特性，I_{tail}、

R_{tail} 和 C_{tail} 数值对静态特性及动态特性的四个时间参数无影响。

(3) 静态参数的获取

igbt1 的静态参数从产品手册的转移特性曲线和输出特性曲线获取，采用 Toshiba MG200Q2YS40 型号 IGBT。其具体参数如表 4.2 所列。

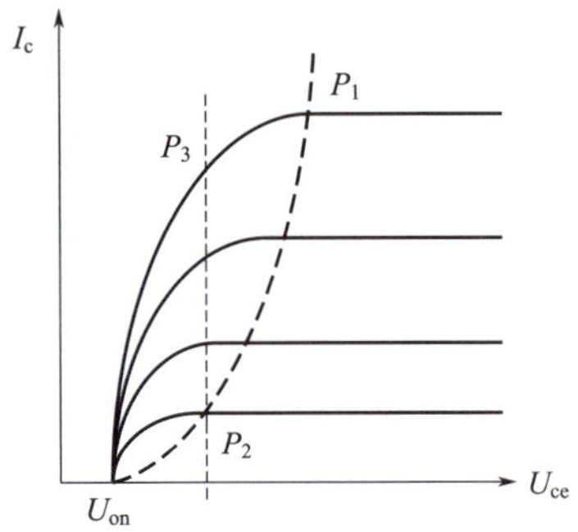

Saber 中的 igbt1 模型用 P_1、P_2、P_3 三点的 U_{ce}、U_{ge}、I_c 值和 U_t、U_{on} 共 11 个参变量来表示静态特性。这 11 个量可以从转移特性曲线和输出特性曲线得到，如图 4.10 所示。方法如下：

① 由输出特性曲线可以读出集电极-发射极阈值电压 U_{on} 为 1.1V，从转移特性曲线可以读出栅极开启电压 U_t 为 5.5V。

图 4.10 igbt1 静态参数的提取过程

② 把转移特性曲线在输出特性曲线中绘制出来，每个 U_{ge} 对应的输出特性曲线都和转移特性曲线有个交点，其中，有两条曲线和转移特性曲线的交点为输出特性曲线的曲、直分界点，这两个交点为 P_1、P_2，P_1 在右边。过 P_2 的纵线与 P_1 所在输出特性曲线的交点为 P_3 点。之后，读出这 3 点的 U_{ce}、U_{ge}、I_c 值。

表 4.2 Toshiba MG200Q2YS40 的具体参数

参数		符号	数值	单位
集电极-发射极电压		U_{CES}	1200	V
栅极-发射极电压		U_{GES}	±20	V
集电极电流	DC	I_C	200	A
	1ms	I_{CP}	400	
正向电流	DC	I_F	200	A
	1ms	I_{FM}	400	
最大耗散功率($T=25℃$)		P_C	1300	W
节点温度		T_j	150	℃
存储温度范围		T_{stg}	−40~150	℃
隔离电压		U_{Isol}	2500	V
拧紧力矩(末端/装配)		—	3/3	N·m

(4) 动态参数的获取

动态参数通过产品手册上的栅极电荷特性曲线及 C_{rss}、C_{oss}、C_{iss} 和 U_{ce} 的关系曲线获取。获取过程见图 4.11，左边为栅极电荷特性曲线，右边为 C_{rss}、C_{oss}、C_{iss} 和 U_{ce} 的关系曲线。IGBT 导通过程中，需要对寄生电容进行充电。

Q_1 指 G-E 端由关断到开始导通所需要的电量。

Q_2 指 IGBT 饱和导通需要的电荷，Q_1 到 Q_2 主要是对 C_{cg} 充电。

Q_3 指的是 G-E 电压从 0 上升到最大值所需的电荷。

显然，$Q_3 > Q_2 > Q_1$。按图 4.11 所示，可以得到 Q_1、Q_2、Q_3、U_{ce5}、U_{ce6}、U_{ge4}、U_{ge5} 的值。

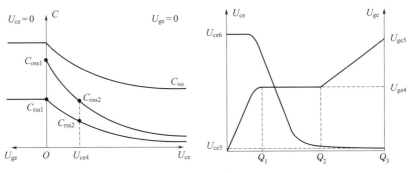

图 4.11 igbt1 动态参数获取过程

如图 4.11，显然，标出 U_{ce4} 即可得到 C_{rss1}、C_{oss1}、C_{rss2}、C_{oss2} 四个参数。剩余的关于拖尾电流的 3 个参数、m 及 n，共 5 个参数，取默认值。栅极电阻 R_g 取产品手册的推荐值 4.7Ω。至此，得到 igbt1 行为模型的全体 29 个参数，具体见表 4.3。

表 4.3 igbt1 行为模型的全体参数

参数名称	含义	取值
U_{ce1}	P_1 点的集电极发射极电压	5.0V
U_{ge1}	P_1 点的门极发射极电压	10.0V
I_{c1}	P_1 点的集电极电流	250A
U_{ce2}	P_2 点的集电极发射极电压	3V
U_{ge2}	P_2 点的门极发射极电压	7V
I_{c2}	P_2 点的集电极电流	25A
U_{ce3}	P_3 点的集电极发射极电压	3V
U_{ge3}	P_3 点的门极发射极电压	10V
I_{c3}	P_3 点的集电极电流	125A
U_1	开通电压	5.5V
U_{on}	集电极发射极阈值电压	1.1V
C_{rss1}	反向转移电容	30nF
C_{rss2}	反向转移电容	9nF
C_{oss1}	输出电容	33nF
C_{oss2}	输出电容	10nF
U_{ce4}	集电极发射极电压	10V
U_{ge4}	门极发射极电压	8V
Q_1	开启门极发射极电荷	130nC
Q_2	开通门极集电极电荷	800nC
Q_3	开通总电荷	1400nC
U_{ge5}	导通门极电压	20V
U_{ce5}	导通发射极集电极电压	2.5V
U_{ce6}	断路发射极集电极电压	400V
t_{au}	关断拖尾电流时间常数	330ns

续表

参数名称	含义	取值
I_{tail1}	关断前的集电极电流	100A
I_{tail2}	硬开关的最大拖尾电流	40A
R_g	内部栅极电阻	4.7Ω
m	米勒电容系数	0.5
n	Pwld 二极管平顺性转移因子	3

(5) 模型的动态特性验证

根据产品手册上的测试电路，在 Saber 中建立测试电路模型如图 4.12 所示。电源是 600V 的恒压源，驱动电压是 ±15V 的方波电压，负载是 3Ω 的电阻。仿真得到开通、关断波形，进而计算出开通时间、上升时间、关断时间、下降时间。仿真结果如图 4.13，图（a）为开通波形，图（b）为关断波形。实线是集电极电流 I_c，虚线是栅极电压 U_{ge}。从图 4.13(a) 可以读出 I_c 的 10%、90%处的时间，得到开通时间和上升时间；同理，从图 4.13(b) 可以得到关断时间和下降时间。将仿真结果和产品手册上给出的值进行比较，如表 4.4 所示。可以看出，动态特性的四个参数仿真结果与产品手册数据吻合很好，证明了 IGBT 建模的准确性。

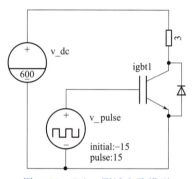

图 4.12 Saber 测试电路模型

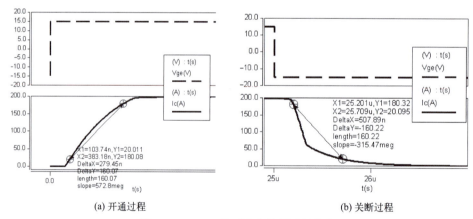

(a) 开通过程　　(b) 关断过程

图 4.13 IGBT 的开通和关断过程仿真

表 4.4 IGBT 动态特性验证仿真结果与产品手册对比

数据来源	上升时间 $t_r/\mu s$	开通时间 $t_{on}/\mu s$	下降时间 $t_f/\mu s$	关断时间 $t_{off}/\mu s$
产品手册	0.3	0.4	0.5	0.7
仿真结果	0.28	0.38	0.50	0.71

(6) 栅极电阻 R_g 对开关特性的影响

仿真研究 R_g 对开关特性的影响。根据测试电路，R_g 分别取 2Ω、5Ω、10Ω、50Ω。

对开关过程的集电极发射极电压 U_{ce} 和集电极电流 I_c 变化进行仿真。结果如图4.14、图4.15所示。

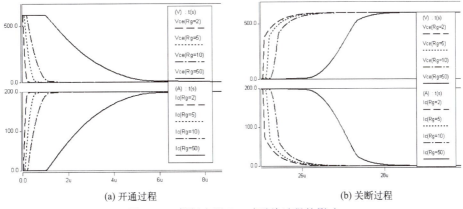

(a) 开通过程　　　　　　　　　　(b) 关断过程

图 4.14　栅极电阻 R_g 对开关过程的影响

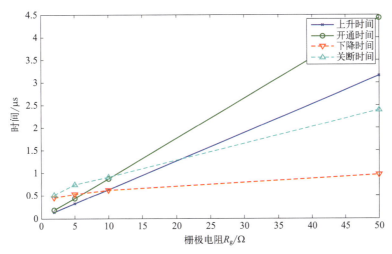

图 4.15　栅极电阻 R_g 对开关时间的影响

显然，R_g 越大，IGBT 上升、下降的时间（t_r、t_f）及开通、关断时间（t_{on}、t_{off}）均越长，而且基本成线性关系。开关时间的计算比较复杂，简单来说，开关过程是寄生电容充放电的过程，而这些电容与栅极电阻 R_g 组成时间常数 $\tau = R_g C$，R_g 越大，时间常数 τ 越大，充放电时间越长，开关时间也就越长。

在后面分析中得到结论：IGBT 的上升、下降时间越长，逆变器输出电压在 200kHz 以上高频段的干扰越小。因此，在电路设计中，可以适当地增加栅极电阻 R_g 以降低电磁干扰。

（7）寄生电容 $C_{inverter}$ 的获取

在前面讲到，IGBT 的集电极、发射极和散热器之间存在导热胶，导热胶在给 IGBT 散热的同时，引入了寄生电容 $C_{inverter}$，而这一寄生电容是逆变器共模电流传输的重要路径。$C_{inverter}$ 的提取需要通过使用阻抗分析仪对 IGBT 模块进行测试，阻抗分析仪的两端分别连接 IGBT 和散热器，得到寄生电容的阻抗特性曲线，根据式（4.7）得到寄生电容数值。计算得到 C_{inverter} 为 267pF。

$$Z=-\frac{1}{2\pi f C_{\text{inverter}}}\text{j} \tag{4.7}$$

式中，Z 表示阻抗，是复数；f 表示频率。

IGBT 模块的等效电路如图 4.16 所示。

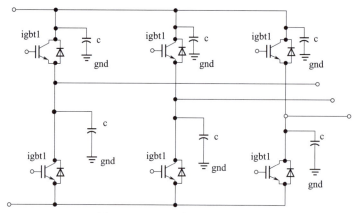

图 4.16　IGBT 模块的等效电路

4.3.3　线缆模型的建立

（1）多导体传输线模型的建立

多导体传输线理论要基于以下四个假设：

① 传输线的场结构是 TEM 波或准 TEM 波。
② 传输线平行放置。
③ 在传输线的任一截面，流经的电流和为零。
④ 传输线为均匀传输线。

直流母线和三相线缆是同种类型的大功率屏蔽线缆，以三相线缆为例介绍线缆等效电路模型的建立。三相线缆的初始模型如图 4.17(a) 所示，U、V、W、G 分别代表三相和参考地。R 为单位长度线缆的电阻，L 为单位长度线缆的自感，C 为单位长度线缆对屏蔽层的电容，L_{m} 为单位长度线缆间的互感，C_{m} 为单位长度线缆间的互容。

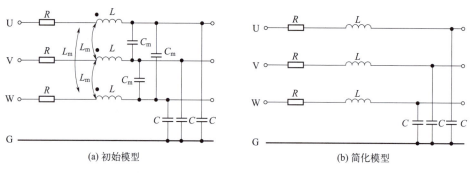

图 4.17　三相线缆的初始模型和简化模型

由于每相线缆都是屏蔽线缆，相间的单位长度线缆互容 C_m 为零；同时，由于相间距离较大，互感相对于自感很小，可以忽略不计，故三相线缆的模型可以简化为图 4.17(b)。

屏蔽线缆横截面结构如图 4.18 所示，物理参数如表 4.5 所示。线缆的内导体由细小的铜导线构成，在内导体和屏蔽层之间是绝缘层，屏蔽层之外同样是一层绝缘层。屏蔽层和逆变器的散热器、永磁同步电机的外壳相连接，共同构成共模电流的回路。

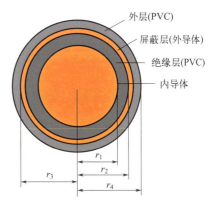

图 4.18 屏蔽线缆横截面结构

表 4.5 屏蔽线缆物理参数

参数符号	数值大小	单位	物理含义
r_1	3.25	mm	内导体半径
r_2	4.35	mm	绝缘层半径
r_3	4.75	mm	屏蔽层半径
r_4	5.75	mm	外层半径
μ_0	1.26	$\mu H/m$	绝对磁导率
μ_r	1	1	相对磁导率
ε_0	8.85	pF/m	绝对介电常数
ε_r	4.3	1	相对介电常数
ρ	17.2	$n\Omega/m$	电阻率

(2) 参数的计算

由以上分析可知，线缆的建模主要是单位长度线缆的电阻 R、单位长度线缆的自感 L、单位长度线缆对屏蔽层的电容 C 的确定。

首先计算单位长度线缆的电阻 R。电阻 R 由导体电阻率 ρ 和导体横截面积 S 决定：

$$R = \rho \frac{1}{S} = \rho \frac{1}{\pi r_1^2} \tag{4.8}$$

将数值代入，得到单位长度线缆的电阻 R 为 $0.5199\text{m}\Omega$。

接下来，计算单位长度线缆的自感 L。线缆有内导体和外导体（即屏蔽层），自感 L 由内自感 L_i 和外自感 L_e 构成，即 $L = L_i + L_e$。如图 4.19 所示，忽略绝缘层的厚度，则 $a = r_1$，$b = (r_2 + r_3)/2$。

首先计算内自感 L_i。Z 方向上，ρ 到 $\rho + d\rho$ 范围内，单位长度的磁通为：

$$d\Phi_i = \frac{\mu_0 I}{2\pi a^2} \rho d\rho \tag{4.9}$$

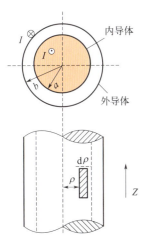

图 4.19 自感计算示意图

单位长度磁链为：

$$\mathrm{d}\psi_\mathrm{i} = \frac{\mu_0 I}{2\pi a^4}\rho^3 \mathrm{d}\rho \tag{4.10}$$

因此，内导体的总磁链为：

$$\psi_\mathrm{i} = \frac{\mu_0 I}{2\pi a^4}\int_0^a \rho^3 \mathrm{d}\rho = \frac{\mu_0 I}{8\pi} \tag{4.11}$$

单位长度的内自感为：

$$L_\mathrm{i} = \frac{\psi_\mathrm{i}}{I} = \frac{\mu_0}{8\pi} \tag{4.12}$$

同理，可计算外自感。单位长度的磁通为：

$$\mathrm{d}\Phi_\mathrm{e} = \frac{\mu_0 I}{2\pi} \times \frac{1}{\rho}\mathrm{d}\rho \tag{4.13}$$

外导体的总磁链为：

$$\psi_\mathrm{e} = \frac{\mu_0 I}{2\pi\rho^4}\int_a^b \frac{1}{\rho}\mathrm{d}\rho = \frac{\mu_0 I}{2\pi}\ln\frac{b}{a} \tag{4.14}$$

单位长度的外自感为：

$$L_\mathrm{e} = \frac{\psi_\mathrm{e}}{I} = \frac{\mu_0}{2\pi}\ln\frac{b}{a} \tag{4.15}$$

单位长度线缆的自感 L 为：

$$L = L_\mathrm{i} + L_\mathrm{e} = \frac{\mu_0}{8\pi} + \frac{\mu_0}{2\pi}\ln\frac{b}{a} \tag{4.16}$$

代入数值，计算得到自感 L 为 $0.11766\mu\mathrm{H}$。

最后，计算单位长度线缆对屏蔽层的电容 C。用静电场的方法计算电容，在 Maxwell 中建立计算模型，求解区域内的静电方程是：

$$\begin{cases} \boldsymbol{E} = -\boldsymbol{\nabla}\varphi \\ \boldsymbol{\nabla}\cdot\boldsymbol{D} = \rho \\ \boldsymbol{D} = \varepsilon\boldsymbol{E} \end{cases} \tag{4.17}$$

式中，$\boldsymbol{E}$ 是电场强度，$\boldsymbol{D}$ 是电位移矢量，ε 是介电常数，φ 是标量电位，ρ 是电荷密度。根据该式，可以得到电位边界问题：

$$\begin{cases} \boldsymbol{\nabla}^2\varphi = 0 \in V \\ \varphi = U \in S_1 \\ \varphi = 0 \in S_2 \end{cases} \tag{4.18}$$

式中，V 是计算区域，S_1 是内导体表面，S_2 是屏蔽层表面。根据以上两式可以计算出 $\boldsymbol{E}$ 和 $\boldsymbol{D}$。存储在内导体和屏蔽层的静电能量 W 有两种算法：

$$\begin{cases} W = \frac{1}{2}\int_V \boldsymbol{E}\cdot\boldsymbol{D}\mathrm{d}V \\ W = \frac{1}{2}CU_1U_2 \end{cases} \tag{4.19}$$

式中，U_1、U_2 分别是内导体、屏蔽层对地电压，为给定值。

故电容 C 的表达式为：

$$C = \frac{\int_V \boldsymbol{E} \cdot \boldsymbol{D} \, \mathrm{d}V}{U_1 U_2} \tag{4.20}$$

计算可得单位长度线缆对屏蔽层的电容 C 为 0.891nF。

(3) 线缆的等效电路模型

根据试验时的实际布置情况，逆变器输入端直流母线的长度取 4m，逆变器输出端三相线的长度取 1m。故线缆等效电路参数的取值如表 4.6 所示。

表 4.6　线缆等效电路参数的取值

参数	直流母线取值	三相线缆取值	单位
R	2.0796	0.5199	mΩ
L	0.47064	0.11766	μH
C	3.564	0.891	nF

最后，逆变器等效电路模型如图 4.20 所示。

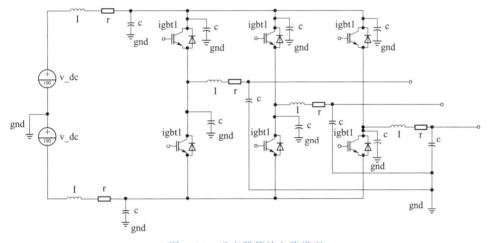

图 4.20　逆变器等效电路模型

4.4　控制系统建模及联合仿真

Saber 是一种模拟及混合信号仿真软件，具有 30000 多种元器件模型。在逆变器等开关电源设计中，Saber 顺序使用五种算法，可以有效控制算法的收敛，是开关电源设计的首选软件，但是其不易进行控制算法的搭建。MATLAB/Simulink 是广泛应用的数学软件，具有强大的控制系统仿真能力，但是缺乏精确的元器件模型。Saber 精于电路分析，元器件建模；Simulink 精于控制分析，系统建模。将二者的优点结合，进行联合仿真，既可以建立准确的电磁干扰源和耦合路径，便于进行电磁兼容分析，又可以对电机进行精确的控制及工况的模拟。同时，在 Saber 搭建主电路，在 Simulink 搭建控制系统，也符合工程应用中强弱电分开、控制电路和主电路相互独立的要求。

4.4.1 坐标变换

坐标变换是矢量控制的基础，坐标变换将定子三相静止 A-B-C 坐标系转换为定子两相静止 α-β 坐标系，将定子两相静止 α-β 坐标系转换为转子两相旋转 d-q 坐标系。

(1) 坐标系定义

如图 4.21 所示，A-B-C 坐标系和 α-β 坐标系固定于定子上，静止不动；d-q 坐标系固定于转子上，随转子转动。其中，A-B-C 坐标系的 A、B、C 轴与定子的 A 相、B 相、C 相轴线重合；α-β 坐标系的 α 轴与 A 轴重合，β 轴超前 α 轴 90°；d-q 坐标系的 d 轴与永磁体磁场轴线重合，q 轴超前 d 轴 90°。

(2) Clarke 变换

Clarke 变换实现的是定子 A-B-C 三相静止坐标系到定子 α-β 两相静止坐标系的变换。如图 4.22 所示，在定子 A-B-C 三相坐标系中，空间矢量 $\boldsymbol{V}_j$ 可以由 $\boldsymbol{V}_A$、$\boldsymbol{V}_B$、$\boldsymbol{V}_C$ 来合成；在定子 α-β 两相坐标系中，空间矢量 $\boldsymbol{V}_j$ 可以由 $\boldsymbol{V}_\alpha$、$\boldsymbol{V}_\beta$ 来合成。这两种方式合成的空间矢量 $\boldsymbol{V}_j$ 应该相等，则这两种变换方式等效。

$$\boldsymbol{V}_j = \boldsymbol{V}_A + a\boldsymbol{V}_B + a^2\boldsymbol{V}_C = \boldsymbol{V}_\alpha + j\boldsymbol{V}_\beta \tag{4.21}$$

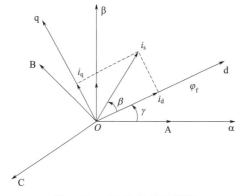

图 4.21　三个坐标系示意图

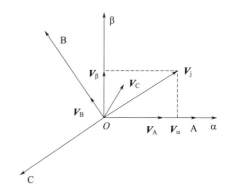

图 4.22　Clarke 变换示意图

其中，$a = e^{j\frac{2\pi}{3}}$。分离实部和虚部，有：

$$\boldsymbol{V}_\alpha = \boldsymbol{V}_A - \frac{1}{2}\boldsymbol{V}_B - \frac{1}{2}\boldsymbol{V}_C \tag{4.22}$$

$$\boldsymbol{V}_\beta = \frac{\sqrt{3}}{2}\boldsymbol{V}_B - \frac{\sqrt{3}}{2}\boldsymbol{V}_C \tag{4.23}$$

写成矩阵形式，有：

$$\begin{bmatrix} \boldsymbol{V}_\alpha \\ \boldsymbol{V}_\beta \end{bmatrix} = \sqrt{\frac{2}{3}} \begin{bmatrix} 1 & -\frac{1}{2} & -\frac{1}{2} \\ 0 & \frac{\sqrt{3}}{2} & -\frac{\sqrt{3}}{2} \end{bmatrix} \begin{bmatrix} \boldsymbol{V}_A \\ \boldsymbol{V}_B \\ \boldsymbol{V}_C \end{bmatrix} \tag{4.24}$$

$$\begin{bmatrix} \boldsymbol{V}_A \\ \boldsymbol{V}_B \\ \boldsymbol{V}_C \end{bmatrix} = \sqrt{\frac{3}{2}} \begin{bmatrix} 1 & 0 \\ -\frac{1}{2} & \frac{\sqrt{3}}{2} \\ -\frac{1}{2} & -\frac{\sqrt{3}}{2} \end{bmatrix} \begin{bmatrix} \boldsymbol{V}_\alpha \\ \boldsymbol{V}_\beta \end{bmatrix} \tag{4.25}$$

式(4.24)即为 Clarke 变换，表示定子 A-B-C 三相静止坐标系到定子 α-β 两相静止坐标系的变换。当然也可以由定子 α-β 两相静止坐标系到 A-B-C 三相静止坐标系进行变换，如式(4.25)，称之为 Clarke 逆变换。

(3) Park 变换

Park 变换将定子两相静止 α-β 坐标系转换为转子两相旋转 d-q 坐标系。设转子两相旋转坐标系 d 轴与定子两相静止坐标系 α 轴的夹角为 γ，根据图 4.21，有：

$$\begin{cases} \boldsymbol{V}_d = \boldsymbol{V}_\alpha \cos\gamma + \boldsymbol{V}_\beta \sin\gamma \\ \boldsymbol{V}_q = -\boldsymbol{V}_\alpha \sin\gamma + \boldsymbol{V}_\beta \cos\gamma \end{cases} \tag{4.26}$$

写成矩阵形式，有：

$$\begin{bmatrix} \boldsymbol{V}_d \\ \boldsymbol{V}_q \end{bmatrix} = \begin{bmatrix} \cos\gamma & \sin\gamma \\ -\sin\gamma & \cos\gamma \end{bmatrix} \begin{bmatrix} \boldsymbol{V}_\alpha \\ \boldsymbol{V}_\beta \end{bmatrix} \tag{4.27}$$

其反变换为：

$$\begin{bmatrix} \boldsymbol{V}_\alpha \\ \boldsymbol{V}_\beta \end{bmatrix} = \begin{bmatrix} \cos\gamma & -\sin\gamma \\ \sin\gamma & \cos\gamma \end{bmatrix} \begin{bmatrix} \boldsymbol{V}_d \\ \boldsymbol{V}_q \end{bmatrix} \tag{4.28}$$

式(4.27)即为 Park 变换，式(4.28)为 Park 逆变换。

4.4.2 空间矢量控制

永磁同步电机加以三相正弦电压时，电机产生圆形磁链。空间矢量调制以此圆形磁链为控制目标，通过逆变器不同开关模式产生的有效矢量来逼近它，即用多边形矢链来逼近圆形磁链。对于三相三桥臂逆变器，每个桥臂有上下两个开关管，开关管有两种状态——开启和关闭，上下开关管的状态相反。故三相三桥臂逆变器的开关状态有 $2^3 = 8$ 种。如图 4.23 所示，8 种开关状态对应 $\boldsymbol{V}_0 \sim \boldsymbol{V}_7$。矢量 $\boldsymbol{V}_i$(xyz) 中，x、y、z 分别表示

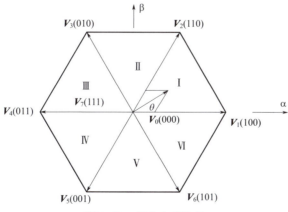

图 4.23 基本电压矢量

A、B、C 三相上桥臂的开关状态，1 表示开启，0 表示关闭。例如，$V_1(100)$ 表示 A 相上桥臂开启、下桥臂关闭，B、C 相上桥臂关闭、下桥臂开启；$V_0(000)$ 表示 A、B、C 三相都是上桥臂关闭、下桥臂开启；$V_7(111)$ 表示 A、B、C 三相都是上桥臂开启、下桥臂关闭。其中，$V_1 \sim V_6$ 为有效作用矢量，V_0 和 V_7 为零作用矢量。

任意一个角度的电压矢量都可以通过其相邻的两个有效作用矢量，再加上 V_0 和 V_7 这两个零作用矢量来合成。通过控制 4 个矢量的作用时间，从而获得相应的电压矢量。空间矢量控制主要包括 3 个过程：扇区选择、矢量作用时间计算、确定比较器切换点。

(1) 扇区选择

图 4.23 中，将空间矢量分为扇区Ⅰ到Ⅵ。首先，要根据参考电压 U_{ref} 在 α 轴和 β 轴的分量 U_α 和 U_β 判断参考电压在哪个区。以第Ⅰ扇区为例，U_{ref} 处在第Ⅰ扇区的充要条件是：

$$\begin{cases} U_\alpha > 0 \\ U_\beta > 0 \end{cases} \text{且} \begin{cases} |U_\alpha| \geq \frac{1}{2}|U_{\text{ref}}| \\ |U_\beta| < \frac{\sqrt{3}}{2}|U_{\text{ref}}| \end{cases} \tag{4.29}$$

同样可以得到其他 5 个扇区的充要条件。总结发现，这些条件都可以由 U_β、$\frac{\sqrt{3}}{2}U_\alpha - \frac{1}{2}U_\beta$、$-\frac{\sqrt{3}}{2}U_\alpha - \frac{1}{2}U_\beta$ 与 0 的关系决定。

因此，定义 3 个中间变量：

$$\begin{cases} U_{\text{ref1}} = U_\beta \\ U_{\text{ref2}} = \frac{\sqrt{3}}{2}U_\alpha - \frac{1}{2}U_\beta \\ U_{\text{ref3}} = -\frac{\sqrt{3}}{2}U_\alpha - \frac{1}{2}U_\beta \end{cases} \tag{4.30}$$

若 $U_{\text{ref1}} > 0$，则 $A = 1$，否则 $A = 0$；
若 $U_{\text{ref2}} > 0$，则 $B = 1$，否则 $B = 0$；
若 $U_{\text{ref3}} > 0$，则 $C = 1$，否则 $C = 0$。

A、B、C 的取值情况共有 8 种组合，由 A、B、C 的判断条件可知，A、B、C 不可能同时为 0 或 1，故实际组合有 6 种。为了区分这 6 种组合，定义：

$$S = A + 2B + 4C \tag{4.31}$$

S 的取值是 1~6，其与扇区的对应关系如表 4.7。

表 4.7 S 与扇区的对应关系

S	1	2	3	4	5	6
扇区编号	Ⅱ	Ⅵ	Ⅰ	Ⅳ	Ⅲ	Ⅴ

(2) 矢量作用时间计算

在得到了参考电压矢量所在扇区后，就要计算相邻两个有效作用矢量及两个零作用矢量的作用时间。计算的原理是矢量合成法则。

以第Ⅰ扇区为例，参考电压 U_{ref} 由基本矢量 U_1、U_2 和零矢量 U_0（包括 U_0 和 U_7）合成。直流母线电压为 U_{dc}，载波周期为 T_s，U_1、U_2 和零矢量 U_0 的作用时间分别是

T_1、T_2 和 T_0。计算过程如下:

$$\begin{cases} \boldsymbol{U}_1 T_1 + \boldsymbol{U}_2 T_2 + \boldsymbol{U}_0 T_0 = \boldsymbol{U}_{\text{ref}} T_s \\ T_1 + T_2 + T_0 = T_s \end{cases} \quad (4.32)$$

式(4.32)在 α-β 坐标系可以描述为:

$$\begin{cases} \dfrac{2}{3} U_{\text{dc}} \begin{bmatrix} 1 \\ 0 \end{bmatrix} T_1 + \dfrac{2}{3} U_{\text{dc}} \begin{bmatrix} \cos 60° \\ \sin 60° \end{bmatrix} T_2 = \begin{bmatrix} U_\alpha \\ U_\beta \end{bmatrix} T_s \\ T_1 + T_2 + T_0 = T_s \end{cases} \quad (4.33)$$

可以计算得到:

$$\begin{cases} T_1 = \left(\dfrac{3}{2} U_\alpha - \dfrac{\sqrt{3}}{2} U_\beta \right) T_s / U_{\text{dc}} \\ T_2 = \sqrt{3} U_\beta T_s / U_{\text{dc}} \\ T_0 = T_s - T_1 - T_2 \end{cases} \quad (4.34)$$

同理,可以计算得到其他 5 个扇区的矢量作用时间。同样可以定义 3 个中间变量来简化计算:

$$\begin{cases} X = \dfrac{\sqrt{3} T_s}{U_{\text{dc}}} U_\beta \\ Y = \dfrac{\sqrt{3} T_s}{U_{\text{dc}}} \left(\dfrac{\sqrt{3}}{2} U_\alpha + \dfrac{1}{2} U_\beta \right) \\ Z = \dfrac{\sqrt{3} T_s}{U_{\text{dc}}} \left(-\dfrac{\sqrt{3}}{2} U_\alpha + \dfrac{1}{2} U_\beta \right) \end{cases} \quad (4.35)$$

推广到所有 6 个扇区,T_1 表示先作用矢量的作用时间,T_2 表示后作用矢量的作用时间,则扇区与作用时间的对应关系如表 4.8 所示。

表 4.8 扇区与作用时间的对应关系

扇区序号	S	T_1	T_2
Ⅰ	3	$-Z$	X
Ⅱ	1	Z	Y
Ⅲ	5	X	$-Y$
Ⅳ	4	$-X$	Z
Ⅴ	6	$-Y$	$-Z$
Ⅵ	2	Y	$-X$

(3) 确定比较器切换点

在计算完矢量作用时间之后要确定比较器的切换时间点,在一个载波周期中,按三相作用的先后顺序,三相的比较器的切换时间分别为 T_{cm1}、T_{cm2}、T_{cm3}。三个时间的

表达式如下:

$$\begin{cases} T_{cm1} = \dfrac{T_s - T_1 - T_2}{4} \\ T_{cm2} = T_{cm1} + \dfrac{T_1}{2} \\ T_{cm3} = T_{cm2} + \dfrac{T_2}{2} \end{cases} \quad (4.36)$$

各个扇区的开关切换时间见表 4.9。

表 4.9 各扇区开关切换时间

扇区序号	S	A 相切换时间	B 相切换时间	C 相切换时间
Ⅰ	3	T_{cm1}	T_{cm2}	T_{cm3}
Ⅱ	1	T_{cm2}	T_{cm1}	T_{cm3}
Ⅲ	5	T_{cm3}	T_{cm1}	T_{cm2}
Ⅳ	4	T_{cm3}	T_{cm2}	T_{cm1}
Ⅴ	6	T_{cm2}	T_{cm3}	T_{cm1}
Ⅵ	2	T_{cm1}	T_{cm3}	T_{cm2}

4.4.3 控制系统仿真模型

如图 4.24 所示,永磁同步电机空间矢量控制是外转速环、内电流环的双闭环控制系统。首先,根据测得的当前转速和输入转速,经过速度 PI 控制模块计算得到 d-q 坐标系下的参考电流 i_{qref} 和 i_{dref},对于本节采用的 $i_d = 0$ 控制,$i_{dref} = 0$。通过电流检测电路测得 A-B-C 坐标系下的电流 i_A、i_B,经过 Clarke 变换和 Park 变换变成 d-q 旋转坐标系下的电流 i_d 和 i_q。电流 i_d 和 i_q 与参考电流 i_{dref} 和 i_{qref} 进行比较,差值经过 PI 控制模块计算得到目标转速的参考电压值 u_{dref} 和 u_{qref},u_{dref} 和 u_{qref} 经过 Park 逆变换,得到 α-β 坐标系下的参考电压值 $u_{αref}$ 和 $u_{βref}$。接下来,$u_{αref}$ 和 $u_{βref}$ 经过 SVPWM 模块,产生 6 路 PWM 信号控制逆变器中 IGBT 的通断,进而产生三相电压 u_a、u_b、u_c,输入电机。

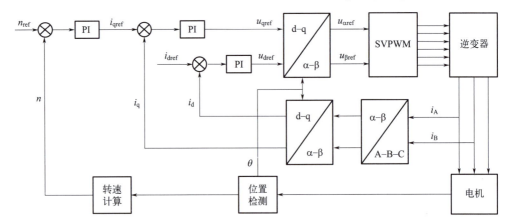

图 4.24 永磁同步电机空间矢量控制的原理图

（1）坐标变换模型

这里用到的坐标变换是 Park 逆变换，即将转子两相旋转 d-q 坐标系转换为定子两相静止 α-β 坐标系。该变换在 Simulink 的实现如图 4.25 所示。

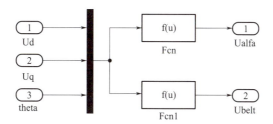

图 4.25　Park 逆变换的 Simulink 实现

（2）SVPWM 模型

在 Simulink 中，SVPWM 模型的搭建如图 4.26 所示，过程如下：

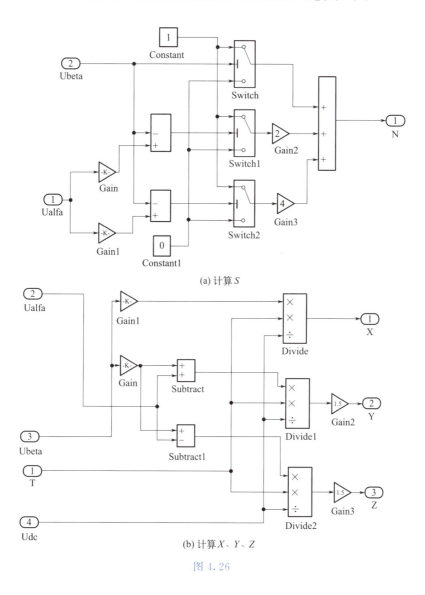

(a) 计算 S

(b) 计算 X、Y、Z

图 4.26

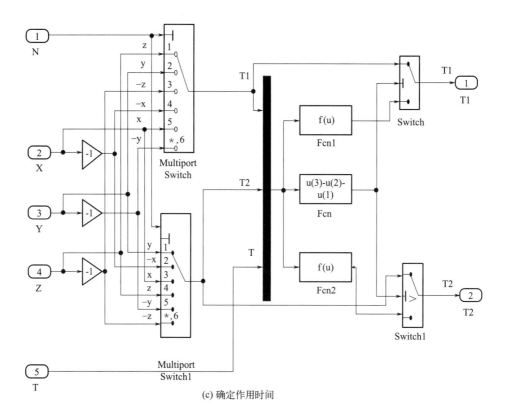

(c) 确定作用时间

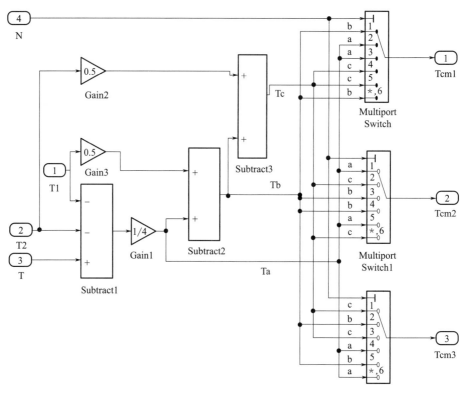

(d) 确定切换时间

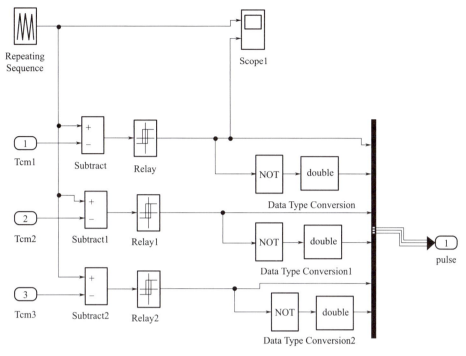

(e) 产生PWM波

图 4.26　SVPWM 的 Simulink 模型搭建

① 通过计算 S 确定参考电压所处扇区;
② 计算 X、Y、Z;
③ 确定两个有效矢量的先后作用时间 T_1、T_2;
④ 确定三相比较器的切换时间 T_{cm1}、T_{cm2}、T_{cm3};
⑤ 最后是产生 PWM 波。

4.4.4　联合仿真及结果对比

(1) 联合仿真的原理

联合仿真的核心是用精于电路仿真的 Saber 建立逆变器、线缆及电源的等效电路,用精于控制的 MATLAB/Simulink 建立控制系统模型,然后 MATLAB 和 Saber 进行数据交换。即 MATLAB 向 Saber 的三相三桥臂逆变器的 6 个 IGBT 提供 PWM 波作为控制信号,而 Saber 向 MATLAB 的电机提供三相电压以驱动电机。

(2) 联合仿真的实现

联合仿真的实现过程如图 4.27 所示。

首先,Saber 和 MATLAB 的版本要匹配。点击 Saber 的 SaberSimulinkCosim 图标,可以看到该版本 Saber 所支持的 MATLAB 版本号。本书使用的 Saber 版本为 2012.12,支持的 MATLAB 版本号为 Matlab2010-b、Matlab2011-a、Matlab2011-b 和 Matlab2012-a。我们采用的是 Matlab2012-a。

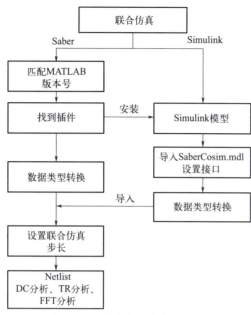

图 4.27 联合仿真的实现过程

其次,要在 MATLAB 中安装 Saber 插件。二者之所以能够进行数据交换、联合仿真,关键在于 Saber 向 MATLAB 安装对应版本号的插件,之后 Saber 便可以识别添加了该插件的 MATLAB 程序。具体步骤如下:

① 将以下三个文件安装在 MATLAB 安装目录下的 work 目录下。
- SaberSimulinkCosim.dll
- SaberCosim.mdl
- Saber.jpg

② 在 MATLAB 中打开 work 目录下的 SaberCosim.mdl,如图 4.28 所示,将图标拖动至 Simulink 模型中。点击该图标,设置输入、输出接口的数量,本书该模块要输入 6 个 PWM 控制信号,输出三相电压信号,故有 6 个输入、3 个输出。

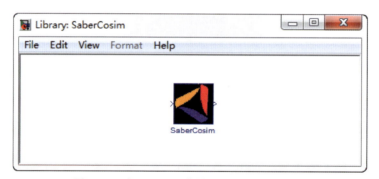

图 4.28 在 Simulink 中导入 SaberCosim.mdl

③ 数据类型的转换。Simulink 中的 6 个 PWM 控制信号是逻辑值,而 Saber 的 IGBT 驱动需要具体的电压信号。因此,在 Simulink 中增加 Switch 模块,阈值设为 0.5,当控制信号大于等于 0.5 时,信号幅值由 1 转换为 15;小于 0.5 时,信号幅值由 0 转换为 -15。然后在 Saber 中添加 var2v 模块,逻辑信号 15、-15 转换为电压信号 15V、-15V。

同时,由 Saber 传递给 Simulink 的三相电压值在 Simulink 中是控制信号,需要转化为电压值。故在 Simulink 中添加 Controlled Voltage Source 模块,将信号转换为电压值。联合仿真中,Simulink 中的电机驱动系统如图 4.29 所示。

④ 将 Simulink 的模型导入 Saber。在 Saber 软件中,点击 SaberSimulinkCosim 功能,在 File 中选择 Import Simulink,如图 4.30 所示。

此外,SaberCosim 传递的是信号,因此除在 6 个 PWM 控制信号输入端添加 var2v 模块外,还需要在 3 个三相电压输出端添加 v2var 模块,将电压值转换为信号。联合仿真中,导入 Simulink 模型后的 Saber 模型如图 4.31 所示。

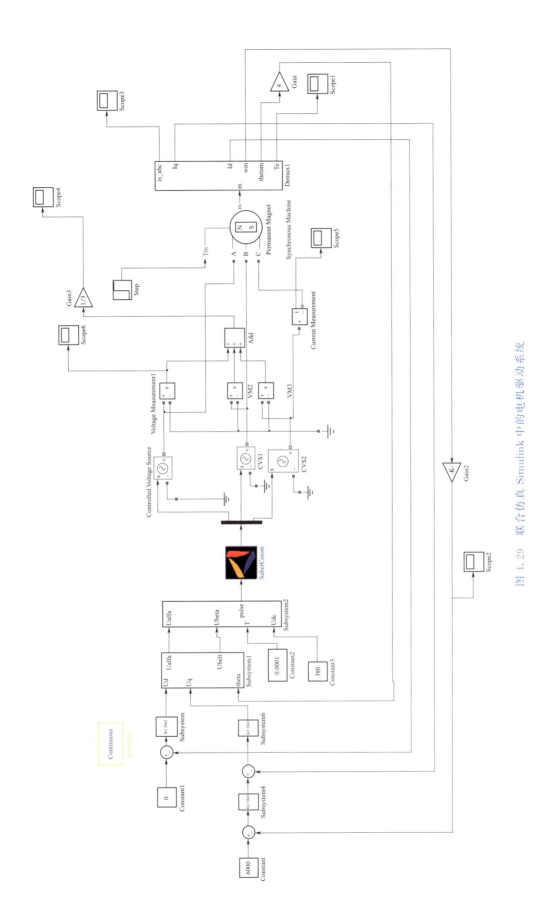

图 4.29 联合仿真 Simulink 中的电机驱动系统

第 4 章 DC/AC 调制方式及开关频率对电机驱动系统的影响 145

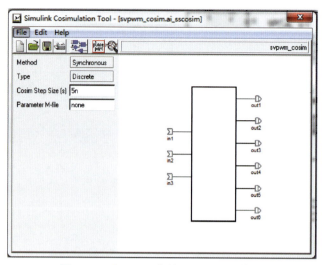

图 4.30　在 Saber 中导入 Simulink 模型

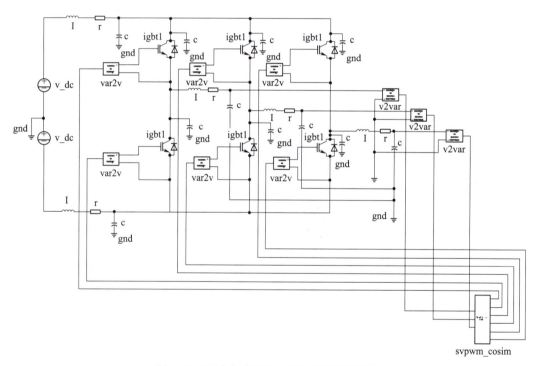

图 4.31　联合仿真 Saber 中的电机驱动系统

然后，要设置同步仿真的交换步长。联合仿真以 Saber 为主机，Saber 与 MATLAB 实时进行数据交换。根据电磁兼容国家标准 GB/T 18655—2018，频域要达到 30MHz，故仿真频域的频率设置为 30MHz。根据采样定理，采样频率要大于等于 60MHz，故仿真步长小于等于 16.67ns。本书中，Saber 的仿真步长设置为 5ns。在联合仿真中，MATLAB 是从机，其仿真步长由交换步长决定，故 Simulink 仿真设置为变步长，算法为 ode23tb。交换步长应该是 Saber 的仿真步长的整数倍，本书中，为了提高 MATLAB 的仿真精度，交换步长 Cosim Step Size 设置为 5ns，如图 4.30 所示。

最后，在 Saber 中进行求解，具体步骤包括：

① 将电路原理图进行 Netlist，生成对应的网表，随后进行 Simulate；电路修改后，需要重新生成网表并导入。

② 进行直流 DC 分析。

③ 进行时域的瞬态分析，要设置仿真时间、仿真步长及分析的信号。

④ 进行 FFT 分析，将时域信号转换为频域信号。

(3) 联合仿真的可靠性验证

联合仿真的核心在于 Saber 与 MATLAB 两个软件的数据交换，因此，需要对两个软件是否能够准确、实时地进行数据交换进行验证。MATLAB 输出的是 6 个 IGBT 的控制信号，输入的是电机的三相电压；而 Saber 则相反。

首先，验证 MATLAB 输出的 IGBT 控制信号能否准确、及时地传输给 Saber。以 A 相上桥臂 IGBT 的控制信号为对象，仿真结果如图 4.32(a)、(b) 所示，由图可知，IGBT 控制信号能够准确、无延时地从 MATLAB 传递给 Saber。

然后，验证 Saber 输出的三相电压信号能否准确、及时地传输给 MATLAB。以 A 相电压为对象，仿真结果如图 4.32(c)、(d) 所示，由图可知，电机三相电压可以准确、及时地由 Saber 传输给 MATLAB。

通过以上仿真分析验证可以确定，联合仿真模型可以准确、及时地在 MATLAB 和 Saber 之间进行数据交换，联合仿真是可靠的。

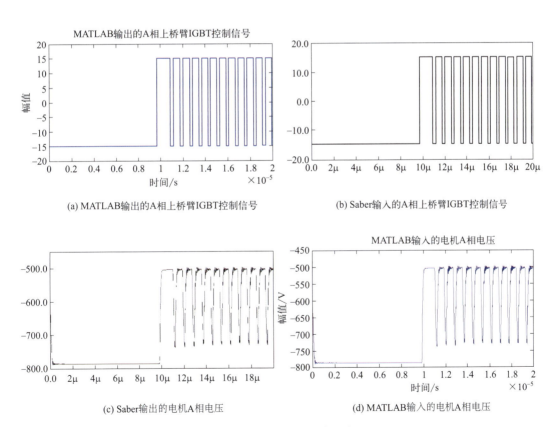

图 4.32 联合仿真的可靠性验证

（4）仿真与试验结果的对比与分析

电动汽车的电机驱动系统中，电源的电压高达 300V，这种高压特性使得电机驱动系统的电磁干扰测试与传统内燃机汽车有很大不同。目前，国内外还没有针对电动汽车 300V 高压部件的传导测试标准。参照国标 GB/T 18655—2018，在同济大学 3m 法半电波暗室用电流法对电机驱动系统的传导干扰进行了测试。测试装置的布置如图 4.33 所示，电流钳的位置在逆变器输出侧，即测得的是逆变器输出侧的共模电流。

 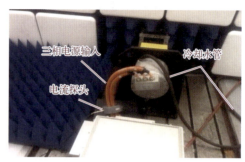

(a) 测功机系统布置　　　　　　　　　　(b) 电流钳布置

图 4.33　电机驱动系统传导干扰测试布置图

根据试验工况，对电机驱动系统模型进行控制，将仿真结果与试验结果进行对比。在试验中，电流钳夹住三相线缆，测得的共模电流实质上就是线缆屏蔽层的电流，也就是流经线缆对地寄生电容的电流。故在仿真中，也将流经三相线缆对地寄生电容的电流作为共模电流。

仿真工况与试验工况相同：转速 2000r/min、负载转矩 50N·m、开关频率 10kHz、普通 SVPWM 调制。仿真步长为 5ns，驱动系统进入稳定工况后进行测试。仿真结果与试验结果的对比如图 4.34 所示，由图可以看出：

① 从共模电流在 0～30MHz 的整体频谱波形来看，仿真与试验结果一致。

② 在 10MHz 以内的低频段，仿真与试验结果吻合较好。

③ 在 10～30MHz 频段内，仿真结果要低于试验结果 10～15dB。

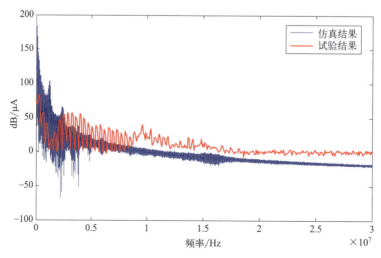

图 4.34　共模电流仿真与试验结果对比

4.5 DC/AC 逆变器电磁干扰的抑制

相比 PWM 调制,空间矢量调制 SVPWM 具有直流电流利用率高、可以抑制低次谐波等优点,因而在电能转换、调速、伺服控制等系统得到了大量应用。但是,由于调制方法固定(周期固定、开关位置固定),在开关频率即载波的倍频处,谐波幅值较大,造成大量的噪声、机械振动及电磁干扰。对于音频噪声,可以提高开关频率,将开关频率提至 20kHz,倍频点的噪声将超出人耳的敏感范围,从而降低噪声干扰。但是,提高开关频率,将增加损耗,同时,开关最高频率也受到 IGBT 开关时间的限制。

4.5.1 随机调制对电磁干扰的抑制作用

1)随机调制的基本原理

脉宽调制的本质是占空比的控制,一个开关的工作过程如图 4.35 所示。纵坐标 F_m 是开关函数,1 表示通,0 表示断。横坐标是时间。开关函数 F_m 可以表示为三个参数 T_k、ε_k、α_k 的函数:

$$u(t-t_k) = \begin{cases} 1, & \varepsilon_k T_k < t-t_k < (\varepsilon_k + \alpha_k) T_k \\ 0, & t-t_k \leq \varepsilon_k T_k, t-t_k \geq (\varepsilon_k + \alpha_k) T_k \end{cases} \quad (4.37)$$

三个参数 T_k、ε_k 和 α_k 的含义分别是:开关周期、位置延迟系数和占空比。三个参数是相互独立的,根据冲量相等则效果相等的原理,占空比 α_k 是确定的,其直接决定逆变器输出电压的大小,而开关周期和位置延迟系数是可以变化的,这是随机调制的理论基础。在 SVPWM 控制中,开关周期 T_k 是固定不变的,开关脉冲的位置 ε_k 也是固定的,而在随机调制中,开关周期和开关位置是可以随机变化的,通过使开关脉冲变得不确定,将倍频处的峰值谐波分散,降低电磁干扰。

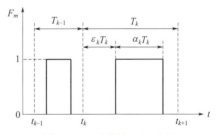

图 4.35 开关的工作过程

开关周期 T_k 和脉冲位置 ε_k 都是可以独立随机变化的,因此,随机调制可分为四类:

① 随机零矢量分配:两个零矢量 U_0 和 U_7 不是平均分配,而是随机分配。

② 随机脉冲位置:零矢量 U_0、U_7 的作用时间在一个载波周期起始和结束阶段并不是平均分配,而是随机分配。即,A、B、C 三相的开关波形并不在一个周期内,不是对称的。

③ 随机开关频率:开关频率 f 不再是定值,而是随机变化的,即

$$f = f_0 + R\Delta f \quad (4.38)$$

式中,f_0 为基准开关频率;R 为 -1 到 1 范围内的随机数;Δf 为频率变化的范围。

④ 混合随机调制：以上三种随机调制的两种或三种组合使用。

2）随机零矢量分配调制

(1) 随机零矢量分配调制的原理

传统空间矢量调制如图 4.36 所示，零矢量的作用时间为 T_0，U_0 和 U_7 作用的时间 T_{00} 和 T_{07} 都是 $T_0/2$，U_0 在脉冲始端和脉冲末端的作用时间 T_{001} 和 T_{002} 都是 T_{00} 的一半，即 $T_0/4$。而在随机零矢量分配调制中，T_{00} 和 T_{07} 并不是平均分配 T_0，而是

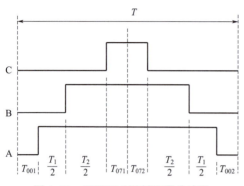

图 4.36 SVPWM 调制的开关波形

$$\begin{cases} T_{00}=RT_0 \\ T_{07}=(1-R)T_0 \end{cases} \quad (4.39)$$

式中，R 是 0 到 1 的随机数。然后，T_{001} 和 T_{002} 仍然平分 T_{00} 不变，即

$$T_{cm1}=T_{001}=T_{002}=\frac{RT_0}{2} \quad (4.40)$$

(2) 随机零矢量分配调制的 Simulink 实现

如图 4.37 所示，MATLAB Function 的功能是产生一个（0，1）均匀分布的随机数 R，然后再除以 2，得到一个范围是（0，0.5）的随机数，该随机数替代了原来的 0.25，乘以 T_0 即为 T_{cm1}。时钟信号 Clock 和载波周期 T 经过取余运算，判断周期的变化，和 Switch、Memory 一起使用，可以实现在一个载波周期内用以乘以 T_0 的随机数保持不变。

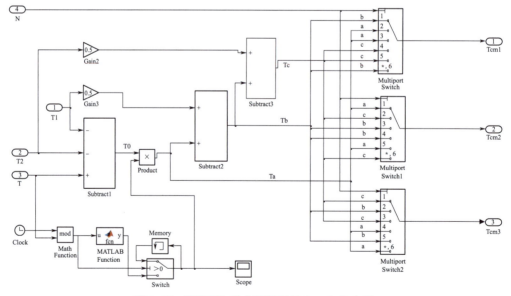

图 4.37 随机零矢量分配调制的 Simulink 实现

对随机数生成功能进行验证：永磁同步电机转速为 5000r/min，载波为 10kHz，仿真步长为 1μs。仿真结果如图 4.38 所示，显然，在 0.1ms 即一个载波周期，产生一个

(0，0.5)的随机数，功能符合要求。

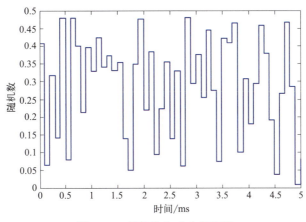

图 4.38　随机数生成功能验证

（3）随机零矢量分配调制对逆变器输出信号的影响

由以上分析可知，随机零矢量分配调制通过改变零矢量 U_0 和 U_7 作用时间 T_{00} 和 T_{07} 的分配，进而改变逆变器的输出信号。本部分研究随机零矢量分配调制对逆变器输出信号的影响，逆变器的输出信号是三相电压和三相电流。这里对逆变器的输出电压进行谐波分析研究，对逆变器的输出电流进行纹波电流分析，研究随机零矢量分配调制对于逆变器输出信号谐波及总体谐波幅值的影响。

（4）随机零矢量分配调制对逆变器输出电压的影响

用 Simulink 的 powergui 模块中的 FFT Analysis 功能对逆变器的 A 相输出电压进行谐波分析。设置转速为 5000r/min、负载转矩为 50N·m、开关频率为 10kHz。仿真结果如图 4.39 所示，横坐标为频率，纵坐标为谐波幅值相对于基波幅值的百分比。

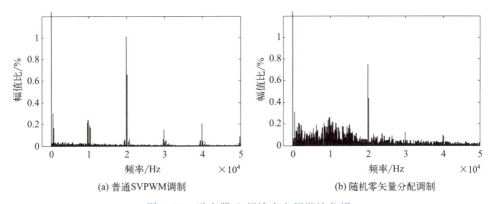

图 4.39　逆变器 A 相输出电压谐波分析

由图可知：

① 逆变器输出电压在开关频率的倍频处谐波幅值很大，形成了谐波集簇。

② 随机零矢量分配调制可以将谐波集簇向频谱两边分散，从而显著降低开关频率倍频处的谐波。

③ 随机零矢量分配调制对偶数次倍频谐波抑制作用明显，如开关频率 2 倍频、4 倍频处谐波；而对奇数次倍频谐波抑制作用很小，如开关频率 1 倍频、3 倍频处谐波。

对随机零矢量调制的机理深入分析，根据式(4.41)，随机零矢量分配调制的谐波抑制效果与调制比 M 有重要关系。接下来介绍调制比 M 对于随机零矢量分配调制谐波抑制效果的影响。

$$\begin{cases} T_1 = \dfrac{\sqrt{3}}{2} M T_s \sin\left(\dfrac{\pi}{3} - \theta\right) \\ T_2 = \dfrac{\sqrt{3}}{2} M T_s \sin\theta \\ T_0 = T_s - T_1 - T_2 \\ T_{00} = R T_0 \\ T_{07} = (1-R) T_0 \end{cases} \quad (4.41)$$

$$M = \frac{U_{\text{ref}}}{\frac{1}{2} U_{\text{dc}}} \quad (4.42)$$

$$U_{\text{ref}} = \sqrt{U_\alpha^2 + U_\beta^2} \quad (4.43)$$

式中，U_{ref} 为参考电压；U_{dc} 为直流母线的电压，本书中 U_{dc} 为 300V。在模型中，可以根据式(4.43)计算出参考电压。转速固定为 5000r/min，通过改变电机负载转矩，得到不同的调制比和该调制比的普通 SVPWM 及随机零矢量 SVPWM 的谐波。将 1、2、3 次开关频率倍频处的谐波幅值读出，得到图 4.40。

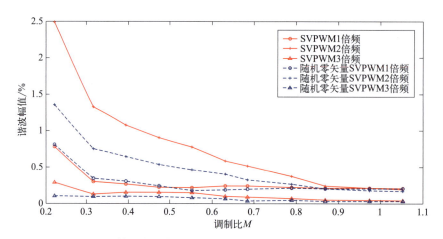

图 4.40　SVPWM 调制及随机零矢量 SVPWM 调制开关频率倍频处谐波与 M 的关系

由图 4.40 可以发现：

对于 1、2、3 次开关频率倍频谐波，随机零矢量 SVPWM 调制降低谐波幅值的效果随着 M 的增加而减弱，当 M 趋近于最大值 1.05 时，随机零矢量 SVPWM 与普通 SVPWM 几乎重合。随机零矢量调制之所以能降低谐波幅值，是因为其可以把零矢量作用的时间随机分配；而随着 M 的增加，非零矢量作用时间增加，零矢量作用时间减少，故削弱开关频率倍频处谐波幅值的能力也降低。

（5）随机零矢量分配调制对逆变器输出电流的影响

运用纹波电流理论分析随机零矢量分配调制对总体谐波的影响。下面通过纹波电流理论对总体谐波幅值进行理论推导。

逆变器输出电流与输出电压的关系为：

$$U = e + L\frac{\mathrm{d}i}{\mathrm{d}t} + Ri \tag{4.44}$$

式中，U 为定子电压；i 为定子电流；e 为反电动势；L 为定子每相绕组的电感。

忽略电阻的影响，认为反电动势在一个载波周期内是定值。电压在一个载波周期的平均值记作 $\overline{U}$，电压波动值记作 ΔU；电流平均值记作 $\overline{i}$，电流波动值记作 Δi。则有：

$$\overline{U} + \Delta U = e + L\frac{\mathrm{d}(\overline{i} + \Delta i)}{\mathrm{d}t} \tag{4.45}$$

$$\Delta U = L\frac{\mathrm{d}\Delta i}{\mathrm{d}t} \tag{4.46}$$

$$\Delta i(t) = \Delta i(t_0) + \frac{1}{L}\int_{t_0}^{t} \Delta U \mathrm{d}t \tag{4.47}$$

$$f(\theta, M) = \frac{1}{T_\mathrm{s}}\int_0^{T_\mathrm{s}} \Delta i^2 \mathrm{d}t \tag{4.48}$$

在某一个区域对 $f(\theta, M)$ 进行积分，例如第 I 区域：

$$I_{\mathrm{h,rms}}^2 = \frac{\pi}{3}\int_0^{\frac{\pi}{3}} f(\theta, M) \mathrm{d}\theta \tag{4.49}$$

$I_{\mathrm{h,rms}}$ 含义是全体谐波电流的有效值，$I_{\mathrm{h,rms}}^2$ 一般可以写成：

$$I_{\mathrm{h,rms}}^2 = \left(\frac{U_{\mathrm{dc}}}{L}\right)^2 \times \frac{T_\mathrm{s}^2}{48} \times f(M) \tag{4.50}$$

式中，函数 $f(M)$ 称为谐波畸变因素 HDF。HDF 通常被用作 PWM 策略的性能指标，它与开关周期、直流母线电压、定子电感均无关系。

接下来，推导逆变器输出电流的 $I_{\mathrm{h,rms}}^2$ 的表达式。对于星形连接，逆变器输出电流等于电机的相电流，式(4.44)中 U 即为电机的三相电压 U_{an}、U_{bn}、U_{cn}。

以第 I 区域为例，计算电流纹波，首先要计算电压的平均值 $\overline{U}$。

对于 A 相，平均电压 $\overline{U}_{\mathrm{an}}$ 的计算如下：

$$\overline{U}_{\mathrm{an}} = \frac{1}{T_\mathrm{s}}\left(\frac{2}{3}U_{\mathrm{dc}}T_1 + \frac{1}{3}U_{\mathrm{dc}}T_2\right) \tag{4.51}$$

计算得到，在一个载波周期内，平均电压 $\overline{U}_{\mathrm{an}}$ 为：

$$\overline{U}_{\mathrm{an}} = \frac{1}{2}MU_{\mathrm{dc}}\cos\theta \tag{4.52}$$

接下来计算电流变化值，以一个载波周期为研究时间段。定义起点处，Δi 为 0。

将 4、5 时间段合并，分段计算如表 4.10 所示。

表 4.10 一个周期内的电流变化值计算

分段	端点	分段时间	$\Delta U_{an}(t)$	$\Delta i_{an}(t)$	端点处 Δi_{an}
1	t_0, t_1	$\frac{1}{2}RT_0$	$-\overline{U}_{an}$	$\int_0^t -\overline{U}_{an}dt$ $(0<t\leq\frac{1}{2}RT_0)$	$\Delta i_{an}(t_1)=-\frac{1}{2}RT_0\overline{U}_{an}$
2	t_1, t_2	$\frac{1}{2}T_1$	$\frac{2}{3}U_{dc}-\overline{U}_{an}$	$\int_0^t \left(\frac{2}{3}U_{dc}-\overline{U}_{an}\right)dt$ $(0<t\leq\frac{1}{2}T_1)$	$\Delta i_{an}(t_2)=$ $\frac{1}{2}T_1\left(\frac{2}{3}U_{dc}-\overline{U}_{an}\right)+\Delta i_{an}(t_1)$
3	t_2, t_3	$\frac{1}{2}T_2$	$\frac{1}{3}U_{dc}-\overline{U}_{an}$	$\int_0^t \left(\frac{1}{3}U_{dc}-\overline{U}_{an}\right)dt$ $(0<t\leq\frac{1}{2}T_2)$	$\Delta i_{an}(t_3)=$ $\frac{1}{2}T_2\left(\frac{1}{3}U_{dc}-\overline{U}_{an}\right)+\Delta i_{an}(t_2)$
4	t_3, t_5	$(1-R)T_0$	$-\overline{U}_{an}$	$\int_0^t -\overline{U}_{an}dt$ $(0<t\leq(1-R)T_0)$	$\Delta i_{an}(t_5)=$ $-(1-R)T_0\overline{U}_{an}+\Delta i_{an}(t_3)$
5	t_5, t_6	$\frac{1}{2}T_2$	$\frac{1}{3}U_{dc}-\overline{U}_{an}$	$\int_0^t \left(\frac{1}{3}U_{dc}-\overline{U}_{an}\right)dt$ $(0<t\leq\frac{1}{2}T_2)$	$\Delta i_{an}(t_6)=$ $\frac{1}{2}T_2\left(\frac{1}{3}U_{dc}-\overline{U}_{an}\right)+\Delta i_{an}(t_5)$
6	t_6, t_7	$\frac{1}{2}T_1$	$\frac{2}{3}U_{dc}-\overline{U}_{an}$	$\int_0^t \left(\frac{2}{3}U_{dc}-\overline{U}_{an}\right)dt$ $(0<t\leq\frac{1}{2}T_1)$	$\Delta i_{an}(t_7)=$ $\frac{1}{2}T_1\left(\frac{2}{3}U_{dc}-\overline{U}_{an}\right)+\Delta i_{an}(t_6)$
7	t_7, t_8	$\frac{1}{2}RT_0$	$-\overline{U}_{an}$	$\int_0^t -\overline{U}_{an}dt$ $(0<t\leq\frac{1}{2}RT_0)$	$\Delta i_{an}(t_8)=$ $-\frac{1}{2}RT_0\overline{U}_{an}+\Delta i_{an}(t_7)$

由表 4.10 可以得到各个时间段的 Δi_{an}^2 的表达式，同理，可以计算出 B、C 两相 Δi_{bn}^2、Δi_{cn}^2 的值。而逆变器输出电流纹波的均方值为：

$$\Delta i^2 = \Delta i_{an}^2 + \Delta i_{bn}^2 + \Delta i_{cn}^2 \tag{4.53}$$

在 7 个时间段分别积分然后相加，即可得到 $f(\theta, M)$。

在求解全体谐波电流的有效值 $I_{h,rms}$ 时，需要对相角 θ 进行积分。对于三相逆变器 SVPWM 调制，6 个区域是对称的，对其中一个区域进行积分即可。选区域 I，θ 范围是 $(0, \frac{\pi}{3})$。

$$I_{h,rms}^2 = \frac{\pi}{3}\int_0^{\frac{\pi}{3}} f(\theta, M)d\theta \tag{4.54}$$

Δi^2 的求解过程涉及大量数学表达式的积分运算，本书在 MATLAB 中进行编程计算，得到了 $I_{h,rms}^2$ 的表达式，是一个关于 M、R、L、T_s、U_{dc} 的表达式，非常复杂，在这里不展开介绍。

根据式(4.53)，得到 $f(M)=f_A(M)+f_B(M)+f_C(M)$。具体表达式如下：

$$\begin{cases} f_A(M) = \dfrac{1}{2304}\begin{bmatrix} M^2(384\pi+288\sqrt{3}-1152\pi R-864\sqrt{3}R+1152\pi R^2+864\sqrt{3}R^2) \\ +M^3(-1472\sqrt{3}+4608\sqrt{3}R-4896\sqrt{3}R^2) \\ +M^4(216\pi+162\sqrt{3}-540\pi R-810\sqrt{3}R+540\pi R^2+1053\sqrt{3}R^2) \end{bmatrix} \\ f_B(M) = -\dfrac{1}{1152}\begin{bmatrix} M^2(-192\pi+288\sqrt{3}+576\pi R-864\sqrt{3}R-576\pi R^2+864\sqrt{3}R^2) \\ +M^3(64\sqrt{3}-288\sqrt{3}R+288\sqrt{3}R^2) \\ +M^4(-108\pi+162\sqrt{3}+108\pi R-81\sqrt{3}R-108\pi R^2+81\sqrt{3}R^2) \end{bmatrix} \\ f_C(M) = \dfrac{1}{2304}\begin{bmatrix} M^2(384\pi+288\sqrt{3}-1152\pi R-864\sqrt{3}R+1152\pi R^2+864\sqrt{3}R^2) \\ +M^3(-1760\sqrt{3}+5184\sqrt{3}R-4896\sqrt{3}R^2) \\ +M^4(216\pi+405\sqrt{3}-540\pi R-1296\sqrt{3}R+540\pi R^2+1053\sqrt{3}R^2) \end{bmatrix} \end{cases}$$

(4.55)

最后得到 $f(M)$ 是关于调制比 M 和随机数 R 的函数。谐波畸变因素 HDF 即 $f(M)$ 和参量 M、R 的具体关系，如图 4.41 所示。

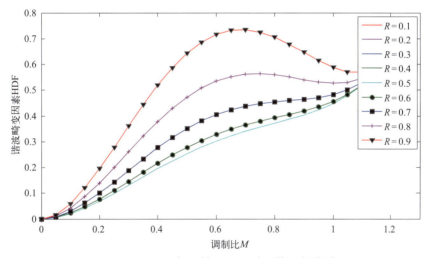

图 4.41　HDF 与调制比 M 和随机数 R 的关系

从图 4.41 可以看出：

① 在 $R=0.5$ 也就是普通 SVPWM 时，HDF 值最小，R 取其他值时，谐波畸变因素 HDF 增加。对于随机零矢量 SVPWM 调制，R 在 0 到 1 范围内随机变化，故随机零矢量 SVPWM 调制的 HDF 值将大于普通 SVPWM 调制。而 HDF 值与全体谐波电流的有效值 $I_{h,rms}$ 是成正比的，故随机零矢量 SVPWM 调制的电流总谐波幅值将大于普通 SVPWM 调制。

② 谐波畸变因素 HDF 关于 $R=0.5$ 左右对称，如 $R=0.7$ 和 $R=0.3$ 的 HDF 曲线完全重合。R 的含义是零矢量时间在两个零矢量 $\boldsymbol{V}_0$（000）和 $\boldsymbol{V}_7$（111）之间的分配，R 越偏离 0.5，表示两个零矢量分配越不均匀。故可以得知，两个零矢量 $\boldsymbol{V}_0$（000）和 $\boldsymbol{V}_7$（111）对电流谐波的作用是一样的。

根据以上分析，关于随机零矢量分配调制对逆变器输出信号的影响可以得出以下结论：

① 随机零矢量分配调制可以将逆变器输出信号（电压或电流）在开关频率倍频处的谐波集簇向频谱两边扩散，从而降低开关频率倍频处的谐波。随机零矢量分配调制对开关频率偶数倍频处谐波的抑制效果好，而对奇数倍频处谐波几乎没有抑制作用。调制比 M 越小，开关频率倍频处谐波的抑制效果越好。

② 随机零矢量分配调制不能降低逆变器输出信号的总体谐波幅值，相反，总体谐波幅值要高于普通 SVPWM 调制。

（6）随机零矢量分配调制对共模干扰的影响

对于电磁兼容研究来说，更关心的是调制方式对电磁干扰的影响，按照实际测试，把逆变器输出侧的共模电压和共模电流作为衡量电磁干扰大小的指标。

设置转速为 5000r/min、电机负载转矩为 50N·m、开关频率为 10kHz，仿真频域为 30MHz。仿真结果如图 4.42 所示，分别是 0～30MHz 的共模电压、0～3MHz 的共模电压、0～30MHz 的共模电流以及 0～3MHz 的共模电流。由图 4.42 可知：

① 0～1MHz 频段，随机零矢量调制的共模电压要低于普通 SVPWM 调制 10～20dB。

② 1～15MHz 频段，随机零矢量调制和普通 SVPWM 调制的共模电压差别较小；在频谱尖峰值处，随机零矢量调制较普通 SVPWM 低一些；但在其他频谱处，随机零矢量调制较普通 SVPWM 高一些。即随机零矢量调制将共模电压的尖峰集簇摊到了两边的频域。

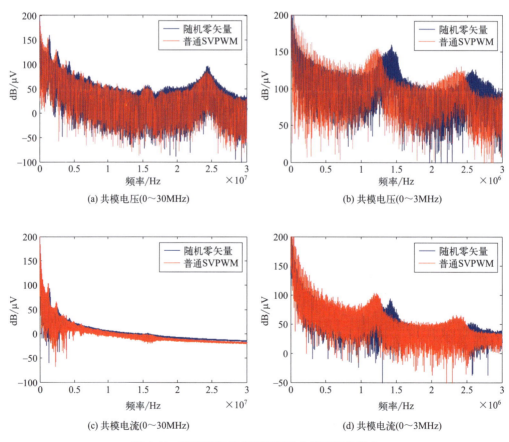

图 4.42 随机零矢量分配调制对共模干扰的影响

③ 15～30MHz 频段，随机零矢量调制的共模电压要高于普通 SVPWM 调制 5～10dB。

④ 0～1MHz 频段，随机零矢量调制的共模电流要低于普通 SVPWM 调制 10～20dB。

⑤ 1～6MHz 频段，随机零矢量调制和普通 SVPWM 调制的共模电流差别较小；在频谱尖峰值处，随机零矢量调制较普通 SVPWM 低一些；但在其他频谱处，随机零矢量调制较普通 SVPWM 高一些。即随机零矢量调制将共模电流的尖峰集簇摊到了两边的频域。

⑥ 6～30MHz 频段，随机零矢量调制的共模电流要高于普通 SVPWM 调制 7dB 左右。

综上，将随机零矢量分配调制对共模干扰的影响总结如下：

① 在 0～1MHz 的低频段，随机零矢量分配调制可以降低共模干扰 10～20dB；

② 在 15～30MHz 的高频段，随机零矢量分配调制会增加共模干扰 5～10dB。

对于目前的法规来说，对传导干扰有限值规定的频率波段如表 4.11 所示，可以看出，随机零矢量分配调制可以降低 LW、MW 波段的干扰，但同时会增加 CB 波段的干扰。因此，在实际应用中，要根据需要降低干扰的频段，决定是否应用随机零矢量分配调制。

表 4.11 法规对传导干扰有限值规定的频率波段

业务/波段	频率/MHz
LW	0.15～0.3
MW	0.53～1.8
SW	5.9～6.2
CB	26～28

3）随机开关频率调制

(1) 随机开关频率调制的原理

在 SVPWM 的基础上，随机改变载波周期，即为随机开关频率 SVPWM 调制。开关频率 $f=\dfrac{1}{T_s}$，T_s 为载波三角波的周期。在普通 SVPWM 调制中，f 是一个固定值；在随机开关频率调制中，f 的表达式如下：

$$f = f_s + R\Delta f \tag{4.56}$$

式中，f_s 是固定的基准开关频率；Δf 是频率变化范围，称为频带常数；R 是一个在 $[-1,1]$ 范围内的随机数。频率 f 在 $[f_s-\Delta f, f_s+\Delta f]$ 内随机变化。通过对空间矢量调制的谐波分析可知，在开关频率的倍频处，谐波出现尖峰。对于随机开关频率调制，开关频率在一个频带内随机变化，则在频谱上，开关频率不再是一个点，而是一个频带，故倍频也相应地变成一个频带，将谐波尖峰分散至频带，降低峰值，从而降低电磁干扰。

(2) 随机开关频率调制的 Simulink 实现

随机开关频率 SVPWM 调制的 Simulink 实现有以下几个关键点：

① 随机数的生成；

② 载波频率的计算；
③ 载波三角波的生成；
④ 载波周期的检测。

首先是随机数的生成，随机化的概率会影响谐波分散效果。常见的分布有正态分布、泊松分布、瑞利分布和均匀分布，如图 4.43 所示。

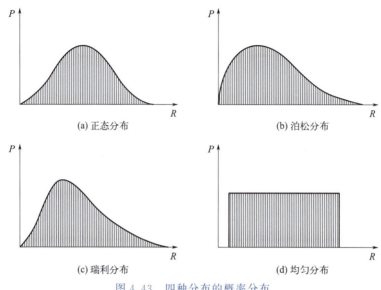

图 4.43 四种分布的概率分布

图中，R 表示随机数，P 表示概率。显然对于均匀分布，每一个随机数取值的概率是相同的，频率分散最均匀，其谐波峰值分散效果最好。而其他三个分布相似，都是均值处概率大，向两边概率降低。本书将实现均匀分布随机数。

可以在 MATLAB 中可以用 rand 函数生成 (0,1) 的均匀分布随机数，该随机数乘以 2，然后减 1，即可得到 (-1,1) 的均匀分布随机数。生成的随机数如图 4.44 所示。

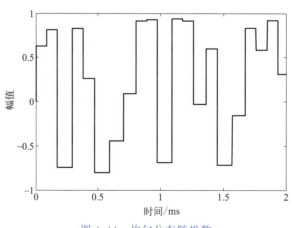

图 4.44 均匀分布随机数

每一个周期（0.1ms 左右）产生一个随机数。显然，均匀分布产生的随机数在 (-1,1) 分布均匀。

然后是载波频率的计算,如图 4.45 所示。随机数生成模块 MATLAB Function 的输入是一个高电平为 0、低电平为 -2 的信号,低电平 -2 表示本载波周期的结束和下一个周期的开始,同时,随机数生成模块产生随机数。通过使能 Delay 和 Switch3（判断条件是 >-2）,在低电平 -2 时,产生随机数,存入寄存器,并传递给 Divide1；在高电平 0 时,没有随机数生成,将存储的随机数传递给 Divide1。这样保证了在一个载波周期内只有一个随机数,且保持不变,进行所有运算。图中的 input 量 frequency of carrier wave 是固定的基准开关频率 f_s,由外部输入。常数 K 的含义是 $\Delta f = K f_s$,即 K 表征了频带相对基准开关频率的大小。$R \Delta f$ 与 f_s 相加,即为载波频率 f。

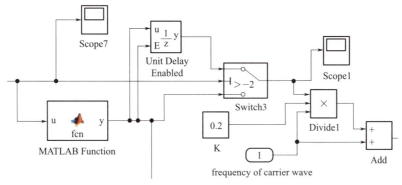

图 4.45 载波频率的计算

接着是载波三角波的生成,如图 4.46 所示。Memory1 和 Memory2 初始值为 0,经过 Switch1 后输出 1,再经过 Switch2（判断条件是 ≥0.5）,输出开关频率 f,乘以 2 后,进行积分,经过时间 $0.5T$（$T=1/f$）从 0 积分到 1；然后 Add1 输出小于 0,经过 Switch1 后输出 0,Switch2 输出 $-f$,进行反向积分,积分值从 1 降到 0。如此循环,输出一个周期为 T、幅值为 1 的三角波。再经过 Divide 除以 $2f$,得到周期为 T、幅值为 $0.5T$ 的等腰直角三角波。

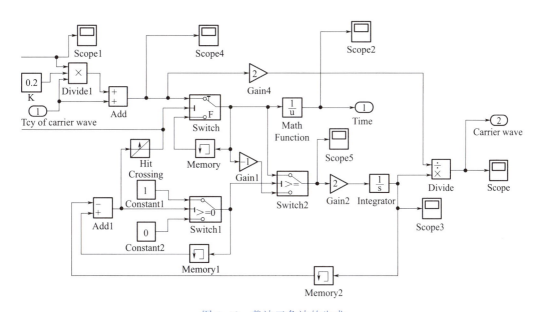

图 4.46 载波三角波的生成

最后是载波周期的检测。在三角波的一个周期，Add1 的输出变化是：1 渐变到 0，陡变至 -1，渐变到 0，陡变到 1，如此进行循环。0 陡变到 1 是本周期的结束和新周期的开始，可以通过 HitCrossing 将这一陡变检测出来，当 Add1 的输出由 0 陡变到 1 时，HitCrossing 输出为 1，否则为 0。这个电平变化即为载波周期的判断。

以均匀分布随机数为例，参数设置如下：

$$f_s = 10\text{kHz}; \Delta f = Kf_s = 0.2 \times 10\text{kHz} = 2\text{kHz}$$

f 范围是 8～12kHz，载波周期 T 的范围是 $0.833 \times 10^{-4} \sim 1.25 \times 10^{-4}$s，三角波幅值的幅值范围是 $0.417 \times 10^{-4} \sim 0.625 \times 10^{-4}$。

仿真模型验证如图 4.47 所示，上面是三角波周期，下面是三角波，显然三角波是等腰直角三角形，且周期、幅值范围符合计算。模型搭建正确。

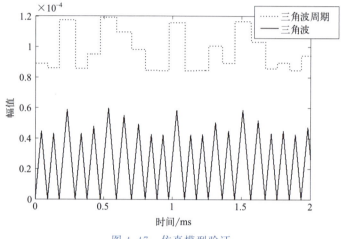

图 4.47 仿真模型验证

（3）随机开关频率调制对逆变器输出电压的影响

用 Simulink 的 powergui 模块中的 FFT Analysis 功能对逆变器的 A 相输出电压进行谐波分析。转速设置为 5000r/min、负载转矩为 50N·m、开关频率为 10kHz。仿真结果如图 4.48 所示，横坐标为频率，纵坐标为谐波幅值相对于基波幅值的百分比。由图 4.48 可知：

① 随机开关频率调制可以将谐波集簇向频谱两边分散，从而降低开关频率倍频处

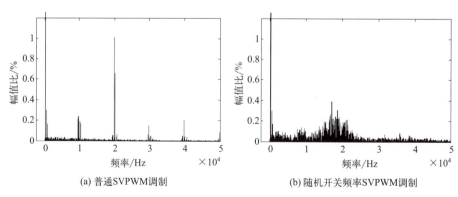

图 4.48 逆变器 A 相输出电压谐波分析

的谐波。

② 不论是开关频率奇数次倍频谐波还是偶数次倍频谐波，随机开关频率调制都可以显著降低。

同随机零矢量调制的研究一样，接下来对调制比 M 对于随机开关频率调制谐波抑制效果的影响进行研究。结果如图 4.49 所示。由图可知：

① 随机开关频率调制可以降低开关频率倍频处的谐波幅值，而且效果明显好于随机零矢量调制。

② 在调制比 M 较大时（0.9 以上），随机零矢量调制不能降低开关频率倍频处的幅值；而随机开关频率调制依然可以明显降低谐波幅值。即在各个调制比下，随机开关频率调制都可以降低开关频率倍频处的谐波幅值。

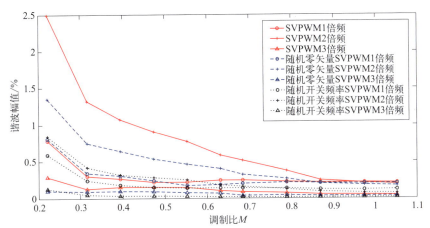

图 4.49 随机开关频率、随机零矢量、SVPWM 调制开关频率倍频处谐波与 M 的关系

（4）随机开关频率调制对逆变器输出电流的影响

运用纹波电流理论分析随机开关频率调制对总体谐波的影响。由式（4.50）知，$I_{\mathrm{h,rms}}^{2}=\left(\dfrac{U_{\mathrm{dc}}}{L}\right)^{2}\times\dfrac{T_{\mathrm{s}}^{2}}{48}\times f(M)$，对于随机开关频率调制，$f(M)$ 即谐波畸变因素 HDF 没有变化，而开关周期 T_{s} 在随机变化。全体谐波电流 $I_{\mathrm{h,rms}}^{2}$ 可以写成：

$$I_{\mathrm{h,rms}}^{2}=\left(\dfrac{U_{\mathrm{dc}}}{L}\right)^{2}\times\dfrac{f(M)}{48}\times\dfrac{1}{f^{2}} \tag{4.57}$$

普通 SVPWM 调制，$f=10\mathrm{kHz}$；而随机开关频率 SVPWM 调制，f 在 $7\sim13\mathrm{kHz}$ 频率范围内均匀随机变化。

从数学公式可以知道，这种均匀随机变化会使得随机开关频率 SVPWM 调制的全体谐波电流大于普通 SVPWM 调制。

根据以上分析，关于随机开关频率调制对逆变器输出信号的影响可以得出以下结论：

① 随机开关频率调制可以将逆变器输出信号（电压或电流）在开关频率倍频处的谐波集簇向频谱两边扩散，从而降低开关频率倍频处的谐波。随机开关频率调制对开关频率奇数次倍频和偶数次倍频谐波都有显著的抑制作用，且在任何调制比 M 下，都有抑制作用。

② 随机开关频率调制不能降低逆变器输出信号的总体谐波值，相反，总体谐波幅值要高于普通 SVPWM 调制。

（5）随机开关频率调制对共模干扰的影响

设置转速为 5000r/min、电机负载转矩为 50N·m、基准开关频率为 10kHz、Δf 频率变化范围为 3kHz，仿真频域为 30MHz。共模电压和共模电流的仿真结果如图 4.50 所示。由图可知：

① 对于共模电压，在 0～30MHz 全频段，随机开关频率调制都可以抑制。

② 对于共模电压的抑制效果，0～1MHz 的低频段要好于 1～30MHz 的高频段。0～1MHz 频段，共模电压可以降低 20dB 左右；1～30MHz 频段，共模电压可以降低 10～15dB。

③ 对于共模电流，在 0～30MHz 全频段，随机开关频率调制都可以抑制。

④ 对于共模电流的抑制效果，0～1MHz 的低频段要好于 1～30MHz 的高频段。0～1MHz 频段，共模电流可以降低 20～25dB；1～30MHz 频段，共模电流可以降低 10～15dB。

综上，可以得出以下结论：

① 0～30MHz 的频域，随机开关频率调制可以降低共模干扰。

② 0～1MHz 频段，对共模干扰的抑制作用要好于 1～30MHz 频段。

③ 0～1MHz 频段，共模干扰可以降低 20dB 左右；1～30MHz 频段，共模干扰可以降低 10～15dB。

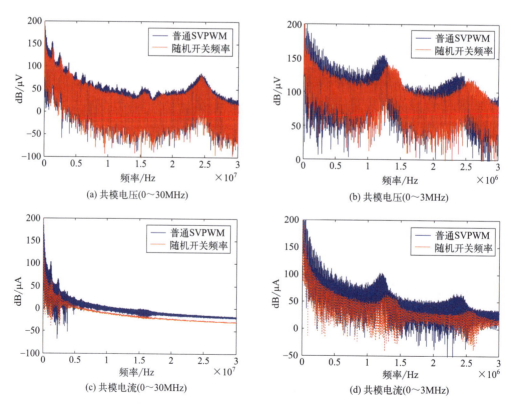

图 4.50　随机开关频率调制对共模干扰的影响

4）频率变化范围 Δf 的选择

频率变化范围 Δf 的选择需要考虑多种因素，本节研究频率变化范围 Δf 对电磁干扰和电机驱动系统性能两方面的影响。

设置转速为 5000r/min、负载转矩为 50N·m、基准开关频率为 10kHz，Δf 频率变化范围分别取 1~9kHz。

仿真分析得知，频率变化范围 Δf 对电机驱动系统动态响应特性没有影响，对电机驱动系统总效率和转矩脉动的影响见表 4.12。

表 4.12 频率变化范围 Δf 对电机驱动系统总效率和转矩脉动的影响

调制方式	普通 SVPWM	随机开关频率 SVPWM 调制			
		$\Delta f=1$kHz	$\Delta f=2$kHz	$\Delta f=3$kHz	$\Delta f=4$kHz
总效率	90.08%	89.89%	89.65%	89.6%	89.52%
转矩脉动系数	1.6%	3.56%	3.78%	3.91%	4.17%

调制方式	随机开关频率 SVPWM 调制				
	$\Delta f=5$kHz	$\Delta f=6$kHz	$\Delta f=7$kHz	$\Delta f=8$kHz	$\Delta f=9$kHz
总效率	88.4%	88%	87.38%	84.75%	79.2%
转矩脉动系数	4.41%	5.01%	5.58%	6.92%	8.8%

由表 4.12 可以得出以下结论：

频率变化范围 Δf 越大，电机驱动系统总效率越低，同时转矩脉动越大。

就电机驱动系统总效率而言，$\Delta f \leqslant 4$kHz 时，随着 Δf 增加，总效率降低较小；$\Delta f > 4$kHz 后，随着 Δf 增加，总效率迅速降低。

就电机驱动系统转矩脉动而言，$\Delta f \leqslant 5$kHz 时，随着 Δf 增加，转矩脉动增加较小；$\Delta f > 5$kHz 后，随着 Δf 增加，转矩脉动迅速增加。

因此，从电机驱动系统性能而言，频率变化范围应该满足：$\Delta f \leqslant 4$kHz。

对电磁干扰的影响方面，Δf 分别取 3kHz、5kHz、7kHz，对共模电压进行了仿真。仿真结果如图 4.51 所示。由图可知：

① 相比于 3kHz，Δf 取 5kHz 时，可以将共模电压降低 3dB 左右。即，Δf 取 5kHz 的电磁干扰抑制效果要好于 Δf 取 3kHz，但作用很小。

② 相比于 5kHz，Δf 取 7kHz 时，共模电压显著增加，在某些频段，甚至会增加 20dB。即，Δf 取 7kHz 的电磁干扰抑制效果要远差于 Δf 取 5kHz。

因此，从抑制电磁干扰的角度看，频率变化范围 Δf 在 5kHz 左右是效果最好的。

综合电机驱动系统性能和电磁兼容性能，可认为对于基准开关频率为 10kHz 的随机开关频率调制，频率变化范围 Δf 取 4kHz 是合适的。

当然，除了以上两点，开关频率变化范围的选择还需要考虑以下两点：

① 开关频率过低时，会给系统带来机械振动，因此，需要根据机械系统的频率响应特性选择最低开关频率 $f_{\min}$。要满足 $f_s - \Delta f > f_{\min}$。

② 开关频率受到 IGBT 最大开关频率 $f_{\max}$ 的限制。要满足 $f_s + \Delta f < f_{\max}$。

调制方式的影响总结见表 4.13。

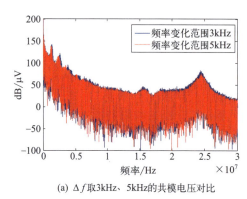
(a) Δf 取3kHz、5kHz的共模电压对比

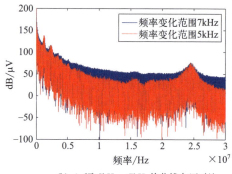
(b) Δf 取5kHz、7kHz的共模电压对比

图 4.51 频率变化范围 Δf 对共模电压的影响

表 4.13 调制方式的影响总结

性能			随机零矢量分配调制	随机开关频率调制
逆变器输出信号	开关频率倍频处谐波	偶数次倍频	谐波抑制作用好	谐波抑制作用好
		奇数次倍频	几乎没有抑制作用	谐波抑制作用好
		调制比 M	M 越大,谐波抑制作用越小	任何调制比都有谐波抑制作用
	总谐波幅值		增加	增加
共模干扰	$0\sim1$MHz		降低 $10\sim20$dB	降低 20dB
	1MHz(或 15MHz)~30MHz		($15\sim30$MHz)增加 $5\sim10$dB	($1\sim30$MHz)降低 $10\sim15$dB
电机驱动系统性能	总效率		降低 0.9%	降低 0.48%
	转矩脉动		增加 3%	增加 2%
	动态响应		无影响	无影响

4.5.2 开关频率及工况对电磁干扰的影响

1）IGBT 开关过程的频谱分析

IGBT 开关器件波形如图 4.52 所示，T 为开关周期，即三角波的周期。t_{on} 是一个周期的导通时间，t_r、t_f 分别是开通时间和关断时间。$V(t)$ 是 IGBT 的输出电压。V_{DC} 是直流母线的电压。占空比 d 为：

$$d = \frac{t_{on}}{T} \tag{4.58}$$

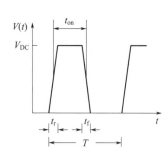

图 4.52 开关器件波形示意图

为方便计算，认为开关过程中 $V(t)$ 是线性变化的，即开关波形是梯形波。同时，由于开通时间和关断时间差别不大，认为其是相等的，即 $t_r = t_f$。对开关过程进行傅里叶变换可得，在开关频率的第 n 次倍频处，谐波幅值为：

$$V(nf_0) = 2dV_{DC} \left| \frac{\sin(n\pi d)}{n\pi d} \right| \left| \frac{\sin(n\pi t_r f_0)}{n\pi t_r f_0} \right| \quad (4.59)$$

式中，f_0 是开关频率，即 $f_0 = \frac{1}{T}$。

由式(4.59)可知，影响开关输出电压幅频特性的参数分别是直流母线电压 V_{DC}、占空比 d、开关开通/关断时间 t_r 和开关频率 f_0。分别研究这四个参数对开关输出电压幅频特性的影响，仿真结果如图 4.53 所示。

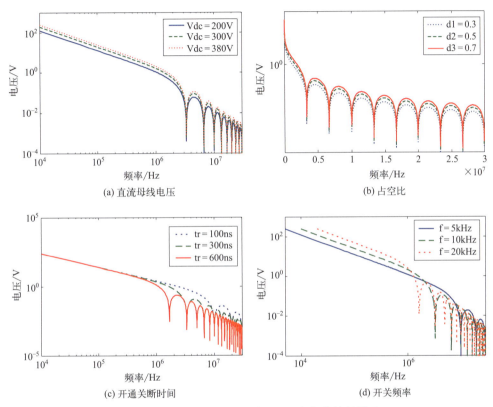

图 4.53 四个参数对开关输出电压幅频特性的影响

(1) 直流母线电压对 IGBT 输出电压幅频特性的影响

占空比 d 取 0.5；开关开通时间 t_r 及关断时间 t_f 均为 300ns；开关频率 f_0 取 10kHz；n 取 1~3000，即频谱范围是 30MHz；直流母线电压 V_{DC} 分别取 200V、300V、380V。根据式(4.59)得到的 IGBT 输出电压频谱如图 4.53(a) 所示。

由图 4.53(a) 可知，在其他参数不变的前提下，即 IGBT 的开关频率、开通/关断时间、占空比等参数不变，直流母线电压越大，输出电压的谐波幅值越大。即 IGBT 的电压 du 越大，则电压的脉冲 du/dt 越大，30MHz 频段内的干扰越厉害。

(2) 占空比对 IGBT 输出电压幅频特性的影响

占空比 d 分别取 0.1、0.3、0.5，开关开通时间 t_r 及关断时间 t_f 均为 300ns；开关频率 f_0 取 10kHz；n 取 1~3000；直流母线电压 V_{DC} 取 300V。根据式(4.59)得到的 IGBT 输出电压频谱如图 4.53(b) 所示。

由图 4.53(b) 可知,在其他参数不变的前提下,即 IGBT 的开关频率、开通/关断时间、直流母线电压等参数不变,占空比越大,输出电压的谐波幅值越大,即干扰越厉害。

(3) 开通关断时间对 IGBT 输出电压幅频特性的影响

开关开通时间 t_r 及关断时间 t_f 分别取 100ns、300ns、600ns;占空比 d 取 0.5;开关频率 f_0 取 10kHz;n 取 1~3000;直流母线电压 V_{DC} 取 300V。根据式(4.59) 得到的 IGBT 输出电压频谱如图 4.53(c) 所示。

由图 4.53(c) 可知,在不同的开关开通/关断时间下,输出电压的频谱图是不同的。在 200kHz 以内的频段,开通、关断时间 t_r 及 t_f 对 IGBT 输出电压的幅频特性没有影响。而在 200kHz~30MHz 的频段内,在其他参数不变的前提下,即 IGBT 的开关频率、直流母线电压、占空比等参数不变,开通、关断时间 t_r 及 t_f 越小,输出电压的谐波幅值越大,高频干扰越厉害。即 IGBT 的开通关断时间 dt 越小,则电压的脉冲 dv/dt 越大,200kHz 以上高频段的干扰越厉害。

(4) 开关频率对 IGBT 输出电压幅频特性的影响

开关频率 f_0 分别取 5kHz、10kHz、20kHz;占空比 d 取 0.5;开关开通时间 t_r 及关断时间 t_f 均为 300ns;n 分别取 1~6000、1~3000、1~1500;直流母线电压 V_{DC} 取 300V。根据式(4.59) 得到的 IGBT 输出电压频谱如图 4.53(d) 所示。

由图 4.53(d) 可知,在 1MHz 以下的频段内,开关频率 f_0 越大,输出电压谐波越大,干扰越厉害。但在 1~30MHz 的高频段内,开关频率 f_0 对输出电压谐波的影响降低;f_0 取 5kHz 时的干扰大于 f_0 取 10kHz 和 20kHz;同时,f_0 取 10kHz 和 20kHz 的谐波幅值差别很小。

四个参数对 IGBT 输出电压幅频特性的影响可以总结为表 4.14。

表 4.14　四个参数对 IGBT 输出电压幅频特性的影响

参数	频段	
	0~200kHz/1MHz	200kHz/(1~30)MHz
直流母线电压	直流母线电压越大,谐波幅值越大	
占空比	占空比越大,谐波幅值越大	
开通、关断时间	0~200kHz,无影响	200kHz~30MHz,开通、关断时间越长,谐波幅值越小
开关频率	0~1MHz,开关频率越大,谐波幅值越大	1~30MHz,开关频率越大,谐波幅值越小

2) 开关频率对共模干扰的影响

由前面内容可知,开关频率对电机驱动系统电磁干扰具有重要影响,电机驱动系统转速为 5000r/min,转矩为 50N·m,调制方式为普通 SVPWM,开关频率分别取 5kHz、10kHz、20kHz,对逆变器输出侧的共模电压和共模电流进行仿真分析。

(1) 开关频率对于共模电压的影响

共模电压的仿真结果如图 4.54 所示。由图可知,对于共模电压:

① 0~30MHz 频段内,总体而言,开关频率 20kHz 的共模电压小于 10kHz 的共模

电压,小于 5kHz 的共模电压。即开关频率越高,共模电压越低。

② 0~30MHz 频段内,开关频率为 5kHz 时,共模电压有明显尖峰;开关频率为 10kHz 时,共模电压尖峰相对变小,但还是比较明显;开关频率为 20kHz 时,共模电压尖峰几乎消失。即开关频率越高,共模电压尖峰越小,共模电压频谱越平滑。

③ 0~1MHz 的频段内,开关频率为 10kHz 的共模电压较开关频率为 5kHz 的高 5dB 左右,开关频率为 20kHz 的共模电压较开关频率为 10kHz 的高 3dB 左右。

④ 1~10MHz 的频段内,随着频谱频率增加,高开关频率降低共模电压的作用越来越明显。1MHz 时,三个开关频率的共模电压近似相等;而到 10MHz 时,开关频率 10kHz 的共模电压较开关频率 5kHz 的低 7dB 左右,开关频率 20kHz 的共模电压较开关频率 10kHz 的低 10dB 左右。

⑤ 10~30MHz 的频段内,开关频率 10kHz 的共模电压较开关频率 5kHz 的低 7dB 左右,开关频率 20kHz 的共模电压较开关频率 10kHz 的低 10dB 左右。

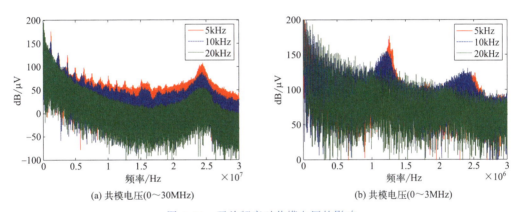

图 4.54 开关频率对共模电压的影响

对比前面开关频率对 IGBT 开关过程的影响,可得到频谱分析的结论:

在 1MHz 以下的频段内,开关频率 f_0 越大,输出电压谐波幅值越大,干扰越厉害。但在 1~30MHz 的高频段内,f_0 取 5kHz 时的干扰大于 f_0 取 10kHz 和 20kHz 时的干扰;同时,f_0 取 10kHz 和 20kHz 的谐波幅值差别很小。

第 2) 部分的仿真结果与第 1) 部分开关频率对 IGBT 开关过程影响的频谱分析的结论在 0~30MHz 范围内大概一致。差别是,在第 1) 部分,10kHz 和 20kHz 的开关频率对于 1~30MHz 频段的共模干扰影响很小,而在第 2) 部分,相对于 10kHz 开关频率,20kHz 的开关频率可以显著降低共模电压。产生这一差别的原因是:

① 第 1) 部分分析的 IGBT 的开关过程的频谱是逆变器单相输出电压的频谱,而第 2) 部分分析的是共模电压的频谱,是三相输出电压平均值的频谱。

② 第 1) 部分分析的是 IGBT 的开关过程的频谱,没有考虑驱动系统的负载,而在第 2) 部分的实际驱动系统中,负载是电阻、电感、电容等的组合,负载有阻抗,而且阻抗随频率变化。在开关频率变化时,施加在负载上的电压频率也在变化,导致负载的阻抗也在变化,从而影响共模电压及共模电流。

通过以上分析，开关频率对于共模电压的影响可以总结如下：

① 在 1MHz 之内的低频段，开关频率越高，干扰越大。

② 1～10MHz 频段，随着频谱频率增加，高开关频率可以降低共模电压。

③ 10～30MHz 频段，开关频率越高，干扰越小，20kHz 开关频率的共模电压相比 10kHz 可以降低 10dB 左右，10kHz 开关频率的共模电压相比 5kHz 可以降低 7dB 左右。

④ 开关频率越大，共模电压频谱尖峰越小，频谱越光滑。

（2）开关频率对于共模电流的影响

共模电流的仿真结果如图 4.55 所示。由图可知，对于共模电流：

① 0～30MHz 频段内，总体而言，开关频率 20kHz 的共模电流小于 10kHz 的共模电流，小于 5kHz 的共模电流。即开关频率越高，共模电流越低。

② 0～30MHz 频段内，开关频率为 5kHz 时，共模电流有明显尖峰；开关频率为 10kHz 时，共模电流尖峰相对变小，但还是比较明显；开关频率为 20kHz 时，共模电流尖峰几乎消失。即，开关频率越高，共模电流尖峰越小，共模电流频谱越平滑。

③ 0～1MHz 的低频段内，开关频率 10kHz 的共模电流较开关频率 5kHz 的高 6dB 左右，开关频率 20kHz 的共模电流较开关频率 10kHz 的高 4dB 左右。

④ 1～30MHz 的频段内，开关频率 10kHz 的共模电流较开关频率 5kHz 的低 8dB 左右，开关频率 20kHz 的共模电流较开关频率 10kHz 的低 6dB 左右。

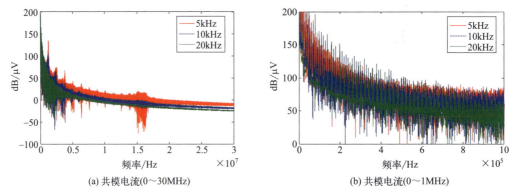

图 4.55 开关频率对共模电流的影响

（3）开关频率对共模干扰影响的总结

根据以上开关频率对共模电压及共模电流的分析，开关频率对共模干扰的影响可以总结如下：

① 在 0～1MHz 的低频段，开关频率越高，共模干扰越高。开关频率 20kHz 的共模干扰较开关频率 10kHz 的高 3dB 左右，开关频率 10kHz 的共模干扰较开关频率 5kHz 的高 5dB 左右。

② 在 1～30MHz 的高频段，开关频率越高，共模干扰越低。开关频率 20kHz 的共模干扰较开关频率 10kHz 的低 10dB 左右，开关频率 10kHz 的共模干扰较开关频率 5kHz 的低 7dB 左右。

③ 开关频率越高，共模干扰的频谱尖峰值越小，频谱越平滑。

3）工况对共模干扰的影响

(1) 调制比与转矩、转速的关系

根据式(4.42)，调制比 $M=\dfrac{U_{ref}}{\dfrac{1}{2}U_{dc}}$，式中的 U_{ref} 表示的是参考电压的幅值。在 d-q 坐标系中，U_{ref} 可以表示为：

$$\begin{cases} U_{ref}=U_d+jU_q \\ U_d=R_s i_d-\omega_r L_q i_q \\ U_q=R_s i_q+\omega_r L_d i_d+e_0 \end{cases} \tag{4.60}$$

$$e_0=\omega_r \psi_f \tag{4.61}$$

式中，L_d、L_q 分别是定子直轴电感和交轴电感；i_d、i_q 分别是定子直轴电流和交轴电流；e_0 是转子永磁体磁场产生的运动电动势；ω_r 为转子转速；ψ_f 为永磁体的磁链。我们采用的是 $i_d=0$ 控制策略，故参考电压的幅值为：

$$|U_{ref}|=\sqrt{(-\omega_r L_q i_q)^2+(R_s i_q+\omega_r \psi_f)^2} \tag{4.62}$$

对于三相凸极式永磁同步电机，电机的输出转矩为：

$$T=p_0 \psi_f i_q \tag{4.63}$$

参考电压的幅值可写成：

$$|U_{ref}|=\sqrt{\dfrac{L_q^2}{p_0^2 \psi_f^2}\omega_r^2 T^2+\dfrac{R_s^2}{p_0^2 \psi_f^2}T^2+\psi_f^2 \omega_r^2+\dfrac{2R_s}{p_0}T\omega_r} \tag{4.64}$$

调制比 M 与电机转矩 T、转速 ω_r 的关系为：

$$M=\dfrac{2}{U_{dc}}\sqrt{\dfrac{L_q^2}{p_0^2 \psi_f^2}\omega_r^2 T^2+\dfrac{R_s^2}{p_0^2 \psi_f^2}T^2+\psi_f^2 \omega_r^2+\dfrac{2R_s}{p_0}T\omega_r} \tag{4.65}$$

由式(4.65)可知，调制比与转矩、转速均成正相关关系，转矩、转速的增加都使得调制比增加。

(2) 工况对共模干扰的影响分析

工况的变化主要是负载转矩和转速的变化，负载对共模干扰的影响是通过影响占空比实现的。

转速相同的情况下，负载越大，则调制比 M 越大，T_1、T_2 也越大。以Ⅰ区为例，A、B、C 三相的占空比为 d_A、d_B、d_C。根据式(4.66)和式(4.67)，负载越大，则 A 相的占空比越大，C 相的占空比越小，B 相的占空比变化取决于 θ。

从六个区域来讲，负载增加，会使得 A、B、C 三相中占空比最大的那一相占空比增加，同时，使得占空比最小的那一相占空比减小。根据先前的分析，占空比越大，则 IGBT 输出电压干扰越大。

$$\begin{cases} T_1=\dfrac{\sqrt{3}}{2}MT_s\sin\left(\dfrac{\pi}{3}-\theta\right) \\ T_2=\dfrac{\sqrt{3}}{2}MT_s\sin\theta \\ T_0=T_s-T_1-T_2 \end{cases} \tag{4.66}$$

$$\begin{cases} d_A = \dfrac{T_1 + T_2 + T_0/2}{T_s} = \dfrac{1}{2} + \dfrac{\sqrt{3}}{4}M\sin\left(\dfrac{\pi}{3} - \theta\right) + \dfrac{\sqrt{3}}{4}M\sin\theta \\ d_B = \dfrac{T_2 + T_0/2}{T_s} = \dfrac{1}{2} - \dfrac{\sqrt{3}}{4}M\sin\left(\dfrac{\pi}{3} - \theta\right) + \dfrac{\sqrt{3}}{4}M\sin\theta \\ d_C = \dfrac{T_0/2}{T_s} = \dfrac{1}{2} - \dfrac{\sqrt{3}}{4}M\sin\left(\dfrac{\pi}{3} - \theta\right) - \dfrac{\sqrt{3}}{4}M\sin\theta \end{cases} \quad (4.67)$$

同负载对共模干扰的影响一样，转速对共模干扰的影响也是通过影响占空比实现的。负载相同的情况下，转速越高，则调制比 M 越大。转速增加，使得 A、B、C 三相中占空比最大的那一相占空比增加，同时，使得占空比最小的那一相占空比减小。占空比越大，则 IGBT 输出电压干扰越大。

根据以上分析，负载和转速的变化可以归结为调制比 M 的变化，负载和转速对共模干扰的影响可以归结为调制比 M 对共模干扰的影响。

(3) 调制比对共模干扰的影响

通过改变转矩和转速，可以获得不同的调制比 M，对这些工况分别进行仿真得到共模电压和共模电流。仿真工况如表 4.15 所示，仿真结果如图 4.56 所示。

表 4.15 仿真工况

转速/(r/min)	3000	4500	4500	4500	5000
转矩/(N·m)	10	60	100	135	150
调制比 M	0.20	0.39	0.61	0.80	0.96

由图 4.56 可知：

① 在 0～30MHz 频段内，调制比 $M=0.39$ 的共模电压要高于 $M=0.20$ 的共模电压 10dB 左右。

② 在 0～30MHz 频段内，调制比 $M=0.39$ 的共模电流要高于 $M=0.20$ 的共模电流 10dB 左右。

③ 在 0～30MHz 频段内，调制比 $M=0.61$ 的共模电压要略高于 $M=0.39$ 的共模电压 3～5dB；但是 $M=0.39$ 的共模电压尖峰值要大于 $M=0.61$ 的共模电压尖峰值。

④ 在 0～30MHz 频段内，调制比 $M=0.61$ 的共模电流要略高于 $M=0.39$ 的共模电流 3～5dB；但是 $M=0.39$ 的共模电流尖峰值要大于 $M=0.61$ 的共模电流尖峰值。

⑤ 在 0～30MHz 频段内，调制比 $M=0.80$ 的共模电压要略低于 $M=0.61$ 的共模电压 1～3dB；但是 $M=0.80$ 的共模电压尖峰值要大于 $M=0.61$ 的共模电压尖峰值。

⑥ 在 0～30MHz 频段内，调制比 $M=0.80$ 的共模电流要略低于 $M=0.61$ 的共模电流 1～3dB。

⑦ 在 0～30MHz 频段内，调制比 $M=0.96$ 的共模电压要低于 $M=0.80$ 的共模电压 5～10dB。

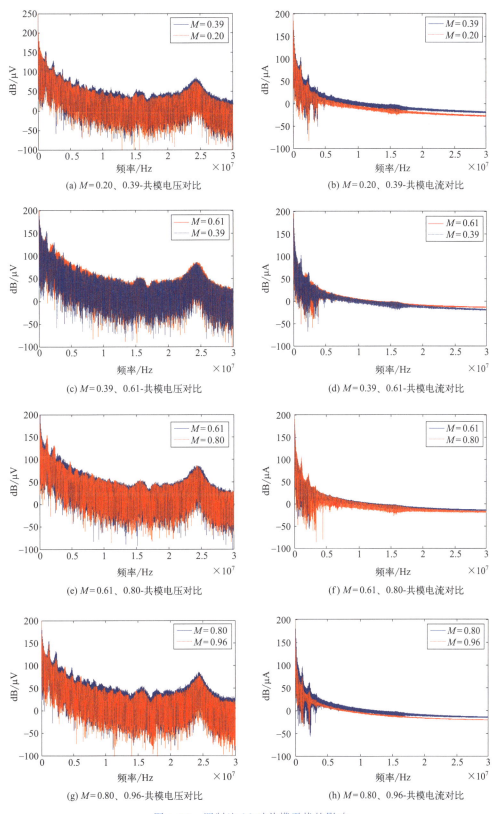

图 4.56 调制比 M 对共模干扰的影响

⑧ 在 0~30MHz 频段内，调制比 $M=0.96$ 的共模电流要低于 $M=0.80$ 的共模电流 5~10dB。

调制比 M 对共模干扰的影响可以总结如下：

① 调制比 M 对共模干扰有影响，且影响较大，不同调制比的共模干扰最大可相差 15dB。

② 调制比 M 较小时，随着 M 增加，共模干扰增加；调制比 M 较大时，随着 M 增加，共模干扰降低；调制比 M 在 0.6~0.8 时，共模干扰最大。

第 5 章

动力电池系统阻抗特性与电磁辐射发射

5.1 概述
5.2 动力电池系统全频段阻抗特性
5.3 动力电池系统干扰源仿真及测试
5.4 动力电池系统辐射发射仿真与测试

5.1 概述

电池包是电动汽车一个重要的高压部件,是影响新能源汽车性能的关键技术之一。在高频情况下,复杂工况下产生的瞬变电压和电流会影响电池内部及周围环境的电磁场分布,进而改变其扩散效应、极化效应的正常进程,对端电压、端电流产生反作用,极易引起电磁干扰问题,此时电池包不能简化为理想电压源。但到目前为止,一般将电池包看作电磁干扰的传播路径,尚未从电池自身产生的电磁干扰以及受汽车上其他系统干扰的角度来研究。也就是说,电池自身的寄生参数对电磁干扰影响方面的研究尚不完善。

电池包系统直接与包括DC/AC电机控制器在内的电驱系统相连,其内部开关器件IGBT的瞬变是电动汽车内部主要的电磁干扰源。另外,在车辆急加速和急减速时,动力电池会产生快速变化的电压和电流,一部分通过汽车上的高压线束在内部以传导干扰的形式传播,另一部分通过空间和线束以辐射干扰的形式向外传播,可能引起敏感部件的电磁干扰问题。因此,高低压线束是电磁干扰重要的传输路径。

此外,电动汽车试验过程中,有部分车辆,其各零部件级检测都符合电磁干扰相关标准,但却不能通过整车级检测,这说明,系统间的电磁耦合同样不可忽略。因此,有必要对动力电池包进行干扰源和干扰路径的EMI建模仿真分析,从而能在汽车研发的早期发现问题。

本章针对现有纯电动汽车动力电池包电磁兼容问题研究的空白,将电池包的阻抗特性纳入到电磁兼容仿真体系中,通过电路模拟动力电池及其干扰源的传导电磁干扰,并在此基础上,探究动力电池包及整车的电磁辐射发射,按照相应电磁标准进行测试,分析车辆行驶时电池系统内部的电磁场分布及可能出现的干扰情况。一方面为动力电池系统及整车电磁仿真流程提供理论支撑和学术依据;另一方面,在车型预研阶段考虑电磁兼容性能,预测及规避可能发生的电磁干扰问题,以期缩短研发周期,节约时间成本。

5.2 动力电池系统全频段阻抗特性

5.2.1 电池系统电磁噪声产生机理

由于动力电池内部的化学反应及电磁特性并不能直观地展现出来,因此对于电磁兼容方面的研究来说,电池包内部结构可以看作黑箱。若给电池包输入端一个扰动信号,那么输出端相应就会得到一个信号输出。可以用式(5.1)表示对物理系统的扰动与物理系统对扰动的响应之间的关系。

$$R = H(s)P \tag{5.1}$$

式中,R 和 P 都是拉普拉斯变换形式,R 为响应函数,P 为扰动函数;$H(s)$ 是传输函数，它也是拉普拉斯频率 s 的函数。

如果扰动是正弦波，那么式(5.1)中的 s 就有 $s=\mathrm{j}\omega$，$\mathrm{j}=(-1)^{1/2}$，$\omega=2\pi f$，f 为正弦波的频率。对一个稳定的线性系统 M 来说，如果输入激励信号为角频率为 ω 的正弦波电信号（电压或电流）X，则输出信号也是一个角频率为 ω 的正弦波电信号（电压或电流）Y。Y 与 X 之间的关系为：

$$Y=G(\omega)X \tag{5.2}$$

式中，G 为频率响应函数，即传递函数。若 X 为电流信号，Y 为电压信号，则 G 为系统 M 的阻抗。

本节所用电池为某纯电动汽车的动力电池单体 60Ah Pouch Cell PE15 版本，其正极材料为三元材料，负极为石墨材料。其额定容量为 60Ah，标称电压为 3.7V，工作温度为 $-30\sim60$℃，存储温度为 $-40\sim70$℃。其主要参数如表 5.1 所示。

表 5.1 锂电池单体主要参数

基本信息	参数
版本	PE15,PE16
配置	2P6S
容量	60Ah
恒压电流限制	3A
工作温度	$-30\sim60$℃
存储温度	$-40\sim70$℃

电池包在纯电动汽车中作为供电来源，在高频情况下，其寄生参数必然会影响电动汽车系统和零部件的传导及辐射电磁干扰。动力锂离子电池主要是由正极材料（本章中使用的是三元聚合物）、负极材料、隔膜材料、电解液、正负极端子和外壳等构成，如图 5.1(a) 所示。动力锂离子电池内部为层层叠加或卷绕模式，包括金属正负极、隔膜以及电解液等结构的卷绕层叠。在电池充放电的过程中，锂离子的移动产生电流，此时层间的寄生参数如图 5.1(b) 所示。

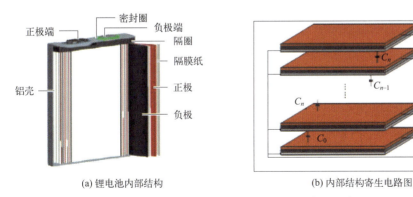

(a) 锂电池内部结构　　(b) 内部结构寄生电路图

图 5.1 锂电池内部结构与内部结构寄生电路图

在充电过程中，锂离子从正极的三元聚合物中析出；放电过程中，锂离子则从片层结构的碳中析出，重新和正极的锂离子结合。

$$LiNi_{1/3}Co_{1/3}Mn_{1/3}O_2 \rightleftharpoons$$
$$Li_{1-x}(Ni_{1/3-x}^{2+}Ni_x^{3+})Co_{1/3}Mn_{1/3}O_2 + xLi^+ + xe^- \quad (0 \leqslant x \leqslant 1/3)$$
$$Li_{2/3}Ni_{1/3}^{3+}Co_{1/3}Mn_{1/3}O_2 \rightleftharpoons$$
$$Li_{1-x}(Ni_{2/3-x}^{3+}Ni_{x-1/3}^{4+})Co_{1/3}Mn_{1/3}O_2 + (x-1/3)Li^+ + (x-1/3)e^- \quad (1/3 \leqslant x \leqslant 2/3)$$
$$Li_{1/3}Ni_{1/3}^{4+}Co_{1/3}Mn_{1/3}O_2 \rightleftharpoons$$
$$Li_{1-x}Ni_{1/3}^{4+}(Co_{x-2/3}^{2+}Co_{x-2/3}^{3+})Mn_{1/3}O_2 + (x-2/3)Li^+ + (x-2/3)e^- \quad (2/3 \leqslant x \leqslant 1)$$

离子迁移示意图如图 5.2 所示，锂离子的移动产生了电流。电池的正负极之间是电池的电解质溶液，一般锂电池由金属外壳封装。

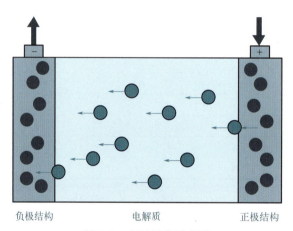

图 5.2　离子迁移示意图

电流在金属集流体片上频繁地通断，会导致端电压及端电流的迅速变化，从而会引起电磁干扰问题。一部分电磁干扰信号沿着电池正负极以传导的形式进入与电池包直接相连的系统；另一部分电磁干扰则以辐射的形式在空间中向周围传播。此外，以传导形式传播的电磁干扰也通过电路及导线对外辐射，传到外部电路及外部环境造成一定危害。

5.2.2　电池单体低频阻抗特性

在阻抗定义中，若黑箱系统为稳定的电极系统，角频率为 ω 的正弦波电流作为输入信号，则此时电极系统的频率响应函数就是电化学阻抗。

低频阻抗参数提取试验平台如图 5.3 所示。图 5.3(a) 所示为电池充放电测试柜，用于对电池单体进行充放电，保证被测对象的荷电状态在同一状态；图 5.3(b) 为恒温恒湿箱，用于保持电池工作环境的温度和湿度；图 5.3(c) 为 Bio-logic 的 VMP3 综合研究级多通道电化学工作站，用于测量电池单体低频阻抗；图 5.3(d) 为被测对象 LG 锂离子电池单体。测试平台的通信及连接如图 5.3(e) 所示。

锂电池电化学阻抗测试平台的主要参数说明如表 5.2 所示。

(a) MCT 500-06-4ME

(b) ADBC-360C-W

(c) Bio-logic VMP3

(d) LG 60Ah Pouch Cell

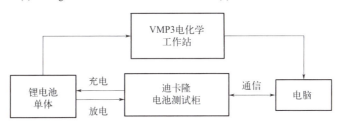
(e) 电化学阻抗谱测试平台的通信及连接

图 5.3　电化学阻抗谱测试平台

表 5.2　锂电池电化学阻抗测试平台的主要参数说明

试验台	电子负载	恒温箱	电化学
品牌	Digatron	Espec	Bio-logic
模型	MCT 500-06-4ME	ADBC-360C-W	VMP3
测试条件	电压:0～6V 电流:0～500A 温度:-40～140℃	温度:-40～100℃ 温升系数:1K/min 内部尺寸: 0.6405m×0.61m×0.850m	频率:0.01Hz～10MHz
误差	电压:0.5%FS 电流:0.5%FS 温度:±1K 采样间隔:≤20ms	温飘:0.5K	<0.1%

整个试验平台所在的试验环境都保持在恒定温度20℃的环境下，计算机通过电池充放电测试柜上的通信模块控制电池的充放电，然后根据测试规范PV8450，在电磁屏蔽室中使用VMP3电化学工作站对锂电池的电化学阻抗谱（electrochemical impedance spectroscopy，EIS）进行测量。

在进行测试之前，将电池置于23℃恒温箱1h（电池的常用温度约在23℃，测量设备要达到最高精确度，其适用范围也在23℃附近）。采用恒流加恒压的充电方法对电池充电，先以1C恒流对电池充电，当单体电压达到电压限值4.25V时，采用恒压充电，充电电压为4.25V，当充电电流达到3A时，停止充电。试验时，以1C恒流放电至50%SoC，然后将电池单体置于恒温箱中30min，再测量电池参数。

EIS测量过程选取的是正弦电流，幅值为800mA，对电池从0.01Hz到10MHz进行扫频。

LG锂离子电池的电化学阻抗谱测量结果如图5.4所示。分别用如图5.4(a)所示的奈奎斯特图（Nyquist Plot）和如图5.4(b)所示的波特图（Bode Plot）进行表征。

其中，奈奎斯特图以阻抗的实部为横轴，虚部的负数为纵轴，图中的每个点代表不同的频率，左侧的频率高，右侧的频率低。波特图包括两条曲线，横坐标为频率的对数坐标，纵坐标分别为阻抗的模值和阻抗的相角。

利用电化学阻抗谱研究一个电化学系统的基本思路就是，将电化学系统看作一个等效电路，这个等效电路是由电阻、电容、电感等基本元件按照串联或并联等不同方式组合而成。

图5.4(a)中，从左至右分别为弧线段、两个半圆段和斜线段，由电化学阻抗等效电路拟合原理可知，各段可分别用LR、RQ、RQ及W表示。根据图5.4中不同频率段的性能表现，可以使用如图5.5所示的等效电路进行拟合。

接下来通过ZSimpWin对该模型进行拟合验证。拟合参数值如表5.3所示，拟合结果如图5.6所示。可以发现，拟合曲线误差在±3%以内，拟合效果较好。

表5.3 锂电池电化学阻抗拟合参数

参数	值
电感(L)	2.082×10^{-7}
电阻(R_Ω)	0.01178
电阻(R_s)	0.009592
常相元件，Yo(Q_s)	8.949
常相元件，n(Q_s)	0.4637
电阻(R_t)	0.01452
Warburg阻抗，Yo(W)	337
常相元件，Yo(Q_{dl})	538.5
常相元件，n(Q_{dl})	0.8739

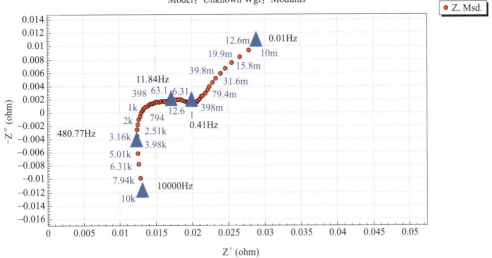

(a) 锂离子电池电化学阻抗谱奈奎斯特图

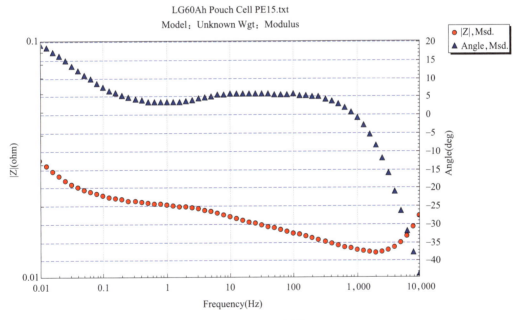

(b) 锂离子电池电化学阻抗谱波特图

图 5.4　锂离子电池电化学阻抗谱测量结果

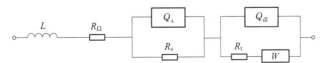

图 5.5　锂离子电池低频的等效电路模型

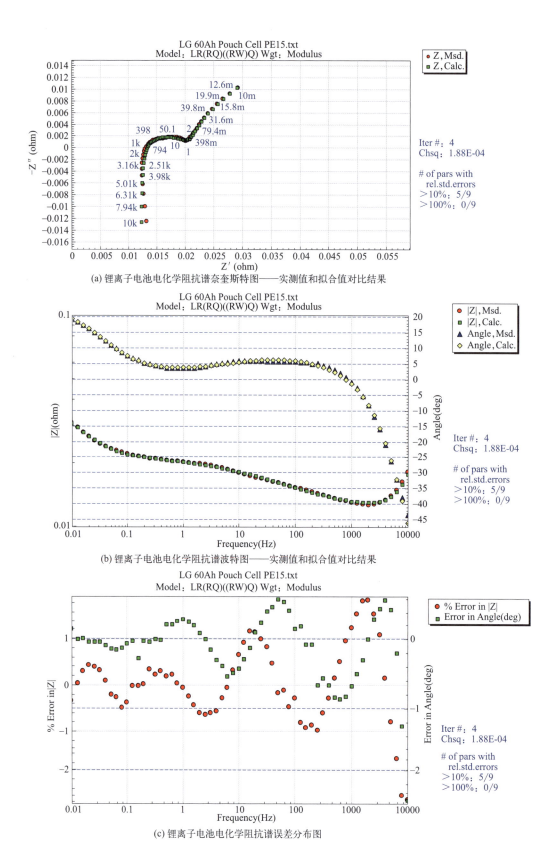

图 5.6 锂离子电池电化学阻抗谱实测和拟合结果

5.2.3 电池单体中频阻抗特性

由于电磁兼容方面主要考虑的是较高频段内电池包的阻抗特性及寄生参数,而电化学阻抗谱的测量范围最高只到10kHz,尚不满足EMC方面的研究需求,因此,本章在电化学阻抗测量平台的基础上,采用日置阻抗分析仪,测量电池包较高频率的寄生参数。

不同频段下的测试原理不同,中频段内的阻抗采用的测量方法为自平衡电桥法。基于此,选择日置IM3570阻抗分析仪及配套夹具HIOKI9262测量中频段(10kHz~1MHz)阻抗。

中频阻抗测量平台与电化学阻抗谱测量平台类似。考虑到阻抗测量的安全性和操作可行性,仅测量电池单体的阻抗。图5.7为阻抗分析仪及测量夹具,图5.8为交流阻抗测量平台。

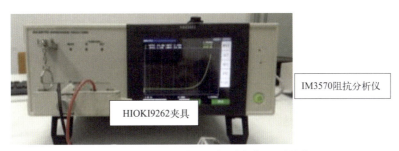

图5.7 锂离子电池中频阻抗分析仪及测量夹具

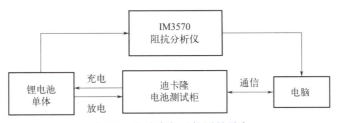

图5.8 电池中频阻抗测量平台

IM3570阻抗分析仪的主要参数说明如表5.4所示。

表5.4 IM3570阻抗分析仪的主要参数说明

品牌	型号	测试频段	误差
HIOKI	IM3570	4Hz~1MHz	频率:±0.01% 分辨率:10mHz

搭建好整个测试平台后,按照测试规范PV8450,在电磁屏蔽室中使用IM3570对锂电池的参数进行测量。试验环境及电池状态与低频阻抗测试保持一致。试验环境为恒温23℃,电池状态在经过充放电之后保持在50%SoC。

IM3570共有三种测量模式:LCR、ANALYZER和CONTINUOUS。LCR模式下会将任意频率、电平(有效值)信号施加到要测量的元件上,从而测量阻抗与相角等信息，适用于评价电容器与线圈等被动元件；ANALYZER 模式下，可以施加特定的扫频频率信号，从而测量阻抗与相角等信息，适用于频率特性或电平特性的测量；CONTINUOUS 模式下，可以根据事先设置好的测试条件进行循环测量。由于主要关注电池的阻抗频域特性，因此测量过程中采用 ANALYZER 模式。

由于采集的数据为阻抗数据，因此 IM3570 阻抗分析仪测量阻抗时采用恒流（CC）模式对电池在 4Hz~1MHz 范围内进行扫频。对五个电池单体进行采样，考察其阻抗特性的一致性。然后在 Excel 中处理数据，导入 Origin 中进行图形绘制。

该部分采用两种建模方式：数学建模和等效电路。通过数学模型可以获取等效电路的参数取值。

(1) 数学模型

建立电池高频数学模型，根据实测电池阻抗，采用 MATLAB 进行数据拟合。

对于阻抗幅值-频率特性，采用 ployfit 函数进行拟合，使所得到的函数值在拟合点处的值与原始点的坐标偏差最小。由于该部分的实测阻抗幅值在常规直线坐标系下呈现斜线形，因此用一阶多项式对阻抗进行拟合，拟合效果如图 5.9(a) 所示。而对于阻抗相角-频率特性，则采用 exponential 指数函数进行拟合，拟合效果如图 5.9(b) 所示。

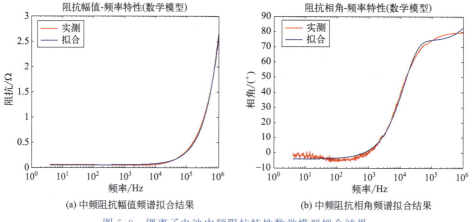

图 5.9 锂离子电池中频阻抗特性数学模型拟合结果

图 5.9(a) 中，其和方差（sum of squares due to error，SSE）为 0.2212，标准差（root mean squared error，RMSE）为 0.0177，确定系数（R 平方）为 0.9987。

图 5.9(b) 中，其和方差为 1.955，标准差为 1.666，确定系数为 0.9977。

由此可见，中频阻抗特性的拟合结果确定系数都在 99.77% 以上，可以认为是精确的。其函数表达式为：

$$\begin{cases} Z_m = 2.6155\mathrm{e}-6f + 0.0516 \\ \theta_m = -77.64\mathrm{e}^{-7.554 \times 10^{-5} x} + 73.62\mathrm{e}^{1.169 \times 10^{-7} x} \end{cases} \quad (5.3)$$

(2) 等效电路

在数学模型的基础上，搭建电池单体中频段的等效电路。由前述分析可知，电池单体的阻抗幅值与频率关系呈现线性上升趋势，数学表达式以式(5.3) 表示。则在等效电路中可用电阻 R_m 和电感 L_m 的串联表示，由于阻抗幅值较小，因此其值为：

$$Z = R_m + 2\pi L_m f \tag{5.4}$$

式中，$R_m = 0.0516\Omega$；$L_m = 416\text{nH}$。

在 Multisim 中搭建电池单体的等效电路，如图 5.10 所示。在电路中放置一个绿色的探针（Probe1）可以监测电路的电压和电流，执行 AC 仿真。通过计算电压和电流的比值可以获取该电路的仿真阻抗。

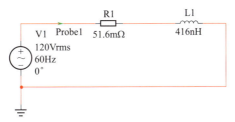

图 5.10　锂离子电池中频阻抗等效电路

仿真阻抗与实测阻抗对比结果如图 5.11 所示。

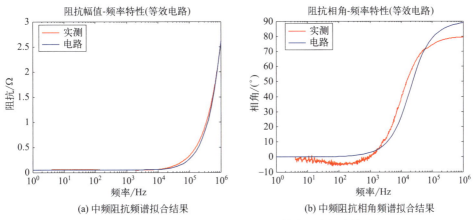

(a) 中频阻抗频谱拟合结果　　(b) 中频阻抗相角频谱拟合结果

图 5.11　锂离子电池中频阻抗特性等效电路拟合结果

由以上分析可知，在中频段（10kHz～1MHz）范围内，电池单体呈现由阻性到感性的变化。电感特性主要是由电子通过导线以及内部电极缠绕等产生的感抗行为引起的。该部分的等效电路基本与实测阻抗结果相吻合。

5.2.4　电池单体高频阻抗特性

目前国际国内通用的零部件电磁兼容标准规定的频率范围上限为 108MHz，因此本章在该部分中采集电池单体高频（1～108MHz）的阻抗参数。

中频段的阻抗测量采用的是自平衡电桥法，该方法适用于 40MHz 以下。高频段范围内，网络分析仪法的精确度较高。选取日置阻抗分析仪 IM7587 及配套夹具 IM9200 测量高频阻抗特性。试验平台及试验过程与中频段测量保持一致。图 5.12 为高频阻抗测试平台。

IM7587 阻抗分析仪的主要参数说明如表 5.5 所示。

图 5.12 电池高频阻抗测试平台

表 5.5　IM7587 阻抗分析仪的主要参数说明

品牌	型号	测试频段	误差
HIOKI	IM 7587	1MHz～3GHz	频率:0.07% 分辨率:±0.65%

同样，搭建好整个测试平台后，按照测试规范 PV8450，在电磁屏蔽室中使用 IM7587 对锂电池的高频阻抗特性进行测量。在 IM7587 的分析仪（ANALYZER）模式下，采用恒流（CC）模式对电池在 1～108MHz 范围内进行扫频，对五个电池单体进行采样，考察其阻抗特性的一致性。然后在 Excel 中处理数据，导入 Origin 中进行图形绘制。

考虑采用两阶 LC 并联回路模拟其谐振点。

并联谐振的并联是指电路中电阻、电容和电感之间并联，当电路电压与电流相位相同时出现谐振点，此时电路中只消耗电阻的有功功率，没有无功功率；电路的总电流最小，支路电流大于电路总电流。阻抗的测量是用总电路中某点的电压与流经该点的电流做除法。由于谐振点处电流最小，所以该点总阻抗最大，会出现阻抗波峰。

并联电路的阻抗 Z 满足：

$$\frac{1}{Z}=\frac{1}{R}+\mathrm{j}\left(2\pi fC-\frac{1}{2\pi fL}\right) \tag{5.5}$$

因此，谐振频率为：

$$f_0=\frac{1}{2\pi\sqrt{LC}} \tag{5.6}$$

如前所述，电池单体的谐振频率分别为 72.2MHz 和 97.4MHz，由式(5.6)可知，$L_1C_1=4.86\times10^{-18}$，$L_2C_2=2.67\times10^{-18}$。

此外，由式(5.5)可知，在谐振点处阻抗为纯电阻，与电感和电容无关。如前所述，谐振波峰值分别为 397Ω 和 5330Ω，因此，$R_1=397\Omega$，$R_2=5330\Omega$。

L_1 和 L_2 的取值与两个方面有关：一是二者的和与该频段内的初值有关，二是与两个波峰的开口大小有关。在阻抗拟合仿真过程中，这两个因素在某种程度上是互相矛盾的。我们侧重与较高频率段内波峰的开口保持一致，一是因为电磁兼容方面的研究主要集中于高频和迅速变化的电压电流（波峰波谷），二是因为在保证初值一致的情况下，在其他频段内误差较大。

为确定 L_1 和 L_2 的取值，可以分别取频率为 70MHz 和 100MHz 处的幅值代入计算，可得：

$$\begin{cases} \left| \dfrac{1}{\dfrac{1}{R_1}+\dfrac{1}{\mathrm{j}2\pi fL_1}+\mathrm{j}2\pi fC_1}+\dfrac{1}{\dfrac{1}{R_2}+\dfrac{1}{\mathrm{j}2\pi fL_2}+\mathrm{j}2\pi fC_2}+R_3 \right| = 262.487(f=70\mathrm{MHz}) \\ \left| \dfrac{1}{\dfrac{1}{R_1}+\dfrac{1}{\mathrm{j}2\pi fL_1}+\mathrm{j}2\pi fC_1}+\dfrac{1}{\dfrac{1}{R_2}+\dfrac{1}{\mathrm{j}2\pi fL_2}+\mathrm{j}2\pi fC_2}+R_3 \right| = 1812.6(f=100\mathrm{MHz}) \end{cases}$$

(5.7)

由此可得，$L_1=0.01\mu\mathrm{H}$，$L_2=0.2\mu\mathrm{H}$，$C_1=486\mathrm{pF}$，$C_2=13.35\mathrm{pF}$。

采用 Multisim 软件对阻抗进行拟合仿真，仿真原理如图 5.13 所示。绿色的探针（Probe1）用以监测电路电压和电流，从而计算阻抗。采用 AC 仿真方式在 1~108MHz 范围内进行扫频仿真。

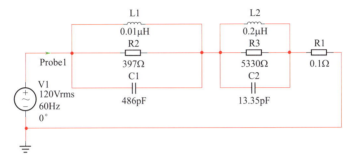

图 5.13　锂离子电池高频阻抗等效电路

拟合与实测结果对比如图 5.14 所示。

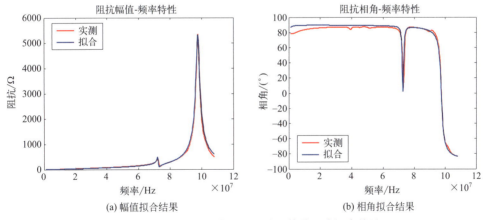

(a) 幅值拟合结果　　(b) 相角拟合结果

图 5.14　锂离子电池高频阻抗特性等效电路拟合结果

由图 5.14 可知，锂离子电池单体在高频时从感性逐渐变为容性，在 97.4MHz 附近阻抗值达到最大值。与前述中频相联系可知，随着频率增大，锂离子电池单体呈现由阻性到感性到容性的变化过程。另外，此次等效电路拟合与测试结果基本一致，可以用于后续电路仿真。

将锂离子电池单体的低频、中频和高频数据组合在一起进行全频段阻抗拟合，以进行后续仿真。以图 5.13 的等效电路对全频段阻抗特性进行拟合，拟合结果如图 5.15 所示。

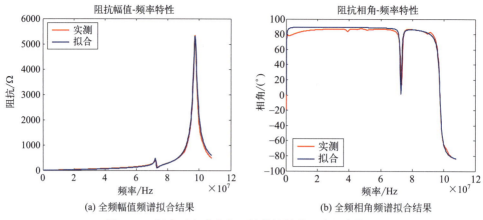

(a) 全频幅值频谱拟合结果　　(b) 全频相角频谱拟合结果

图 5.15　锂离子电池全频阻抗特性等效电路拟合结果

由图 5.15 可见，在全频段内等效电路拟合的阻抗特性与测试结果较为一致，可以用于后续电路仿真。

5.3　动力电池系统干扰源仿真及测试

电池包直接与 DC/AC 电机控制器和 DC/DC 变换器相连。其中，电机控制器及电机本体共同构成了电驱系统；而 DC/DC 主要用于高低压转换，将高压能量转换至低压。二者内部都含有开关器件，对电动汽车内部电磁干扰起主要作用的是 DC/AC 内部 IGBT 的瞬变。因此，需要考虑电驱系统对电池包内部 EMC 的影响。

电机采用的是永磁同步电机（permanent magnet synchronous motor，PMSM）。其平均效率高、体积小、重量轻。这主要是因为永磁体提供永磁同步电机的励磁磁场，转子不需要励磁电流，所以电机效率高，节约电能。同样，永磁材料使得永磁电机的气隙磁场较感应电机大大增强，其体积和重量就可缩小。

电驱系统作为动力电池系统 EMI 的主要干扰源，在不同控制方式下呈现出不同的电流及电压变化情况。电驱采用上海某电机公司提供的 90kW 驱动系统，仿真模型主要包含五个部分：三相永磁同步电机、空间矢量脉冲宽度调制（SVPWM）模块、DC/AC 逆变器、控制器算法和电池包。

5.3.1　永磁同步电机

对于三相永磁同步电机，所用型号为 270TYZ-XS02J。额定电压为 332V DC，额定转矩为 100N·m，峰值转矩为 210N·m，额定转速为 4000r/min，最高转速为 11600r/min，峰值功率可达 90kW。在仿真过程中，采用 MATLAB/Simulink 中自带的 PMSM 仿真模块，该模块的设置如下：

在 Configuration 配置页面，Number of phases（相数）设置为 3；Back EMF waveform（反电动势波形）设置为 Sinusoidal（正弦波形）。反电动势波形和供电电流

波形都是矩形波或梯形波时，一般用于无刷直流电机，而反电动势波形和供电电流波形都是正弦波时，一般用于永磁同步电机；另外，同步电机的转子有两种构造形式：凸极型和隐极型。在实际生产中，当极数较多（大于等于 3）时，通常采用凸极型结构，因此电机的 Rotor type（转子类型）设置为 Salient-pole（凸极型），凸极型电机的特点之一就在于其 d-q 轴的电感不相等；对于电机的机械输入方式，采用负载转矩，设置 Mechanical input（机械输入）为 Torque Tm（转矩）。

在 Parameters 参数页面，根据供应商提供的电机参数，设置定子电阻 $R=0.01496\Omega$，定子电感 $L_d=0.148\mathrm{mH}$，$L_q=0.402\mathrm{mH}$，磁链 $\Psi_f=0.0515\mathrm{Wb}$（该变量在后续仿真中也被称为 flux，方便模块拼写），转动惯量 $J=0.003\mathrm{kg}\cdot\mathrm{m}^2$，阻尼系数 $B=0.008\mathrm{N}\cdot\mathrm{m}\cdot\mathrm{s}$。

在 Advanced 高级设置页面，Sample time（-1 for inherited）可以对采样时间进行设置，当 powergui 设置为 continuous 时，默认为 -1，表示采用内部的采样时间；当 powergui 设置为 discrete 时，可以对采样时间进行设置。由于采用 PWM 波进行非连续控制，因此采用 discrete 模式进行仿真。Rotor flux position when theta=0 处用来设置同步坐标系的选择，此处需要说明的是，在保证前后一致的情况下，任何一种坐标系都是可行的。本节采用的坐标系与前面描述的坐标系保持一致，为 Aligned with phase A axis（original Park），不采用 MATLAB 自带坐标系，方便对所需变量进行建模。

5.3.2 空间矢量脉冲宽度调制

对于三相三桥臂逆变器，每个桥臂有上下两个开关管，开关管有两种状态——开启和关闭，上下开关管的状态相反，故三相三桥臂逆变器的开关状态有 $2^3=8$ 种。

空间矢量脉宽调制是通过扇区的两个电压合成目标信号，以获得准圆形磁场。因此，实现空间矢量脉宽调制的第一步为确定合成矢量所在的扇区。用 U_α 和 U_β 表示合成矢量 $\boldsymbol{U}_{\mathrm{out}}$ 在 α、β 轴上的分量，令

$$\begin{cases} U_{\mathrm{ref1}}=U_\beta \\ U_{\mathrm{ref2}}=\dfrac{\sqrt{3}}{2}U_\alpha-\dfrac{1}{2}U_\beta \\ U_{\mathrm{ref3}}=-\dfrac{\sqrt{3}}{2}U_\alpha-\dfrac{1}{2}U_\beta \end{cases} \tag{5.8}$$

再定义三个变量 A、B、C，通过分析可以得出：

若 $U_{\mathrm{ref1}}>0$，则 $A=1$，否则 $A=0$；
若 $U_{\mathrm{ref2}}>0$，则 $B=1$，否则 $B=0$；
若 $U_{\mathrm{ref3}}>0$，则 $C=1$，否则 $C=0$；
令 $N=4C+2B+A$，则可以得到 N 与扇区的关系，如表 5.6 所示。

表 5.6 N 与扇区的对应关系

N	1	2	3	4	5	6
扇区	Ⅱ	Ⅵ	Ⅰ	Ⅳ	Ⅲ	Ⅴ

搭建扇区选择的 Simulink 模型如图 5.16 所示。

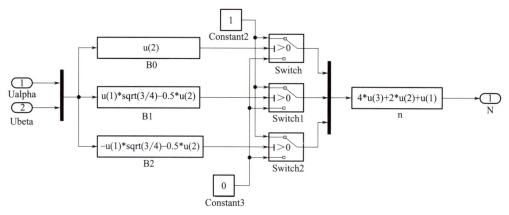

图 5.16 扇区 N 的判断

接下来计算各电压矢量的作用时间。由图 5.16 可以得出：

$$\begin{cases} U_\alpha = \dfrac{T_4}{T_s} |U_4| + \dfrac{T_6}{T_s} |U_6| \cos \dfrac{\pi}{3} \\ U_\beta = \dfrac{T_6}{T_s} |U_6| \sin \dfrac{\pi}{3} \end{cases} \quad (5.9)$$

通过简单计算，可得：

$$\begin{cases} T_4 = \dfrac{\sqrt{3} T_s}{2 U_{dc}} (\sqrt{3} U_\alpha - U_\beta) \\ T_6 = \dfrac{\sqrt{3} T_s U_\beta}{2 U_{dc}} \end{cases} \quad (5.10)$$

同理，可得其他扇区各矢量的作用时间。令

$$\begin{cases} X = \dfrac{\sqrt{3} T_s U_\beta}{U_{dc}} \\ Y = \dfrac{\sqrt{3} T_s}{U_{dc}} \left(\dfrac{\sqrt{3}}{2} U_\alpha + \dfrac{1}{2} U_\beta \right) \\ Z = \dfrac{\sqrt{3} T_s}{2 U_{dc}} \left(-\dfrac{\sqrt{3}}{2} U_\alpha + \dfrac{1}{2} U_\beta \right) \end{cases} \quad (5.11)$$

可以得到各个扇区 $T_0(T_7)$、T_4 和 T_6 的作用时间，如表 5.7 所示。

表 5.7 各扇区作用时间 $T_0(T_7)$、T_4 和 T_6

N	1	2	3	4	5	6
T_4	Z	Y	$-Z$	$-X$	X	$-Y$
T_6	Y	$-X$	X	Z	$-Y$	$-Z$
$T_0(T_7)$	\multicolumn{6}{c}{$T_0(T_7) = (T_s - T_4 - T_6)/2$}

当 $T_4 + T_6 > T_s$ 时，令

$$\begin{cases} T_4 = \dfrac{T_4}{T_4 + T_6} T_s \\ T_6 = \dfrac{T_6}{T_4 + T_6} T_s \end{cases} \tag{5.12}$$

式(5.12)用以进行过调制处理。搭建各电压矢量作用时间模块如图 5.17 所示。

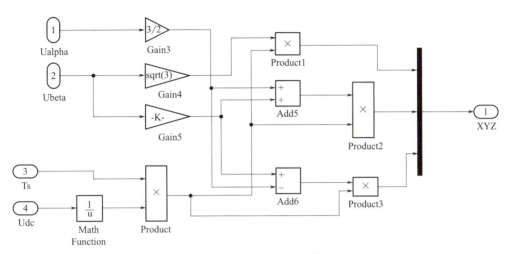

(a) 中间变量 X、Y 和 Z 的计算

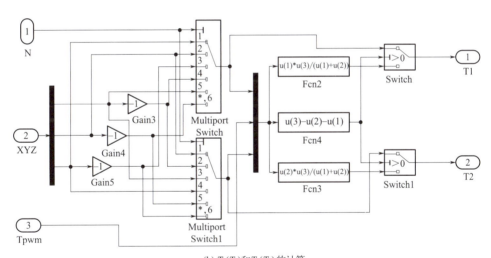

(b) $T_4(T_1)$ 和 $T_6(T_2)$ 的计算

图 5.17　各电压矢量作用时间的计算

最后确定扇区矢量切换点。首先定义

$$\begin{cases} T_a = (T_s - T_4 - T_6)/4 \\ T_b = T_a + T_4/2 \\ T_c = T_b + T_6/2 \end{cases} \tag{5.13}$$

则三相电压开关时间切换点 T_{cm1}、T_{cm2} 和 T_{cm3} 与各扇区的关系如表 5.8 所示。

表 5.8　各扇区时间切换点 T_{cm1}、T_{cm2} 和 T_{cm3}

切换点	1	2	3	4	5	6
T_{cm1}	T_b	T_a	T_a	T_c	T_c	T_b
T_{cm2}	T_a	T_c	T_b	T_b	T_a	T_c
T_{cm3}	T_c	T_b	T_c	T_a	T_b	T_a

搭建的确定扇区矢量切换点的 Simulink 模块如图 5.18 所示。

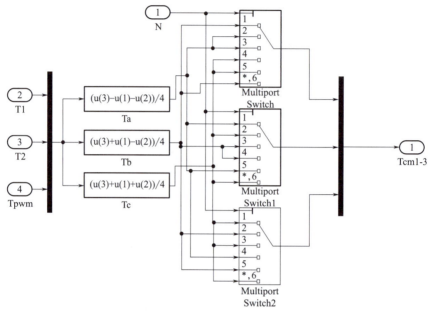

图 5.18　切换时间 T_{cm1}、T_{cm2} 和 T_{cm3} 的计算

使用三角波与所获取的信号进行比较，Repeating sequence 模块的频率与 PWM 波的频率保持一致，为 10kHz，幅值为周期的一半，即 0.00005，由此可以获得逆变器使能端的六路信号，该模块如图 5.19 所示。在控制部分的采样速率与 IGBT 的频率保持一致，其他部分设置为后续仿真所需要的精度。使用 RT 模块进行采样速率控制，可以提高仿真速度。

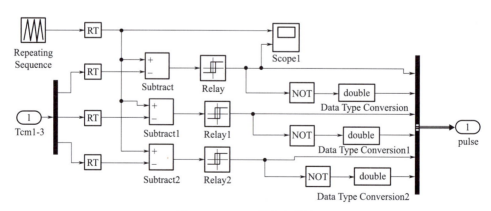

图 5.19　PWM 波产生模块

综上所述，SVPWM 部分的仿真模型如图 5.20 所示。

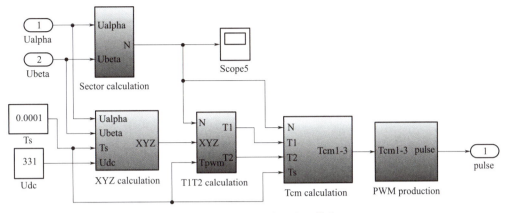

图 5.20　SVPWM 波形产生模块

5.3.3　最大转矩电流比控制

电驱系统在不同控制方式下的电机性能表现以及系统线束上的电流电压均不一致，那么由快速变化的电压电流导致的电磁干扰问题也不相同。目前常用的矢量控制包括 $I_d=0$ 控制和最大转矩电流比控制，前者主要用于表贴式三相 PMSM，后者主要用于内置式三相 PMSM。表贴式电机是隐极式的一种，由于其交直轴磁路磁阻相同，所以在转矩表达式中不包含磁阻转矩。而本章所研究电机为凸极式电机，采用最大转矩电流比控制。内置式为凸极式的一种，其交直轴电感不等，$L_d \neq L_q$，在转矩表达式中会出现一部分磁阻转矩，所以通过一定的控制方式可以利用该磁阻转矩使得输出同等转矩时的定子电流达到最小，即最大转矩电流比，进而减小损耗，提高电机的效率。

如前所述，凸极式永磁同步电机的电枢电流经过坐标变换后，电机的电磁转矩表达式为：

$$T_e = \frac{3}{2} p_n i_q [i_d (L_d - L_q) + \varphi_f] \tag{5.14}$$

设 γ 为电枢电流空间矢量与直轴位置的相角，可得到：

$$\begin{cases} i_d = i_s \cos\gamma \\ i_q = i_s \sin\gamma \end{cases} \tag{5.15}$$

则电磁转矩表达式为：

$$T_e = \frac{3}{2} p_n \varphi_f i_s \sin\gamma + \frac{3}{4} p_n (L_d - L_q) i_s^2 \sin(2\gamma) \tag{5.16}$$

由此可得到单位电流电磁转矩关于电流相角的关系式：

$$f(\gamma) = \frac{T_e}{i_s} = \frac{3}{2} p_n \varphi_f \sin\gamma + \frac{3}{4} p_n (L_d - L_q) i_s \sin(2\gamma) \tag{5.17}$$

认为电流 i_s 的幅值保持恒定，则单位电流电磁转矩最大值时可得 $\partial f(\gamma)/\partial \gamma = 0$，进而可得：

$$\varphi_f \cos\gamma + (L_d - L_q) i_s (2\cos^2\gamma - 1) = 0 \tag{5.18}$$

解得：

$$\cos\gamma = \frac{-\varphi_{\mathrm{f}} + \sqrt{\varphi_{\mathrm{f}}^2 + 8(L_{\mathrm{d}}-L_{\mathrm{q}})^2 i_{\mathrm{s}}^2}}{4(L_{\mathrm{d}}-L_{\mathrm{q}}) i_{\mathrm{s}}} \tag{5.19}$$

将式(5.19)代入式(5.15)可得 i_{d} 的表达式：

$$i_{\mathrm{d}} = \frac{-\varphi_{\mathrm{f}} + \sqrt{\varphi_{\mathrm{f}}^2 + 4(L_{\mathrm{d}}-L_{\mathrm{q}})^2 i_{\mathrm{q}}^2}}{2(L_{\mathrm{d}}-L_{\mathrm{q}})} \tag{5.20}$$

根据 i_{d} 和 i_{q} 的关系，用 i_{q} 表示 i_{d}，得：

$$T_{\mathrm{e}} = \frac{3}{4} p_{\mathrm{n}} i_{\mathrm{q}} \left[\sqrt{\varphi_{\mathrm{f}}^2 + 4(L_{\mathrm{d}}-L_{\mathrm{q}})^2 i_{\mathrm{q}}^2} + \varphi_{\mathrm{f}} \right] \tag{5.21}$$

将式(5.20)代入式(5.14)可得 i_{q} 的表达式：

$$i_{\mathrm{q}} = \sqrt[4]{\frac{\frac{4}{9} T_{\mathrm{e}}^2 - \frac{2}{3} T_{\mathrm{e}} i_{\mathrm{q}} p_{\mathrm{n}} \varphi_{\mathrm{f}}}{p_{\mathrm{n}}^2 (L_{\mathrm{d}}-L_{\mathrm{q}})^2}} \tag{5.22}$$

由此可分别得到电磁转矩与 d-q 轴电流的关系。由式(5.22)可知，i_{q} 的求解相对复杂，采用公式法在 Simulink 中建模时会产生代数环等错误，减缓仿真速度，因此我们考虑采用查表法对该部分进行建模。电磁转矩作为转矩电流关系模块的输入，转矩电流关系模块的输出作为 i_{d}、i_{q} 的给定输入，最后再经过电流调节器进而控制 SVPWM 模块。

若 i_{d} 和 i_{q} 完全解耦，永磁同步电机在 d-q 坐标系下的电流方程为：

$$\begin{cases} u_{\mathrm{d0}} = u_{\mathrm{d}} + \omega_{\mathrm{e}} L_{\mathrm{q}} i_{\mathrm{q}} = R i_{\mathrm{d}} + L_{\mathrm{d}} \dfrac{\mathrm{d}}{\mathrm{d}t} i_{\mathrm{d}} \\ u_{\mathrm{q0}} = u_{\mathrm{q}} - \omega_{\mathrm{e}} (L_{\mathrm{d}} i_{\mathrm{d}} + \varphi_{\mathrm{f}}) = R i_{\mathrm{q}} + L_{\mathrm{q}} \dfrac{\mathrm{d}}{\mathrm{d}t} i_{\mathrm{q}} \end{cases} \tag{5.23}$$

式中，u_{d0} 和 u_{q0} 分别为电流解耦后的 d 轴和 q 轴电压。

对式(5.23)进行拉普拉斯变换，可得：

$$\begin{cases} \mathbf{Y}(s) = \mathbf{G}(s) \mathbf{U}(s), \mathbf{U}(s) = \begin{bmatrix} u_{\mathrm{d0}}(s) \\ u_{\mathrm{q0}}(s) \end{bmatrix}, \mathbf{Y}(s) = \begin{bmatrix} i_{\mathrm{d}}(s) \\ i_{\mathrm{q}}(s) \end{bmatrix} \\ \mathbf{G}(s) = \begin{bmatrix} R+sL_{\mathrm{d}} & 0 \\ 0 & R+sL_{\mathrm{q}} \end{bmatrix}^{-1} \end{cases} \tag{5.24}$$

采用常规的 PI 调节器并结合前馈解耦控制策略，可得到 d-q 轴的电压为：

$$\begin{cases} u_{\mathrm{d}}^* = \left(K_{\mathrm{pd}} + \dfrac{K_{\mathrm{id}}}{s} \right) (i_{\mathrm{d}}^* - i_{\mathrm{d}}) - \omega_{\mathrm{e}} L_{\mathrm{q}} i_{\mathrm{q}} \\ u_{\mathrm{q}}^* = \left(K_{\mathrm{pq}} + \dfrac{K_{\mathrm{iq}}}{s} \right) (i_{\mathrm{q}}^* - i_{\mathrm{q}}) + \omega_{\mathrm{e}} (L_{\mathrm{d}} i_{\mathrm{d}} + \varphi_{\mathrm{f}}) \end{cases} \tag{5.25}$$

由式(5.25)可知，电机的反电动势与电流反馈的作用相互交叉。由于实际的电机调速系统中存在较大惯性，因此对电流环来说，反电动势变化较慢可以不予考虑。则式(5.25)可以简化为：

$$\begin{cases} u_d^* = \left(K_{pd} + \dfrac{K_{id}}{s}\right)(i_d^* - i_d) \\ u_q^* = \left(K_{pq} + \dfrac{K_{iq}}{s}\right)(i_q^* - i_q) \end{cases} \tag{5.26}$$

控制器调节参数满足：

$$\begin{cases} K_{pd} = \alpha L_d \\ K_{id} = \alpha R \\ K_{pq} = \alpha L_q \\ K_{iq} = \alpha R \end{cases} \tag{5.27}$$

电机的时间常数为：

$$\begin{cases} T_d = \dfrac{L_d}{R} \\ T_q = \dfrac{L_q}{R} \end{cases} \tag{5.28}$$

电流环带宽跟电机的时间常数有关，即时间常数 $\tau = \min\{L_d/R, L_q/R\}$，带宽 $\alpha = 2\pi/\tau$。根据电机的参数可以计算得到 $\alpha = 635.31\text{r/s}$，从而根据式(5.27)计算出电流环 PI 调节器的参数。需要说明的是，由于在电机的数学模型中存在大量假设和简化，因此 PI 调节器的取值可在计算取值上下波动，根据实际仿真需求而定，进而根据式(5.25)和式(5.26)搭建仿真模型。

对于最大转矩电流比控制的转速环 PI 参数，尚无通用算法，需要手动调节。

另外，对于永磁同步电机的最大转矩电流比控制，原理如前所述。在 MATLAB 中编写式(5.20)及式(5.21)的脚本构建转矩和 d-q 轴电流的数值对应关系，纳入到 Simulink 模型中，这样就可以免去在 Simulink 中大量的复杂运算，提高模型仿真速度。MTPA 模块的 Simulink 模型如图 5.21 所示。

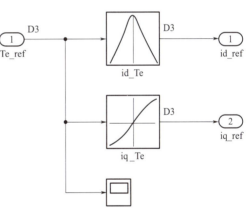

图 5.21 MTPA 模块的 Simulink 模型

5.3.4 工况模拟及实车测试

电动汽车的电磁兼容问题主要是由快速变化的电流电压引起的，也就是说，主要出现在急加速、急减速的过程中。依据 GB/T 18387—2008 中的工况设置，主要考虑的工况为起步加速到 70km/h 以及从 70km/h 减速制动到停止的过程，本节实车测试以及整车电磁辐射干扰测试都按照该工况进行。根据所需工况模拟电机转矩和转速，进行包括电池包在内的电驱系统控制仿真。

首先获取汽车车速的运行状态，如图 5.22 所示。

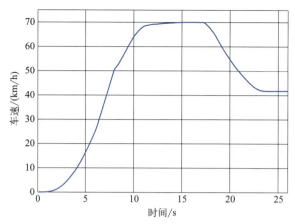

图 5.22 加减速工况下的车速随时间变化图

接下来模拟电机的转矩和转速,即电机的外特性。

电机的输出转矩为:

$$T_s = \begin{cases} T_{\max}, & n \leqslant n_b \\ \dfrac{9549 P_{\max}}{n}, & n > n_b \end{cases} \tag{5.29}$$

式中,n_b 为电机的额定转速。也就是说,电动汽车在起步加速至电机额定转速对应的车速时,为恒转矩过程,车速继续提高,则到达恒功率区域。在电机转速从 0 到额定转速的区间,电机转矩从理论上讲应该是一个阶跃过程,但在电动汽车实际应用过程中,电机的起始转矩并不能很快到达额定转矩,而是呈现梯形上升过程。

电动汽车的驱动力为:

$$F_t = \frac{T_s i_t \eta_t}{R} \tag{5.30}$$

式中,T_s 为电机转矩;i_t 为传动系统总传动比;η_t 为传动系统的机械效率;R 为车轮半径。在恒功率区域,电动汽车的驱动力是电机转速的函数。

汽车在行驶过程中受到的阻力主要有轮胎滚动阻力、空气阻力、坡度阻力和加速阻力。由于本章不考虑爬坡情况,因此坡度阻力可认为为零,滚动阻力中也不考虑坡度角。滚动阻力、空气阻力和加速阻力为:

$$\begin{cases} F_f = mgf \\ F_w = \dfrac{C_D A u^2}{21.15} \\ F_j = \delta m \dfrac{du}{dt} \end{cases} \tag{5.31}$$

汽车行驶方程式为:

$$F_t = \frac{T_s i_t \eta_t}{R} = F_f + F_w + F_j = mgf + \frac{C_D A u^2}{21.15} + \delta m \frac{du}{dt} \tag{5.32}$$

由式(5.32)可知,当电机到达恒功率区域时,电机转矩与汽车行驶加速度成一次线性关系。结合电机启动到加速过程中由恒转矩到恒功率的变化过程,可以得到转矩与时间的关系如图 5.23 所示。

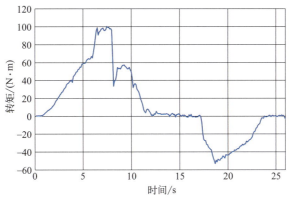

图 5.23 电机输入转矩曲线

由图 5.23 可知,在 0~6s,电机启动,转矩呈现梯形上升;在 6~8s,电机为恒转矩的运行状态;8s 之后,电机工作在恒功率区域内,转矩与汽车车速成正相关关系。

对于电机转速,与汽车车速成正比。计算公式如下:

$$u = \frac{0.377Rn}{i_t}, \quad n = \frac{ui_t}{0.377R} \tag{5.33}$$

与电机转矩对应,当电机转矩结束恒功率工作状态时,电机转速达到额定转速 4000r/min。至此可确定电机的机械角转速随时间变化的曲线如图 5.24 所示。

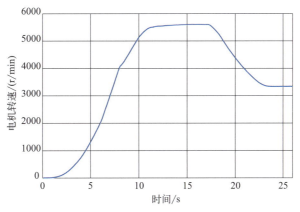

图 5.24 电机输入转速曲线

对于整个电驱系统,包括 DC/AC 信号触发和永磁同步电机反馈环在内的控制部分如图 5.25 所示。

对于电池包模型,电池单体采用前面建立的全频段阻抗模型;每两个单体并联一次,将 6 组这样并联的单体串联起来组成电池模组;电池模组之间采用母排 BUSBAR 相连,BUSBAR 采用前面建立的高频阻抗模型。至此可建立包括母排在内的整个电池包的阻抗模型。

综上所述,结合电池包阻抗模型、全桥 DC/AC 模块、电机模块以及控制部分,动力电池系统 EMI 干扰源即电驱系统的模型如图 5.26 所示。

其中,图 5.26 中的 Control 部分为图 5.25 所示逆变器信号和电机控制部分,电机

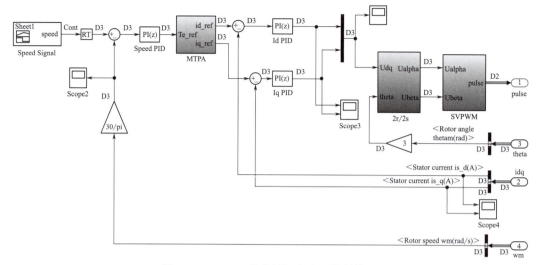

图 5.25　PMSM 最大转矩电流比控制模型

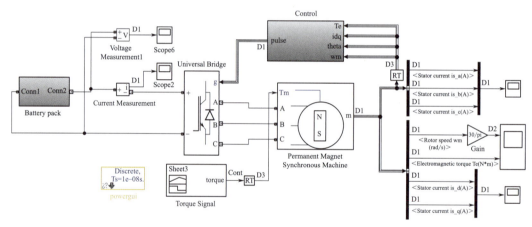

图 5.26　电驱系统电磁仿真模型

的输出 RT 模块用于控制离散时间变量，使采样时间间隔与逆变器的周期保持一致，以提高仿真速度。仿真所得电机转速和转矩如图 5.27 所示。

对比各图，仿真的电机转矩和转速结果与给定电机转矩和转速几乎保持一致。也就是说，在最大转矩电流比法的控制下，电机的输出转矩和转速基本完全响应加减速工况下的输入转矩和转速。在 8s 左右，转速达到额定转速 4000r/min；在 8s 处，转矩结束恒转矩控制，进入恒功率控制区间。可见该电驱系统仿真模型是准确的。

为了验证电池包及电驱系统模型的准确性，需要在电动汽车上进行行驶试验。电动汽车的控制核心为整车控制器，通过 CAN 总线与电池包及电驱系统进行数据交换，接收数据反馈监控电池包及电机状态并发送控制指令。电池包与电驱系统直接相连，电驱控制器将电池包输出的直流电转换成三相交流电驱动电机。

在实车行驶测试中，通过 CANoe 采集电池包母线电流及电压，与前述仿真结果进行比较，从而验证电池包及电驱系统模型的准确性。

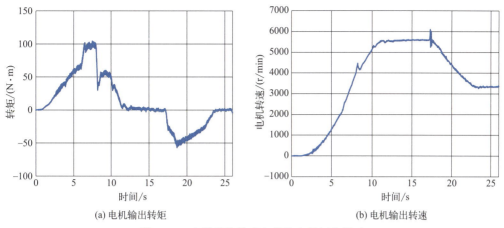

(a) 电机输出转矩　　　　　　　　　(b) 电机输出转速

图 5.27　电驱系统仿真电机输出转矩和转速

出于安全考虑，实车工况数据采集在电磁屏蔽室内的转毂上进行，如图 5.28 所示。由于实车工况采集只需两路 CAN 与 CANoe 及监控软件连接即可，对电磁环境要求并不高，因此，数据采集可以在实际自然环境中进行，并不必须在电磁屏蔽室内。

(a) 电动汽车实车工况采集布置图

(b) 电动汽车实车工况数据采集端

图 5.28　电动汽车实车工况数据采集布置总图

图 5.28(a) 为某品牌电动汽车的样车，图 5.28(b) 为数据采集端，PC 端的 CANoe 软件通过 USB 与 CANoe 硬件相连，CANoe 硬件通过光纤与电动汽车上的两路 CAN 相连。电池包内部出现电磁干扰时，电驱系统及逆变器模块出现剧烈的电流电压

变化。为模拟电池包内部电磁干扰的情况，运行汽车的工况为汽车从 0 加速到 70km/h 再减速到 0。

对采集到的 CANTrace 需要搭建 DBC 进行解析。一般来说，CAN 总线信号的编码格式有两种：英特尔（Intel）编码格式和摩托罗拉（Motorola）编码格式。这两种编码方式的主要区别在于：Intel 方式的位编码采用小端模式，字节编码采用大端模式；Motorola 方式的位编码采用小端模式，而字节编码也采用小端模式。小端模式指的是，信号的高位（S_msb）被放在该字节或者该位的高位，信号的低位（S_lsb）被放在该字节或者该位的低位。也就是说，当某信号长度低于 8 位时，采用 Intel 编码方式和 Motorola 编码方式效果是一样的，二者的区别在跨字节时才会有所体现。

该款纯电动汽车内部的 CAN 总线编码采用 Intel 编码方式，通过搭建 DBC 对数据进行解析。对整车车速进行解析，其信号编码布局如图 5.29 所示。将其命名为 VMS，其 ID 为 0x530，起始位为第 8 位，即图 5.29 中 lsb 所在的位置，按照位小端编码、字节大端编码的模式，信号从低位到高位为图中所示箭头的方向，信号长度为 8 位。得到该十六进制数据后，将其转换为十进制，再乘以 0.01 的转换因子，即可得到我们所需要的十进制整车车速值。

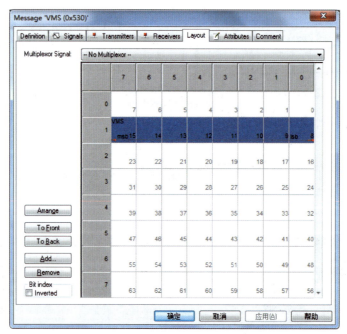

图 5.29 电动汽车 CAN 总线上整车车速数据编码布局

将实车上采集到的车速随时间变化情况进行 DBC 解码，通过动力学计算得到电机转矩及转速的变化情况，作为电驱系统工况的输入，模拟仿真得到电池包两端电流。同样，对电池包两端母线电流进行 DBC 解码，其 ID 为 0x170，起始位为第 0 位，信号长度为 20 位，转换因子为 0.002，由此可得到实车上的电池包母线总电流，将该电流与前述仿真电流结果进行对比，如图 5.30 所示。

由图 5.30 可知，仿真和实测电流基本保持一致，证明该模型精度较高，可以用于后续仿真使用。纯电动汽车加速时，电池包处于放电状态，电流为正；汽车刹车时，电

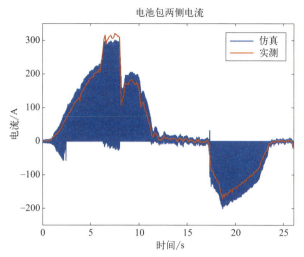

图 5.30 电池包两侧电流仿真与实测对比图

池包回收制动能量，电流为负，电池包处于充电状态。在汽车起步、达到最高车速以及开始制动时，母线电流波动较大，极易引起电磁干扰问题。实车跑车所得电流曲线为仿真电流结果的包络，这主要是因为 CAN 总线的数据传输速率最大为 500kbit/s，使用 CANoe 采集总电流数据时采样精度约为 100kHz，而逆变器全桥电路的开关频率为 10kHz，所以 CANoe 采集到的数据中未体现 IGBT 关断的瞬间；而在仿真模型中，采样时间间隔设置为最大 10ns，在一个 IGBT 的开关周期内，可以采集约 1000 次数据，因此能够体现开关器件的开通和关断状态。实测结果和仿真结果在包络上一致，说明模型精度能够被接受。

5.4 动力电池系统辐射发射仿真与测试

对于某品牌纯电动汽车来说，其研发制造平台与燃油版相一致。在电池包的整体布置上，受限于燃油车的基础结构，样车采用了"土"字形电池包布局，电芯主要分布在前后排座椅和中间过道的下方。快速建立一个准确的电磁仿真预测模型是进行电磁场分布仿真的前提。

5.4.1 传输线矩阵法的基本数学模型

本节采用传输线矩阵法求解电磁干扰问题。对于均匀一致的传输线，有两个条件是必须保证的：

① 构成传输线的导体必须相互平行，并且如果干扰导体距传输线比较近，也应该平行于传输线导体。

② 传输线的电介质必须在沿线的方向上保持对称。

电路和系统可以采用不同的方式激励。电磁场仿真的激励源采用的是将电驱系统母线总电流导入传输线某一端的形式,即集总电流源的形式。

以双导体传输线为例,设在传输线上远离激励源的位置,其瞬态电压和电流分别为 $u(x,t)$ 和 $i(x,t)$,可以用电报方程描述为:

$$\frac{\partial u(x,t)}{\partial x}+R'i(x,t)+L'\frac{\partial i(x,t)}{\partial x}=0$$

$$\frac{\partial i(x,t)}{\partial x}+G'i(x,t)+C'\frac{\partial u(x,t)}{\partial x}=0 \tag{5.34}$$

式中,x 表示传输线的纵向方向;R'、L'、G'、C' 表示双线传输单位长度上的恒定电阻、电感、电导和电容。

传输线的分布参数可以通过计算或测量得到。对于半径为 a,电阻率为 σ_ω 的单导体而言,单位长度上的电阻为:

$$R'=\frac{1}{\pi a^2 \sigma_\omega} \tag{5.35}$$

若双导体之间绝缘介质的介电常数为 ε,则单位长度的电容为:

$$C' \approx \begin{cases} \dfrac{2\pi\varepsilon}{\ln(d^2/a_1a_2)}, & \text{两根单线传输线相距为 } d \\ \dfrac{2\pi\varepsilon}{\ln(2h/a)}, & \text{单线传输线距导电地面为 } h \end{cases} \tag{5.36}$$

若线的周围是自由空间,则介电常数 ε 可取 $\varepsilon=\varepsilon_0 \approx 1/(36\pi)\times 10^{-9}$,且 a_1 和 $a_2 \ll d$。

同样,双线传输线单位长度的外部电感可以表示为:

$$L' \approx \begin{cases} \dfrac{\mu}{2\pi}\ln\dfrac{d^2}{a_1a_2}, & \text{两根单线传输线相距为 } d \\ \dfrac{\mu}{2\pi}\ln\dfrac{2h}{a}, & \text{单线传输线距导电地面为 } h \end{cases} \tag{5.37}$$

式中,μ 是周围介质的磁导率。

以上是时域的电报方程及其求解。对于频域分析,则认为时变量是 $e^{j\omega t}$。式(5.34)中的电报方程变为:

$$\frac{dV(x)}{dx}+Z'I(x)=0, \quad Z'=R'+j\omega L'$$

$$\frac{dI(x)}{dx}+Y'V(x)=0, \quad Y'=G'+j\omega C' \tag{5.38}$$

若传输线均匀,则传输线参数与坐标位置无关。式(5.38)可以写成关于电压和电流的波动方程。正向传输的电压波和电流波为:

$$V^+(x)=a e^{-\gamma x}$$

$$I^+(x)=\frac{1}{Z_c}a e^{-\gamma x} \tag{5.39}$$

反向传输的波为:

$$V^-(x)=b e^{+\gamma x}$$

$$I^-(x)=-\frac{1}{Z_c}b e^{+\gamma x} \tag{5.40}$$

式中，a 和 b 是复数常数，时谐参数 $e^{j\omega t}$ 被抵消；γ 是传输常数，定义为 $\gamma=\sqrt{Z'Y'}$。

双向传播波之和即是电压和电流的一般解：

$$V(x)=V^+(x)+V^-(x)=ae^{-\gamma x}+be^{+\gamma x}$$
$$I(x)=I^+(x)+I^-(x)=Y_c(ae^{-\gamma x}-be^{+\gamma x}) \quad (5.41)$$

式中，Y_c 是特性导纳，为特性阻抗的倒数。

以上是传输线矩阵法的基本数学模型，复杂算法还需考虑非均匀介质的情况，即电压波和电流波在传输线上的不同位置呈现不同状态，在此不做详述。

5.4.2 动力电池系统辐射发射仿真

电池包系统电磁辐射仿真主要考察的是，在电驱系统母线电流干扰源的激励下，电池包内部电场的分布情况。

电池包系统电磁辐射三维模型搭建的具体过程如下所述。

首先在 CATIA 的零部件设计和装配设计中尽可能全面地搭建电池包三维模型。搭载的"土"字形电池包结构主要包括：电池包壳体、15 个电池模组、模组连接 BUS-BAR、继电器盒、控制器支撑架、1 个主控制器 EMS 和 9 个分控制器 LMS。"土"字形电池包结构的三维模型如图 5.31 所示。

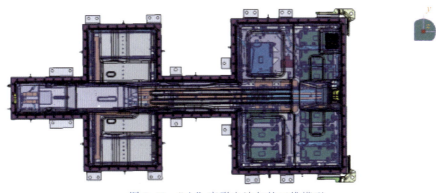

图 5.31 "土"字形电池包的三维模型

将该模型导入 CST 的 Cable Studio-3D（CS-3D）界面。定义电池包主要部件材料，电池包底座和壳体为铝，BUSBAR 用料为铜，控制器支撑架为铁，其他部分简化为理想电导体 PEC。然后精简电池包模型，去除塑料壳体及固定装置，提高仿真速度。

接下来在 CS-3D 界面中搭建电驱系统三维模型。在整车布置中，电池包位于前后排座椅的下方，驱动电机为前驱，DC/DC 和 DC/AC 放置在电动汽车靠近中部的位置，分别连接电子控制单元（electronic control unit，ECU）和驱动电机。电驱系统被作为干扰源看待，因此其细致的结构形状可以忽略。采用简单几何形状构建电驱系统的三维电磁模型，其中逆变器的尺寸为 500mm×120mm×500mm，ECU 的外形尺寸为 200mm×120mm×500mm，DC/DC 直流变换器的外形尺寸为 250mm×120mm×250mm，逆变器控制器的尺寸为 100mm×120mm×240mm，驱动电机的形状与尺寸如

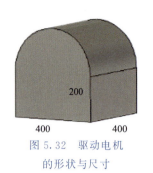

图 5.32 驱动电机的形状与尺寸

图 5.32 所示。

电池包系统的激励源是通过线束加在电驱系统和电池包之间的,因此还需要在三维电磁场中建立线缆的电磁仿真模型。共搭建了 3 种线束——三相交流线缆(电枢系统线束)、直流供电线缆(直流变换系统线束)和双绞信号线(信号线),其截面分别如图 5.33 所示。

其中,图 5.33(a) 所示线束为电驱系统相关线束,电机输出三相电流电压使用三根该线束,电池包使用该线束与逆变器相连;图 5.33(b) 为直流变换系统线束,包括两根单线,每根单线铜芯内导体的直径为 0.64mm,外圈 PVC 材料的直径为 1.4mm,电池包使用该线束与 DC/DC 相连。因此,电池包输出端的直流母线为图 5.33(a) 中线束与图 5.33(b) 中线束的叠加。图 5.33(c) 为信号线,是双绞线与两根接地单线的集合。

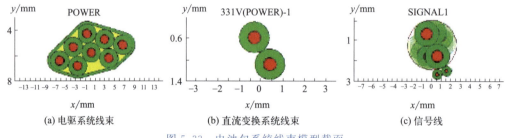

图 5.33 电池包系统线束模型截面

另外,由于电池包与汽车底盘直接相连,可以起到接地的效果,因此忽略接地的寄生参数及自身阻抗,在 CST 中用一块理想电导体的矩形板来代替。根据 GB/T 18655—2018 的规定,线束离地高度为 50mm±5mm。最终搭建的电池包电磁三维模型如图 5.34 所示。

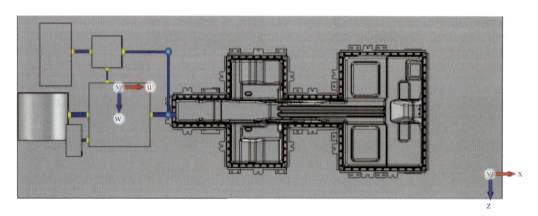

图 5.34 电池包电磁三维模型

电池系统电磁辐射仿真采用"场""路"耦合的方法。在 CST 电缆工作室中导入复杂的汽车模型结构,并利用三维全波仿真求解器来计算线束周围的电磁环境。此外,基于传输线理论,根据在 CST 电缆工作室中搭建的线缆线束生成等效电路模型,通过对线束进行网格划分来计算传输线参量，仿真过程中考虑趋肤效应与介质损耗；将电缆工作室与设计工作室相结合，可以通过在设计工作室导入干扰激励源，在电缆工作室对整个系统进行"场""路"联合仿真。主要应用的算法为传输线矩阵法，是全波算法的一种。

"场""路"联合仿真的具体过程如下所述。

在 CS-Schematic 界面，提取 CST 电缆工作室中动力电池系统的二维电路模型。由传输线阻抗匹配，单线接有 50Ω 的终端阻抗，双绞线的终端阻抗为 100Ω。在 CST 的设计工作室对线缆添加激励端口，提取到的电路模型如图 5.35 所示。

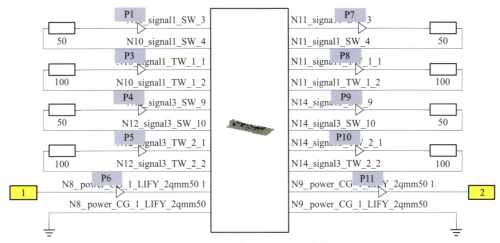

图 5.35　电池包电磁二维电路模型

在图 5.35 中，激励端口 1 端是逆变器直流输入端，该端口输入幅值为 1A 的单位脉冲电流激励。2 端是电驱系统 331V 直流母线靠近高压动力电池端，该端口与 50Ω 终端电阻相连。这两个端口直接接地。此外，还需在该界面设置"场""路"协同仿真，定义仿真 Task 为频域（AC）。

频域仿真任务在稳态条件下进行，即仿真区域中功率是某一恒定值，即单位时间内的能量。所以每迭代一次就需要检查单位时间内的能量是否守恒。而时域算法仿真的是有限能量的过程，即输入的是一个有限时间上的激励（频域算法中的输入是一个无穷时间的正弦波），所以时域任务的终止条件除了能量守恒以外，还要求系统能量衰减到零。给定频域任务，方便电磁场的频域特性观察。

端口 1 输入单位电流激励的目的是获取辐射发射特性的传递函数。然后结合电驱系统直流母线上的干扰源来预测辐射，其基本原理如图 5.36 所示。

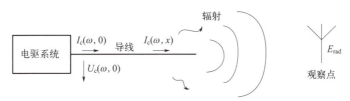

图 5.36　电机的辐射发射示意图

在图 5.36 中，电机的辐射发射源来自导线上的传导电压或电流，辐射干扰通过导线的天线效应沿导线向外发射。其中，$I_c(\omega,0)$ 表示导线端点处的传导干扰电流。由于在电磁干扰零部件的研究中，传导电流的频率很高，电驱系统与电池包相连的导线也相对较长，不能忽略推迟效应，因此导线上的电流在不同位置是不一样的，计算如下：

$$I_c(\omega,x) = I_c(\omega,0) D(\omega,x) \tag{5.42}$$

式中，$I_c(\omega,x)$ 是导线上任意位置处的电流；$D(\omega,x)$ 为电流分布函数，与频率及系统布置相关。由传输线矩阵法的基本理论可知，导线上某点处的辐射发射强度为导线上各段微小电流元产生辐射场的叠加：

$$E_{rad} = \int_{x=0}^{L} I_c(\omega,x) R(\omega,x) dx \tag{5.43}$$

式中，E_{rad} 为观察点处的辐射发射场强；L 为导线长度；$R(\omega,x)$ 为电流元的辐射因子，同样也与频率、空间介质和系统布置相关。

由式(5.42) 和式(5.43) 可得：

$$E_{rad} = \int_{x=0}^{L} I_c(\omega,0) D(\omega,x) R(\omega,x) dx = I_c(\omega,0) \int_{x=0}^{L} D(\omega,x) R(\omega,x) dx \tag{5.44}$$

令

$$H(\omega) = \int_{x=0}^{L} D(\omega,x) R(\omega,x) dx \tag{5.45}$$

则辐射发射场强可写为：

$$E_{rad} = I_c(\omega,0) H(\omega) \tag{5.46}$$

式中，$H(\omega)$ 为系统的传递函数，为系统布置的辐射场与导线端点处传导电流激励源的比值。当系统的布置确定好之后，传递函数即可确定。因此，电池包的辐射发射电磁场可以通过电驱系统端点的电流结合传递函数进行预测。

然后，切换到电缆工作室中，根据 GB/T 18655—2018，设置仿真频率为 150kHz～108MHz；定义边界条件为开放边界，即 open；分别设置频率为 1MHz、10MHz、15MHz、30MHz、54MHz、108MHz 的电场和磁场监视器，记录这些频点下的电磁场分布；在距电池包系统 1m 处设置电磁场探针，且探针位置位于接地平面以上 100mm±10mm 处，记录不同位置下的电磁场分布。

接下来还需要对电池包电磁模型划分网格。在划分网格的过程中，最小网格（Smallest cell）越小，则仿真时间越长。关于最小网格步长的设置原则可参考本书 3.4.4 节内容。

划分好网格之后，基于传输线矩阵法，搭建电池包系统电磁模型，并进行辐射发射仿真，可得电磁场分布的传递函数。距离电池包系统前后左右四个位置 1m 处的电场分布传递函数如图 5.37 所示。

由式(5.45) 可知，激励源、传递函数和场强分布都是频域形式，因此将前面仿真得到的电驱系统母线总电流进行傅里叶变换，获得其频域分布，与传递函数相乘，获取电池包实际电磁场分布。

频谱分析是识别数据中各频率成分的过程。对于离散数据，频谱分析的计算基础是离散傅里叶变换（Discrete Fourier Transform，DFT）。经过离散傅里叶变换后，长度为 n 的向量 x 变为 y，计算如下：

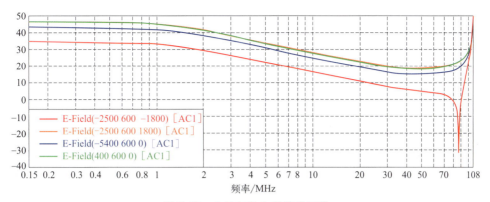

图 5.37 电池包的电场传递函数

$$y_{p+1} = \sum_{j=0}^{n-1} \omega^{jp} x_{j+1}, \quad \omega = e^{-2\pi i/n} \tag{5.47}$$

将经过傅里叶变换的干扰源与传递函数相乘可得电池包的电场分布,将该结果与 GB/T 18655—2018 中的零部件/模块辐射干扰限值标准进行对比,如图 5.38 所示。

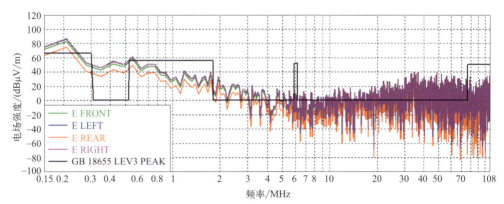

图 5.38 电池包电场强度仿真结果

GB/T 18655—2018 中对零部件辐射干扰的测量是采用具有标称 50Ω 输出阻抗的线性极化电场天线,即在 0.15~30MHz 区间内采用 1m 长的垂直单极天线,在 30~300MHz 区间内采用一副双锥天线。也就是说,在 GB/T 18655—2018 中并未对零部件的磁场辐射做硬性要求,只给出电场强度与限值的对比。

由图 5.38 可知,在 0.25MHz 以下的仿真结果显示,电池包以及电驱系统的辐射发射存在超标,图中的限值是根据 GB/T 18655—2018 中等级 3 的峰值要求绘制的,对于不同制造厂商其要求可能不一致。整体上呈现随频率增大,电场强度降低的趋势。电磁能量损耗主要由两部分构成:欧姆损耗(非零电导率材料)和介质极化损耗。前者随频率增高而减小,后者随频率增大而增大,欧姆损耗起主导作用;根据佐治亚理工学院的技术报告,同为近场或远场时,电磁辐射值与频率成反比,这与仿真结果在趋势上是一致的。此外,仿真结果表明,在 30MHz 附近存在较小的波峰,可能是由寄生电感和寄生电容的并联导致的。

电池包和电驱系统在电磁兼容测试中被认为是两套系统,而这两部分难以进行联合测试：一是电池包为高压部件，存在安全隐患；二是没有实验设备能够承担两个系统的负载，因此该部分仿真难以与试验结果进行对比分析。故而略去该部分，仿真的准确性留待整车部分进行验证。

另外给出电池包内部电场的空间分布，如图 5.39 所示。

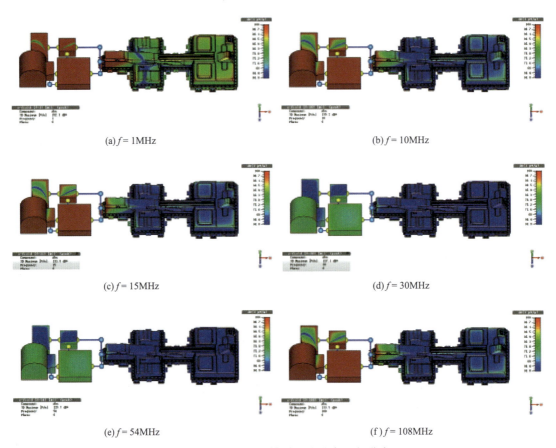

(a) f = 1MHz　　　　　　　　　　　　(b) f = 10MHz

(c) f = 15MHz　　　　　　　　　　　　(d) f = 30MHz

(e) f = 54MHz　　　　　　　　　　　　(f) f = 108MHz

图 5.39　电池包不同频点下的电场空间分布

由图 5.39 可知，电驱系统为主要的干扰源。电磁波从电驱系统出发通过线束以波的形式传给电池包，电磁辐射呈现以干扰源为球心，以球形形式向外发散，辐射强度还与各介质对电磁波的吸收性能、反射性能有关。电池包在低频时受干扰较强。

5.4.3　整车辐射发射仿真与测试

总的来说，汽车是各零部件的有机集成，各零部件最终要以整车的形式面向大众，零部件最终要服务于整车。因此，整车的辐射发射仿真是我们关注的一个重点。

整车仿真流程与电池包系统的仿真过程基本一致，稍有变动。整车电磁辐射仿真主要包括以下几个方面。

① 在 Cable Studio-3D（CS-3D）界面下，基于电池包系统的电磁模型，导入整车的三维结构（在 Hypermesh 中划分好网格再导入，可加快仿真进程）。

② 在 CS-3D 界面，定义车体材料为理想电导体 PEC。

搭建的整车电磁三维模型如图 5.40 所示，包含车身、电池包、电驱系统干扰源、接地平面（汽车底盘）和连接线束。

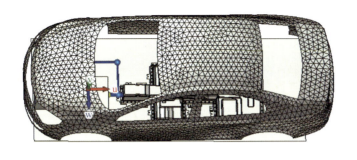

图 5.40　整车电磁三维模型

③ 在 CS-Schematic 界面，提取电路 SPICE 模型，定义终端电阻，给定单位电流的激励源，以获取传递函数。

④ 在 CS-Schematic 界面，定义仿真 Task 为频域任务，设置场路协同仿真。

提取到的整车电路 SPICE 模型如图 5.41 所示。与电池包的电路结构一致，在端口 1 处引入电流幅值为 1A 的单位脉冲电流源激励，端口 2 连接 50Ω 的终端电阻。

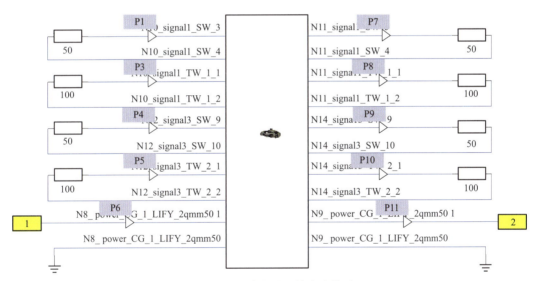

图 5.41　整车电磁二维电路模型

⑤ 根据 GB/T 18387—2008，设置仿真频段为 9kHz～30MHz（新标准 GB/T 18387—2017 中将仿真频段修改为 150kHz～30MHz）。

⑥ 定义边界条件为开放边界，即 open。

⑦ 根据 GB/T 18387—2008，在距离车身前后左右各 3m 处设置电磁场探针，在 1MHz、10MHz、15MHz、30MHz 频点下设置电磁场监视器。

⑧ 对三维模型划分网格，采用 Hexahedral TLM 网格，应用传输线矩阵算法进行

整车电磁场分布仿真研究。

⑨ 导入激励源，与传递函数相乘，进行后处理，获取电磁场分布情况。

在整车电磁辐射仿真过程中获取的 3m 处电场和磁场强度传递函数如图 5.42 所示。由图可知，电场强度传递函数和磁场强度传递函数在 1MHz 以下的低频段和 20MHz 以上的高频段呈现较高的电磁场分布。

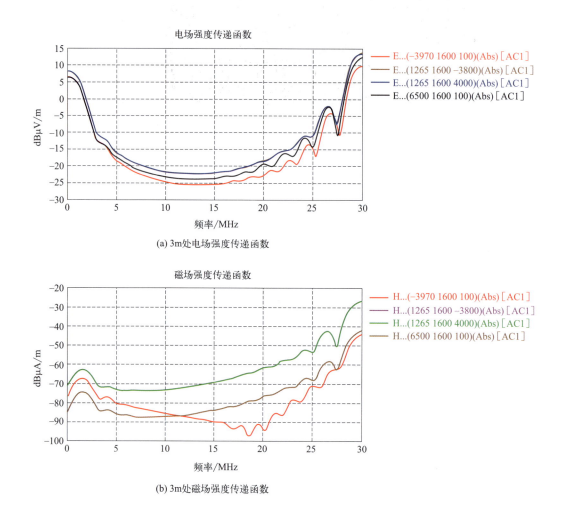

图 5.42　整车电磁辐射发射 3m 处电磁场强度传递函数

将如图 5.42 所示的传递函数与第 3 章获取到的激励源相乘，可得 3m 处实际电磁场场强，如图 5.43 所示。

由图 5.43 可知，整车电磁辐射发射中四个位置的电场强度相差不多，其中，车右侧位置处的电场强度最大；整车四周位置处的磁场强度相差较多，车右侧的磁场强度最大。电场和磁场在频域上的分布都呈现随频率升高其强度降低的趋势，但在 30MHz 附近的高频相对较强烈。

此外，在"场""路"联合仿真过程中，通过设置场监视器可得整车电磁场三维分布情况，分别如图 5.44 和图 5.45 所示。

由图 5.44 和图 5.45 可知，整车的电磁场由电池包及电驱系统之间的高压线束作为

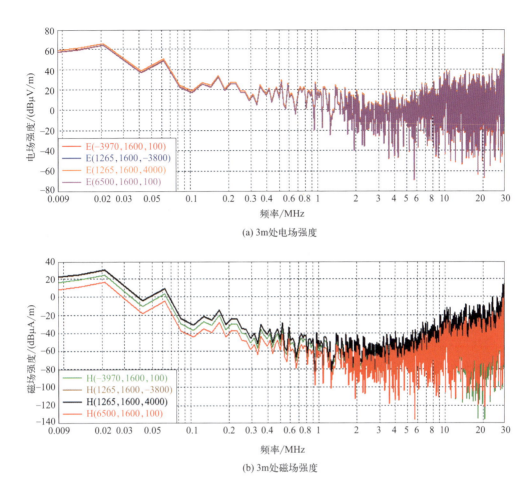

(a) 3m处电场强度

(b) 3m处磁场强度

图 5.43 整车电磁辐射发射距车周四个位置 3m 处电磁场强度

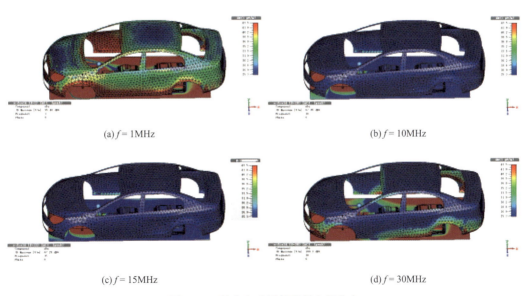

(a) $f = 1\text{MHz}$　　　　　　　　(b) $f = 10\text{MHz}$

(c) $f = 15\text{MHz}$　　　　　　　　(d) $f = 30\text{MHz}$

图 5.44 整车电磁辐射发射电场分布

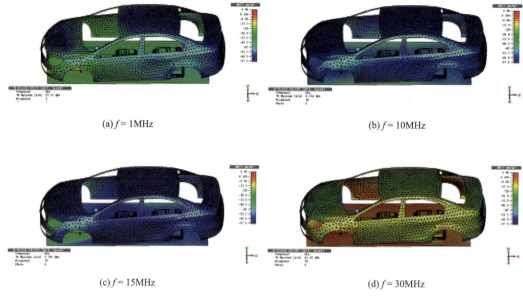

(a) f = 1MHz (b) f = 10MHz
(c) f = 15MHz (d) f = 30MHz

图 5.45　整车电磁辐射发射磁场分布

干扰源向外发射，一部分沿汽车底盘传到公共地上，另一部分经过车身金属材料的吸收、反射及多重反射损耗之后向外辐射，总体呈现沿汽车纵轴线对称的分布方式。在频域上的分布与图 5.43 中的电磁场分布曲线基本一致。

为检验前述整车 EMC 仿真的准确性，根据 GB/T 18387—2008 的标准进行整车 EMC 辐射发射测试。

辐射发射通常是由两种等效天线产生的。一种是环天线，这一般是由电路中的差模信号产生。与环路相距 D 处的辐射强度为：

$$E = 1.3SIf^2/D \tag{5.48}$$

另一种等效天线模型是单极天线或对称偶极子天线，这通常是由导线中的共模电流引起的。与天线距离为 D 的位置辐射强度为：

$$\begin{cases} E \approx \dfrac{0.63ILf}{D}, & f \geqslant 30\text{MHz}, D \geqslant 1\text{m}, L < \lambda/2 \\ E \approx 60 \times I/D, & L \geqslant \lambda/2 \end{cases} \tag{5.49}$$

在电磁辐射方面，除了模型框架中体现的电流流动外，还有很多未知信息，如寄生电感及寄生电容，高频时会对辐射发射产生较大的影响。

对于整车而言，GB/T 18387—2008 规定了车辆的电场、磁场辐射发射强度的限值和试验方法，试验频率范围为 9kHz～30MHz。试验布置如图 5.46 所示。

根据 GB/T 18387—2008，采用 3m 法进行辐射发射测试。被测车辆停放在测试场地配备的测功机上，测功机的转毂为金属材质，轴承支撑结构与暗室地板接地。在理论上，汽车内部成为等效辐射发射天线的电缆距参考接地平面为高度 h 时，其辐射强度变化如下：

图 5.46 整车电磁辐射发射测试布置图

$$\begin{cases} E(h) \approx E_0 \times 10 \times \dfrac{h}{\lambda}, & h \leqslant \lambda/10 \\ 0 \leqslant E(h) \leqslant 2E_0, & h > \lambda/10 \end{cases} \tag{5.50}$$

在辐射发射测试过程中，分别用 1m 长的单极天线和直径 60cm 的静电屏蔽环天线测量电场和磁场强度。单极天线置于地面上，距车辆的最近部分为 3m±0.03m，测量时天线的四个位置分别为车前、车后和车辆左右两侧位置，并置于中心线上；环天线中心距地面 1.3m±0.05m，距车辆的最近部分为 3m±0.03m，依然测量汽车前后左右四个位置，但需要在每个位置测量径向和横向的磁场强度。

在此次测量中，为模拟加速和制动时的电磁辐射发射情况，车辆的运行模式采用以下三种情况：以 40km/h 匀速、踩下加速器产生额定车速 70km/h、踩下制动器将车速从 40km/h 减为 0。这三种工况基本遵循 GB/T 18387—2008，同时前文与实车跑车工况保持一致。

综上所述，测试过程按照以下步骤进行：

① 道路负荷按照车辆满载情况设置，首先运行车速为 40km/h 的稳定条件；

② 布置单极天线，记录电场测量数据；

③ 布置环天线，记录磁场两个方向的测量数据（GB/T 18387—2008 中要求记录三个方向的测量数据，但在 GB/T 18387—2017 中对此进行了修订，认为 Z 方向的发射较小可以不予考虑）；

④ 依据步骤②和步骤③相对于限值的最大测量结果，确定最大发射方向；

⑤ 在车辆的最大发射侧面进行电场分值扫描和磁场峰值扫描；

⑥ 分别运行其余两个工况，重复上述步骤。

汽车匀速运行时的电磁场测试结果如图 5.47 所示。

汽车匀速运行时测试其电磁场的目的是找到车周四个位置中发射强度最大的一个位置，并对该位置进行进一步测试。由图 5.47 可知，电场在车尾处最强，这可能是由电池管理系统导致的；磁场在车右侧最强，与前述仿真结果一致，应该是由电驱系统导致的。Y 方向的磁场强度比 X 方向的更低一些。

接下来分别以车头处的电场和车右侧的磁场为例，给出汽车加速和制动时的电磁场

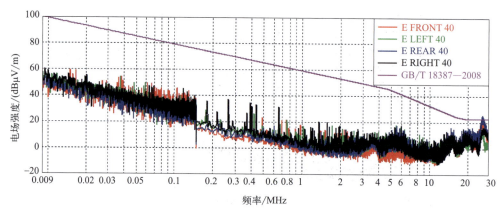

(a) 车周四个位置处的电场强度

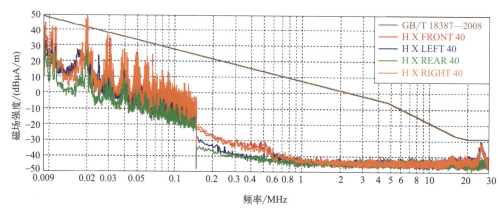

(b) 车周四个位置处的 X 方向上磁场强度

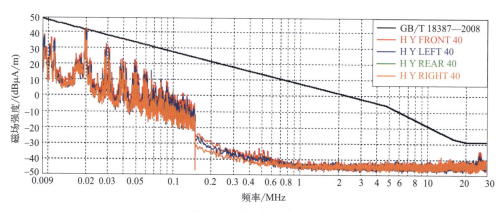

(c) 车周四个位置处的 Y 方向上磁场强度

图 5.47 汽车匀速运行时距车周四个位置 3m 处的电磁场强度

强度，如图 5.48 所示。

由图 5.48 可知，制动时的电磁干扰相对于其他工况稍强一些，但幅度不大。也就是说，工况对整车电磁干扰的影响不大。

以制动工况为例，将测试结果与仿真结果以及 GB/T 18387—2008 中规定的限值进

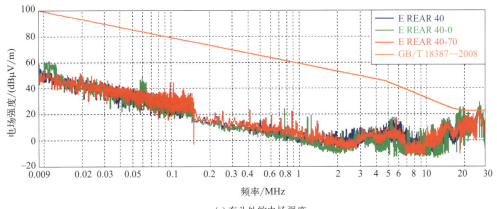

(a) 车头处的电场强度

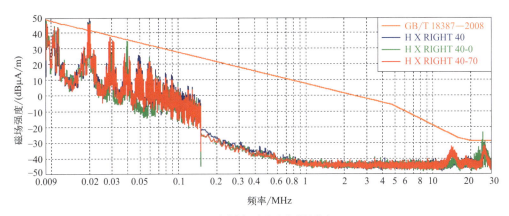

(b) 车右侧 X 方向上的磁场强度

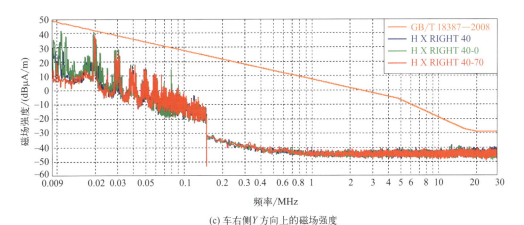

(c) 车右侧 Y 方向上的磁场强度

图 5.48　汽车加速和减速运行时距车身 3m 处的电磁场强度

行对比，如图 5.49 所示。

由图 5.49 可知，仿真和测试结果基本上呈现一致的趋势，存在一定差别。这主要是因为：

① 在仿真过程中做了较多简化，如二维电路模型和三维电磁模型；

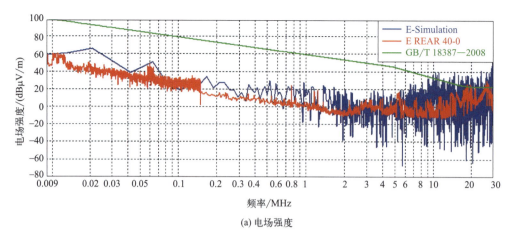

(a) 电场强度

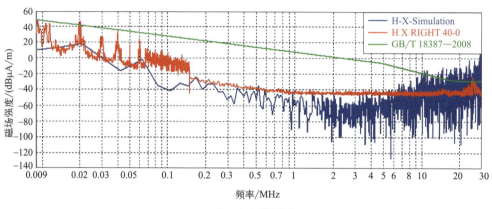

(b) X 方向磁场强度

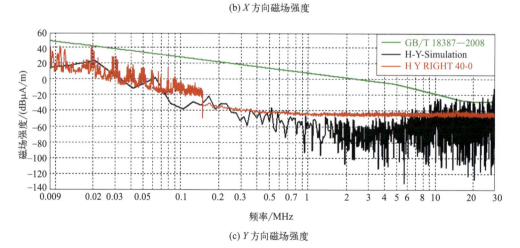

(c) Y 方向磁场强度

图 5.49 汽车减速运行时距车身 3m 处的电磁场强度仿真和测试结果对比

② 傅里叶变换的过程中点数均匀分布,在对数变换中导致前段数据被稀释;
③ 大多数寄生参数难以预测,如与机壳或地平面的寄生参数等;
④ 仿真和测试中的工况虽然始末速度一致,但加速度不能保证完全一致;
⑤ 仿真软件 CST 中的数值计算机理为传输线矩阵法,仅考虑 TEM 模式。

结果表明,在整车电磁辐射发射过程中,20kHz 及 25MHz 处的电磁辐射以宽带干扰的形式存在部分超标。一般来说,窄带干扰通常是由产品中的时钟或晶振诱发的,而宽带干扰主要是由数字电路或者非良好接地产生的。在此次测试中,电池包安装在汽车底盘上达到了较好的接地效果,因此,电驱系统的开关电源迅速通断是主要的干扰源。其主要是通过线束回路中的寄生参数向外辐射的。在 30MHz 以下,干扰源主要通过线束传播,这也是整车测试最高频率设置为 30MHz 的原因之一。谐振频点与寄生电容和寄生电感乘积的平方根成反比;另外,随频率增大,整车电磁场的辐射强度降低,这主要是由于高频率下的电磁波波长较短,因此其强度减小。

此外,在此对 GB/T 18387—2008 的限值计算做简短说明。

测试限值是由测量距离为 10m 的限值推导而来的,10m 处的电场强度限值为:

$$L_{10m}^E = 78.94 - 20\lg\frac{f}{9} \tag{5.51}$$

在电场和磁场的近场测量中,与距离立方成反比的场分量占主导,所以使用三阶换算方法,近场的边界距离条件为:

$$d_{NPB}(f) = \frac{\lambda}{2\pi} = \frac{150}{\pi f} \tag{5.52}$$

由式(5.52) 可知,对于 10m 法的基础性研究,近场频率范围为 $f \leqslant 4.77MHz$,对于 GB/T 18387—2008 采用的 3m 法,近场频率范围为 $f \leqslant 15.92MHz$。因此,在 3m 法的标准限值规定中,可以将频段范围分为四个部分:$20MHz \leqslant f < 30MHz$、$15.92MHz < f < 20MHz$、$4.77MHz \leqslant f \leqslant 15.92MHz$、$f < 4.77MHz$。

当 $f > 15.92MHz$ 时,电场强度标准限值为:

$$L_{3m}^E = L_{10m}^E + 20\lg\left(\frac{10}{3}\right) = \begin{cases} 89.4 - 20\lg\dfrac{f}{9}, & 15.92MHz < f < 20MHz \\ 22.5, & 20MHz \leqslant f < 30MHz \end{cases} \tag{5.53}$$

当 $4.77MHz \leqslant f \leqslant 15.92MHz$ 时,电场强度标准限值为:

$$L_{3m}^E = L_{10m}^E + 20\lg\frac{10}{d_{NPB}(f)} + 40\lg\frac{d_{NPB}(f)}{10} = 157.36 - 40\lg\frac{f}{9} \tag{5.54}$$

当 $f < 4.77MHz$ 时,电场强度限值为:

$$L_{3m}^E = L_{10m}^E + 40\lg\frac{10}{3} = 99.9 - 20\lg\frac{f}{9} \tag{5.55}$$

对于磁场强度限值,是通过电场强度限值与自由空间波阻抗计算得出的。不同频段的磁场强度限值为:

$$L_{3\text{m}}^{H} = L_{10\text{m}}^{H} + 20\lg\frac{1}{377} = L_{10\text{m}}^{H} - 51.5$$

$$= \begin{cases} 48.4 - 20\lg\dfrac{f}{9}, & 0.009\text{MHz} < f < 4.77\text{MHz} \\ 102.9 - 40\lg\dfrac{f}{9}, & 4.77\text{MHz} \leqslant f \leqslant 15.92\text{MHz} \\ 37.9 - 20\lg\dfrac{f}{9}, & 15.92\text{MHz} < f < 20\text{MHz} \\ -29, & 20\text{MHz} \leqslant f < 30\text{MHz} \end{cases} \tag{5.56}$$

实际电场强度与磁场强度之间的换算关系并不是自由空间波阻抗。限值选择这种换算关系是因为地面波或低角度天波干扰信号保护通常适用于这种换算关系。新国标 GB/T 18387—2017 将关注频段更改为 150kHz~30MHz，且限值放宽。

第6章

整车电磁建模与人体SAR仿真

6.1 概述
6.2 整车电磁建模
6.3 整车辐射干扰抑制
6.4 人体在车内电磁辐射吸收剂量仿真

6.1 概述

近年来,智能网联技术不断进步,环境感知传感器愈来愈朝着高性能化发展,嵌入式系统使车联网成为可能,机电执行机构则将汽车的智能指令付诸实际,这些机电信息系统在汽车上的应用也日益增多。因此,在以上机电信息系统的辅助下,智能汽车实现的可能性大为提高,智能驾驶也逐渐成为现代汽车研究领域炙手可热的话题,这也将给整个汽车产业带来巨大的变革。

电动汽车电磁场辐射频率一般在 9kHz~2.5GHz 之间,这是一种非电离电磁辐射。当其达到一定强度后,有可能对人体健康产生长期的、慢性的损害。这就产生了汽车电磁辐射对驾乘人员安全性的影响问题。对于人体的影响,很多情况下电磁辐射并不是表现在热效应上。电磁波向外辐射,作用于人体,部分能量被人体吸收并且逐渐积累下来,达到一定的剂量便会对人体的大脑、心血管系统以及生殖系统等产生不同程度的影响。国际上通常用电磁辐射的比吸收率(specific absorption rate,SAR)作为生物体电磁剂量研究的量化标准,可以通过整车仿真模拟计算人体在电动汽车内的 SAR 吸收剂量,通过预测人体在汽车中受到的电磁辐射的影响,对车内不同位置处人体所受到电磁辐射作用剂量进行研究,并且与现行的电磁辐射卫生标准进行比较,这对于电动汽车电子电气元件布置及其内部空间电磁场屏蔽研究有一定的参考价值。汽车是一个复杂的系统,其内部电子电气元件分布杂乱,影响内部空间磁场的因素很多,直接通过实车试验整改效率很低,采用仿真的方法对整车电磁辐射进行预测可以大大提高整车 EMC 测试的通过率,节约大量时间人力成本。

6.2 整车电磁建模

6.2.1 整车有限元逆向建模

在进行整车电磁辐射的研究过程中,整车的建模一直是重点和难点。这是进行整车电磁兼容仿真的第一步,车身模型的精度会影响仿真结果的精度。目前,针对汽车电磁兼容问题的仿真研究大多集中于系统级和零部件级,整车层面的研究相对较少,其中一个重要的原因就是很难建立适用于电磁分析的整车模型。

一般情况下,用来进行电磁仿真的车身模型由整车厂或汽车设计者提供,电磁兼容仿真时不需要再进行额外的整车建模。但有时候出于保密等目的,往往难以拿到汽车的原始模型,这时需要进行整车的建模。关于汽车的电磁模型建立,目前有两种方法:一是在 CAD 建模软件中建立整车模型,然后导入电磁仿真软件中;二是直接在电磁仿真软件中进行建模。通常情况下,在 CAD 建模软件中建立的整车模型包含大量的细节,这些细节对汽车的电磁特性影响不大,但会产生大量额外的网格,严重增加仿真计算时间；而电磁仿真软件的建模功能较弱，建立的汽车模型往往过于粗糙，难以达到真实的模型精度。

针对以上问题，本节将介绍如何建立合适的车身模型，包括车身建模方法和车身结构处理等。针对建立的车身模型，设置仿真模型完成准确性分析。

在整车电磁兼容仿真中，车身建模的精确与否直接决定了之后电磁仿真的精度。目前，市面上的主流电磁仿真软件，如 CST、HFSS、FEKO 等，都支持在其中直接建模。然而，这些软件的建模功能相对单一，操作不便，而且对于汽车这种大尺寸复杂曲面结构的模型，直接建模对电磁兼容工程师的要求较高，在现代汽车开发的过程中，建模和电磁分析是由各自专业的工程师进行对应处理，直接建模会产生大量的附加成本，这并不符合现代汽车开发趋势。因此，如何快速建立适合汽车电磁仿真的模型已成为汽车电磁仿真的研究重点。

汽车建模通常是在 CATIA、SolidWords 等 CAD 建模软件中进行。这类软件功能强大，操作方便，适合汽车这类复杂结构物体的建模。但这类软件并不能进行后续的电磁仿真。所以通常是在这类软件中完成整车模型的建立，然后导入电磁仿真软件中进行整车电磁仿真分析。基于这种思路，采用一种多软件联合仿真的方法，综合了 CAD 建模软件建模便捷快速、前处理软件模型优化、网格划分方便以及电磁分析软件能进行电磁仿真后处理等特点，为汽车电磁兼容分析提供整车模型。

多软件联合仿真过程如下：

① 在 CAD 建模软件中建立整车模型。在建模过程中，忽略对整车电磁兼容影响较小的结构，精简模型，并将精简后的模型导入 Hypermesh 软件中进行前处理。

② 在 Hypermesh 中对模型进行曲面检查等预处理，并根据模型实际大小、研究的频率范围等因素进行网格划分。

③ 将划分好的网格模型转成合适的格式，导入电磁仿真软件中进行电磁仿真。

（1）正向和逆向建模技术

汽车的 CAD 模型通常是由汽车的生产厂商提供，一辆汽车从设计到生产通常要经历草图阶段、缩小模型阶段、全尺寸模型阶段三个阶段，汽车的正向 CAD 模型就诞生于这三个阶段，通常是在没有实车的条件下，由模型设计师根据汽车造型设计师设计好的草图建模，或者是使用扫描仪等设备对汽车的油泥模型进行全尺寸扫描，获得汽车数字模型。正向模型的精度高，模型数据来自汽车的原始数据文件，但由于建模过程往往与汽车造型的整个设计过程相互穿插，建模周期较长。

在已有汽车实车的基础上，可以通过对汽车实际尺寸进行测量、细节扫描等方法，获得汽车的点云数据，或是根据投影原理，根据汽车的视图文件在 CAD 建模软件中建立整车模型，这种方法称为汽车的逆向建模。相比于正向建模，逆向建模耗时短，但模型精度不如正向模型，尤其是一些细小结构和具体细节，往往容易被忽略。

从电磁兼容车身建模的角度来看，汽车的正向建模过程由于过程严格而难以实现。首先在建立正向模型的过程中需要大量数据和设计图等原始文件，为了保证建模的准确度，还可能需要使用价格昂贵的三坐标扫描。其次由于保密等原因，建模者有时候很难直接从汽车厂商那里获得汽车的原始数据。正向建模方法一般只由汽车厂家使用。

关于逆向建模的两种方法，通过获得汽车点云的逆向建模虽然精度较高，但在操作和成本上均不如通过视图的逆向建模，而且视图法建立的模型已经能够满足整车电磁仿真分析精度的要求，因此，采用汽车视图的逆向建模方法，在不需要汽车原始数据的情况下，根据汽车的视图和整体尺寸逆向建立整车电磁仿真模型。然后对逆向模型进行简化、网格划分等处理，能够在保证精度的情况下，最大程度地简化建模过程。

(2) 逆向建模的原理

根据视图的逆向建模主要依据的是投影法，投影法分为平行投影法和中心投影法。其中，平行投影法分为正投影法和斜投影法两种。物体的三视图是物体通过正投影所形成的轮廓图。根据制图原理，一个物体的形状大小关系需要被完整地表达，至少需要正视图、左视图、俯视图三个方向上的信息。反之，根据三视图，按照相关的投影对应几何关系，又能把物体从平面还原到立体。

投影后各视图之间的对应关系如图 6.1 所示。由于汽车是一种较为复杂的结构体，三视图所传达的信息并不能完整地表达汽车的局部细节，一般在逆向建模过程中，使用汽车的正视图、左视图、右视图和俯视图四个视图，完成车体结构的还原。

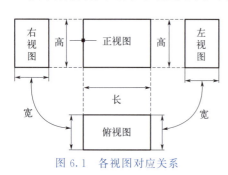

图 6.1 各视图对应关系

将汽车各个视图图片进行相应处理，使得图片的长宽满足图 6.1 所示的几何关系，并导入 CAD 软件中。目前，包括 CATIA、SolidWorks 在内的绝大多数 CAD 建模软件都支持图片文件的导入。

(3) 整车模型的简化

汽车是一个结构复杂的大尺寸物体，而且随着汽车电子化智能化的发展，汽车内部分布着越来越多的电子电气设备。不过相比于车身，部分零部件的尺寸较小，对于整车电磁特性和车体表面电流的影响不大，但如果在仿真时按照实车布置加入这些模型，会产生大量的额外网格，严重拖慢仿真进度，而且有可能因为零部件模型的材料、尺寸、位置等设置影响仿真结果的精度。因此，我们在建模过程中，只建立车身模型，以及主要干扰源的电磁模型。可以在电磁仿真软件中建立简化的主要干扰源模型，其他影响较小的电子电气设备的模型可以忽略。

建立的车身模型需要进行有限元网格的划分，有限元网格的数量会严重影响计算精度和仿真时间。从计算精度的角度来看，网格越多则越能表达车体结构，仿真结果越精确；而从仿真时间的角度来看，网格越少则计算机运算得越快。因此，合理的车身模型不仅能较为准确地反映汽车的特征参数，而且还要忽略局部微小细节等对整体精度影响不大的结构。在汽车逆向建模前，先进行如下的简化处理。

① 车上的非金属部分（如车窗玻璃、内饰车灯、轮胎、后视镜等）对整车电磁特性影响较小，其结构复杂，尺寸较大，会影响计算速度，因此在建模过程中不予考虑。

② 车身外部分金属结构（如保险杠、轮毂、悬架等）结构复杂，但对于车身内部的电磁场和远场分布影响较小，因此在建模时不予考虑。

③ 频率范围是 9kHz～30MHz，对应的最小波长为 10m。根据天线理论，当孔隙尺寸接近辐射波长的四分之一时，孔隙可被看作一个天线，此时产生的电磁泄漏最强。前车门与后车门之间，以及发动机舱盖之间的缝隙等远远小于这个尺寸，而这些孔隙会造成更多的网格，或引起孔隙位置网格畸变，影响计算速度，因此建模时将缝隙填补

齐整。

④ 由于车体是良导体，车体曲面的交叉重叠对电磁特性的仿真影响不大，但交叉的曲面会导致网格数量的增加，同时又可能引发电磁仿真软件的计算错误，因此，对于两个曲面出现重叠的情况，用单个曲面进行替代。

以上模型简化处理不但能保证汽车原有的几何特征，而且能最大程度地保证电磁特性的精确度；同时又简化了建模的过程，删除不必要的复杂结构和细小结构，减少网格划分的数量，加快电磁仿真的进程。

（4）逆向建模过程

逆向建模的过程包括视图图片的调整、车身轮廓线的绘制、车体曲面的生成、局部位置的优化等步骤，具体流程如图 6.2 所示。

使用 CAD 建模软件 SolidWorks 作为逆向建模的软件平台❶。

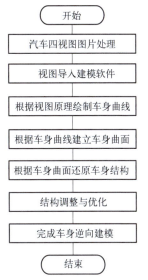

图 6.2 车身逆向建模流程图

图 6.3 为某款车的四视图，该款车整车尺寸为 4521mm×1788mm×1492mm。首先根据各个视图车身轮廓边缘对图片进行裁剪，保证图片的像素大小满足图 6.1 所示视图原理之间的关系。将处理好的视图图片按照正视图、左视图、右视图和俯视图之间的对应关系，在建模空间进行布置，并根据实车尺寸调整缩放比例，使视图中的轮廓线能较为精确地反映实车大小。视图导入 SolidWorks 后的效果如图 6.4(a) 所示。

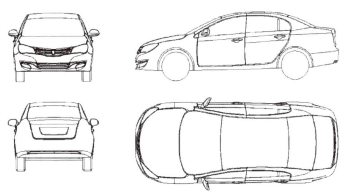

图 6.3 某款车四视图

建模时，考虑将车身分为车门、顶盖、车头、车尾等几部分，分别对每个部分进行空间重构。按照二维视图中的图元信息采集关键点，利用关键点确定空间曲线。根据不同的视图中车身曲线的投影调整位置，使空间曲线在各视图中与车身曲线重合。并根据生成的空间曲线，进行车身曲面的填充，如图 6.4(b) 所示。通过控制曲率的方法可以

---

❶ SolidWorks 是一款优秀的建模软件，具有功能强、组件多、易操作等特点，是汽车行业主要的 CAD 建模软件之一。

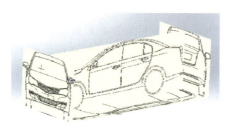
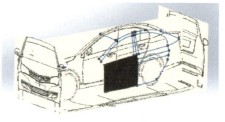

(a) 视图导入SolidWorks后效果　　　　　　(b) 空间曲线曲面的构建

图 6.4　逆向建模

优化生成的曲面结构，并对各曲面光滑拼接和缝合，得到完整的曲面结构。拼接各曲面，最终建立的逆向车身模型和原始车身模型分别如图 6.5 和图 6.6 所示。

图 6.5　逆向车身模型

图 6.6　原始车身模型

在导入电磁仿真软件前，需要对建立的模型进行前处理使其满足电磁仿真的要求，具体操作包括有限元网格的划分、复杂结构的处理等，都可以在前处理软件 Hypermesh❶ 中完成。

（5）整车有限元网格的大小

通过 Hypermesh 中的 Automesh 面板，可以实现车体网格的自动划分。在网格进行自动划分的过程中，曲面边界处的网格单元的节点一般是根据网格的大小进行均匀布置。而在曲率较大的边界，为了能更好地拟合曲面，可以使用偏置放置节点的方法，在曲率大的地方适当地增加网格节点的密度，使网格能更好地贴合曲面。

---

❶ Hypermesh 是由美国 Altair 公司研发的一个强大的有限元网格划分的前处理工具，它可以高效地处理各类曲面，划分各种网格。而且保存的网格文件类型多样，与主流电磁仿真软件都设有接口，方便电磁仿真人员的操作。

网格的密度是有限元划分的重要指标，它将直接影响网格的质量以及后续的仿真结果。对计算机而言，网格越少，所占用的内存也就越少，计算速度就越快。但如果网格尺寸过大，就不能有效反映车体特征，导致计算结果粗糙，达不到所要求的计算精度；而网格越密，计算的结果越精确，但所占用的内存就越多，计算所用的时间就越长。计算精度在一定程度上随着网格密度增大而增大，但超出一定范围之后，结果反而会偏离真实值，这是因为网格太小产生畸变导致的。因此，网格的密度会有一定的范围限制。

使用电磁仿真软件 CST 对整车进行电磁仿真。CST 的微波工作室（CST MICRO-WAVE STUDIO）集合了多种时域和频域算法，共有包括时域有限积分法、时域传输线矩阵法、矩量法、频域有限积分、频域有限元法等主要电磁算法在内的 12 种电磁算法。由于车身模型是由复杂曲面组成的结构体，因此，考虑使用三角面元划分车体。

CST 中对网格的划分有以下要求：

① 最大网格尺寸由仿真的最大频率所对应的波长决定，一般情况下，每一个波长至少有 10 个网格。

② 最小网格尺寸由模型的最小几何特征决定。

③ 最小网格尺寸决定了仿真时间步的大小，也决定了仿真时间步的总数。

本章按照（GB/T 18387—2017）的要求，仿真频率范围为 9kHz～30MHz。根据①中的规定计算，最大网格尺寸＝1.0m。然而，该尺寸仅是根据仿真频率求得的，并没有考虑具体的几何形状。对于汽车这类尺寸较小的结构体来讲，尺寸为 1.0m 的网格显然无法精确地表示出其几何特征。

对于尺寸较小的几何体，CST 还给出了以下约束条件：

① 最大网格尺寸约为模型最大几何维度尺寸的 5%。

② 最小网格尺寸默认为最大网格的 1/10，但对于一些更小的几何特征，需要设定成更小的值。

根据以上约束条件，车体模型的最大网格尺寸为：4521mm×5%≈0.23m。最小网格尺寸默认为 0.023m，受几何结构的影响，在车身的细微结构处，要进行局部网格加密。

（6）整车有限元网格的分块划分

整车模型是由许多复杂的曲面所组成的结构体，如果直接进行网格划分，不但网格质量难以保证，同时也会增加仿真计算的时间。因此，在进行有限元划分时，考虑采用分块划分的方式，根据车身的结构以及曲面的连续性将模型划分为几大块，对每块分别进行网格划分，再组合到一起，这样能大大节省仿真时间，优化网格质量。具体的操作步骤如下：

① 将车身分为前后车门、前后挡板、车顶等部分，分别对每一部分进行调整，并划分网格。图 6.7 所示为前后车门部分的网格划分。

② 将划分好网格的模块重新组合，检查局部网格的质量，并对缝隙进行拉伸、添加等处理。最终，整车有限元模型如图 6.8 所示，将其保存为 CST 支持的 nastran 网格文件格式，以供后续整车电磁仿真使用。

（7）整车模型准确性分析

前面进行逆向建模的过程中对车体进行了必要的简化，因此，必须对所建立的整车

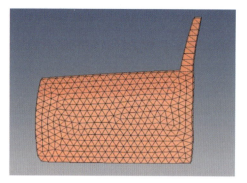
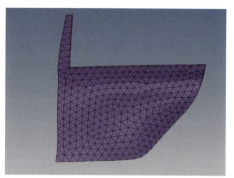

图 6.7 前后车门的网格划分

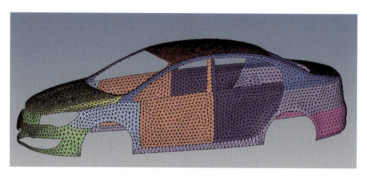

图 6.8 优化处理后的车身结构

模型进行准确性验证。

天线方向图是反映汽车天线性能的重要指标,而天线方向图受车身的影响较大,因此,可通过仿真对比原始模型和逆向模型的天线方向图来验证逆向模型的准确性。汽车顶部的 FM 收音天线是汽车常见的天线,它对车身外形结构较为敏感,通过设置相同的 FM 收音天线仿真任务可以有效验证车身结构。

车窗玻璃、车灯、轮胎等非金属材料对汽车的天线影响很小,故将汽车的原始模型依次去除车窗玻璃、车灯、轮胎等非金属部件,并在 Hypermesh 中划分好网格,导入电磁仿真软件 CST 中设置仿真任务。由于最大网格的大小为 0.23m,则可仿真的最大频率为 130MHz,我国规定收音天线的频率范围为 87.5~108MHz,故网格大小满足仿真要求。顶置 FM 收音天线使用鞭状天线,仿真频率设置为 100MHz,仿真在相同边界条件下逆向模型和原始模型的天线方向图,如图 6.9 所示。

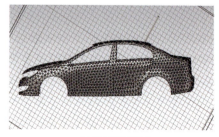

(a) 原始模型仿真　　　　　　　　　(b) 逆向模型仿真

图 6.9 原始模型和逆向模型收音天线仿真

原始模型和逆向模型天线方向图结果如图 6.10 所示，其中蓝线代表原始模型，红线代表逆向模型。从仿真结果可以看出：

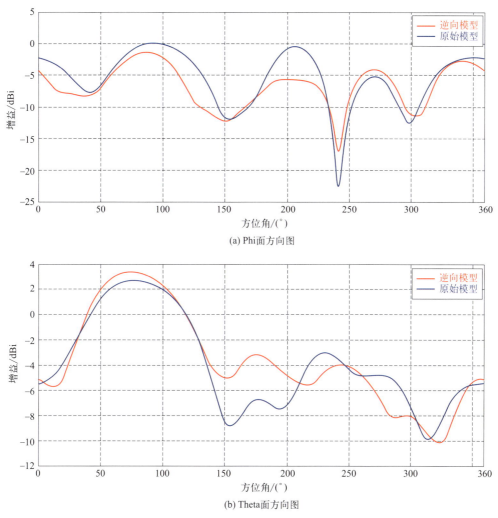

图 6.10　原始模型和逆向模型天线方向图

① 汽车逆向模型和原始模型的天线方向图随着方位角的变化整体趋势保持一致。

② Phi 面方向图在方位角 200°时二者相差最大，约为 5dBi；Theta 面方向图在方位角为 170°时相差最大，约为 4dBi。误差产生的原因可能是逆向模型在建模过程中对车体表面做了平整化处理，消除了原始模型中车门把手和前后门缝隙等细微结构的影响。

6.2.2　整车正向有限元电磁模型

在汽车电磁兼容仿真方面，车身模型具有复杂的曲面结构，需要采用有限元手段进行适当的简化，以适用于现有的软、硬件条件。所以说，有限元优化技术是汽车电磁兼容性分析的重要手段。模型的准确性在很大程度上决定着电磁兼容仿真结果的准确性，而过分详细的模型又会对软件、硬件以及仿真时间提出更高的要求。因此，根据仿真需要，对模型进行合理的优化是汽车 EMC 仿真计算的重要环节。合理的有限元模型对获得精确的仿真结果有着至关重要的作用。

Hypermesh 是一个高效的仿真模型预处理软件，能够建立各种复杂的有限元模型，并且具有优秀的网格划分功能。Hypermesh 通过输入输出功能，可以阅读各种业内主要的 CAD 软件数据格式，并导入软件中，生成有限元模型。在该软件中有一系列的工具可用来对输入的实体或者网格模型进行处理和修补。对于缝隙、重叠以及不对齐等影响网格质量的结构，Hypermesh 具有专门的容错和修复工具。同时，Hypermesh 可以通过对相邻边界进行抑制，在更大、更广的区域内划分网格，从而提高整体网格的质量。

（1）车身模型的建模流程

为保证整车的电磁兼容仿真能够有效地反映实际情况，整车电磁模型必须具有实车准确的特征参数。大多数的电磁仿真都是在电磁仿真软件中直接建立仿真模型进行计算，但是对于汽车这种有着复杂曲面结构的大尺寸模型，直接建模意味着巨大的工作量以及巨额的经济投入，同时也不符合越来越短的汽车研发周期。因此，如何快速地建立有效的汽车电磁模型已经成为汽车电磁兼容仿真的一个重点课题。

现有的软件中，Pro/E、CATIA 等建模软件具备优秀的模型处理能力，可以方便快捷地建立复杂的模型，但无法进行后续计算。FEKO、HFSS 等软件可以进行汽车模型的电磁仿真，但三维建模方面并不适用于复杂的曲面模型。综合几类仿真软件的特点，采用了一种多软件联合的车身模型建模方法，即将汽车的几何模型简化，并划分网格，导出网格模型，然后将网格模型导入电磁仿真软件中，进行优化、计算。

具体操作过程如下所示：

① 在 CAD 软件中完善整车模型。将已建立好的 CAD 模型导入 Hypermesh 前处理软件中。

② 研究本次仿真试验的主要影响因素。删除整车模型中对仿真结果影响微小的结构，如车灯、内饰等。

③ 根据电磁仿真算法要求，对整车模型的复杂曲面结构进行优化。

④ 根据计算频率以及模型实际大小，分别绘制模型各个主要部件的网格模型。

⑤ 将各部分网格组装起来，补齐对仿真影响微弱的缝隙，对于网格比较复杂的部位进行局部修改。

⑥ 将绘制好网格的模型导入三维电磁仿真软件中进行计算。

这种建模方式可以充分利用汽车设计早期已经建立完成的 CAD 模型，在 Hypermesh 中提取其关键参数，建立适用于电磁仿真的网格模型，既避免了重新建模的巨大工作量和时间的浪费，同时保留了模型关键信息，获得电磁仿真足够的精度。

（2）车身结构优化

汽车的结构优化主要是利用 Hypermesh 清理汽车非金属零部件、汽车低压线束等，保留车身仿真最基本的部分。汽车车身的三维模型由整车厂商提供，车身尺寸为 4115mm×1700mm×1480mm，轴距为 2550mm，如图 6.11 所示。

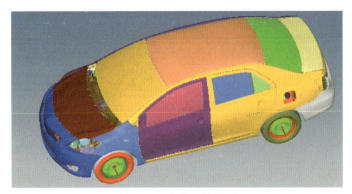

图 6.11 车身三维模型

汽车有着上千个机械零件以及丰富属性的材料，并且汽车内部分布着大量的电子电气设备，这些设备的尺寸往往很小，对整车辐射及表面电流的分布状态等鲜有影响，但往往会增加计算量或影响计算精度。同时，汽车的线束模型中包含了大量的交叉、合并等复杂分布以及线束之间的微小缝隙。

合理的车身有限元模型不仅要真实反映汽车的特征参数，同时也要考虑仿真的计算量、可靠性以及工作站的硬件要求等问题。另外，我们主要关注的是车身内部的电磁场分布状况，对外部的除激励源以外的情况可以适当地忽略。因此，在车身有限元建模前，对其结构进行简化处理，具体步骤如下：

① 对于车内外的非金属部分。车内饰、车灯、轮胎、座椅等非金属部分对电磁辐射的影响很小且结构复杂，不利于模型简化，所以可以删除。

② 对于车身外的金属零件。仿真主要考察的是车身内的电磁场分布。外侧对于激励源影响较小的金属零件可以删除，如保险杠、轮毂、悬架等部分。

③ 对于白车身、车门等位置。仿真采用的矩量法（MoM）三角面元，这种模型可以有效地节约仿真计算时间。车身模型通常有很多应用于力学性能分析的局部细节，这些细节对于车辆电磁场的影响很小，但会带来庞大的网格数量。因此，对于这些复杂结构可以进行适度优化。

④ 对于汽车线束。汽车有复杂的线束布置。12V 的低压线束对于本次仿真的结果影响很小，故不考虑弱电系统。高压线束需要保留。因为线束不适宜 MoM 法的面网格计算，所以需要在电磁仿真软件中重建高压线束模型。

经过以上简化过程，整车模型中对仿真影响较小的结构都已经被适当优化，可以更方便地划分整车网格。图 6.12(a) 是简化前的汽车三维模型图，图 6.12(b) 是简化后的汽车三维模型图。

(3) 车身网格划分

Hypermesh 中的 Automesh 面板可以实现自动网格划分，可利用其来生成二维或三维有限元模型。在划分网格时，Hypermesh 默认的网格生成算法是自动确定算法，它会分析每一个曲面的几何特征，指定每一条边的网格单元密度，然后选择最合适的算法。

在自动网格划分过程中，曲面边界上网格单元的节点一般是均匀分布的，当边界线弧度较大时，为了提高单元质量及更好地拟合曲面，可以使用偏置放置节点的方法，使

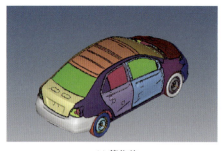 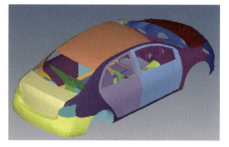

(a) 简化前　　　　　　　　　　　(b) 简化后

图 6.12　简化前后的车身模型对比

边界线上的节点间隔不均匀，达到弧度大的地方节点密度较大从而更好地拟合曲面的目的。Hypermesh 中用来计算节点位置的偏置算法有三种，即线性偏置算法、对称指数偏置算法和指数偏置算法。

在网格的划分中，一个重要的指标就是网格的疏密程度，网格划分合适与否直接影响到仿真结果的正确性和计算效率。网格划分得越密，所需的计算机内存资源越多，计算时间越长，在一定程度上，计算越准确。但超出一定密度以后，结果往往会出现畸变反而偏离真实情况。网格划分得越稀疏，所需的计算机内存资源越少，计算得越快，但计算结果粗糙，可能达不到精度要求。

所以，合适的网格密度是进行仿真计算的关键。网格的大小和形状与软件的计算方法有关，表 6.1 为三维电磁仿真软件 FEKO 对网格的划分要求。

表 6.1　FEKO 对网格的划分要求

求解方法	单元类型	划分说明	适用问题类型
MoM(矩量法)、MLFMM（多层快速多极子法）	三角面元、线单元	面：每波长划分 6～10 份线：每波长划分 15～25 份	各类问题
PO(物理光学法)	三角面元	与 MoM 相同，可以更粗糙	大的面结构
UTD(衍射均匀理论)	平面多边形、无限长圆柱	不需要离散划分	大的平面多边形结构
FEM(有限元法)	四面体网格	每波长 8～10 份	复杂介质

根据 GB/T 18387—2017 的要求，仿真频率设置为 9kHz～30MHz。通过表 6.1 可以计算得到网格尺寸=1.0m。该尺寸是指在该频率段使用 MoM 方法计算的一个允许的网格大小，并没有考虑模型的实际尺寸。

对于飞机、船舶等大尺寸物体可以使用该网格大小进行低频仿真。但是，对于汽车等较小尺寸模型，采用边长 1.0m 的网格无法有效地表达车身的结构，所以并不适用。

为保证对不同大小的模型建立合适的网格尺寸，FEKO 中规定：

① 针对超大尺寸模型，网格大小（尽量采用大网格）不允许小于模型最大坐标除以 10^8 的值，这是运用数学表示的几何精度的极限值。

② 针对较小尺寸的模型，网格大小（相应的，要求小网格）不允许大于模型最小边界的 4 倍。

根据 FEKO 规定②中要求，车辆模型最大网格尺寸为：1.480m/4＝0.37m。对于模型中转角、面的交线等比较复杂位置，FEKO 会自动进行网格加密处理，以更好地表达模型的结构。

（4）车身复杂结构后期处理

车身各个面的连接处结构复杂，如果直接对车身进行网格划分，网格质量很难保证，同样会加大仿真计算难度。并且这些位于边角的复杂结构多是为了实车的装配需要，其本身对电磁辐射仿真影响很小。此处保留其边界特点，对内部结构进行平整。同时，为了提高车身的建模速度，本节将采用特征分组划分的方式对整个车身进行网格划分。具体操作步骤如下：

① 按照车身各部件的连接关系，将车身分成左右车门、左右车身、底盘、座椅、前挡板、后挡板等多个部分。对各个部分有针对地调整，保证边界的划分网格精度。图 6.13(a) 和（b）分别为左前门和左后门划分网格后的模块图。

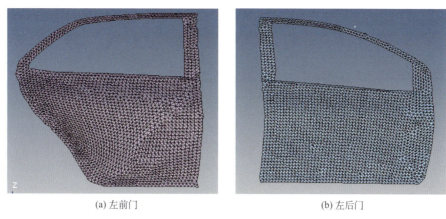

(a) 左前门　　　　　　　　　　(b) 左后门

图 6.13　左前门和左后门划分网格后的模块图

② 仿真采用 MoM（矩量法），车门本身的厚度不影响仿真计算。这里考虑车身内部电磁场分布特点，车身外部的曲线、曲面结构对仿真结果没有影响，因此可以将车门把手等位置复杂结构进行平整，化为平面计算，如图 6.14 所示。

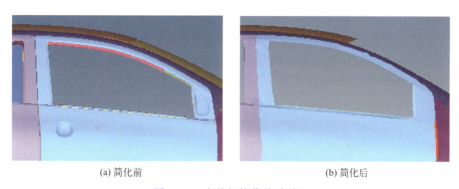

(a) 简化前　　　　　　　　　　(b) 简化后

图 6.14　右前门简化前后对比

③ 将各个模块重新组合成整车，整合后各个模块之间存在着微小的缝隙，影响整个网格的电连续性，可以使用 Hypermesh 的 check element 命令检查网格。对微小的缝

隙采用拉伸、添加等方式修补。图 6.15 为采用补充方式修补整车网格前后的对比。

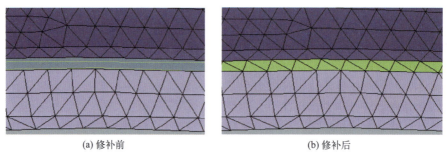

(a) 修补前　　　　　　　　　(b) 修补后

图 6.15　整车网格的修补前后对比

通过以上步骤，可以有效地消除车身中不必要的复杂结构，提高网格质量，如图 6.16 所示。

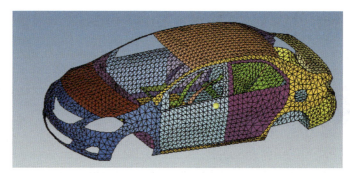

图 6.16　优化处理后的车身结构

（5）基于 FEKO 的模型有效性验证

通过前面几部分的内容，从 CAD 模型中提取特征点，使用 Hypermesh 建立了适用于电磁仿真的网格模型。为获得高质量的网格，减少计算时间，我们对原车的结构做了比较大的改动，因此有必要对模型准确性进行验证。

模型的有效性验证方案介绍如下。

模型或者仿真结果都是对现实情况的模拟。由于现实情况的复杂性，模型或者仿真势必会采用一定的简化或者类比的方式来模拟外界条件，因此，需要采取一定的措施对模型或者仿真结果进行验证，以保证其准确性。主要有如下方法：

① 通过计算，证明仿真结果与理论计算的结果有着相似的数量级和趋势，从而证明仿真结果的有效性。

② 与现今的研究成果以及已发表的文献的结果进行对比分析。

③ 通过不同的算法对同一模型进行计算，对比仿真结果得出结论。

④ 直接法：建立仿真模型的实际平台，与实测结果进行比较。

⑤ 对于有限元分析，可以在正常计算后，加密网格重新计算。对比分析结果，证明模型有限元网格的准确性。

有限元分析的网格质量受到模型的几何形状、网格类型、网格划分方式等方面因素的影响。对于车身结构，在前面已经有针对性地对其复杂曲面进行了处理，从而使车身结构趋于简单，利于划分规则的网格。针对 MoM 方法需要，采用三角面元进行划分。相对于多边形的体网格，该三角面元网格具有表示简单、绘制方便、能够有效地贴合曲面的优点。分组绘制的划分方式有利于形成大片的规则网格群，减少计算时间。

以上方案均有利于形成高质量的模型网格。在具体仿真之前，为保证仿真结果的准确性，有必要使用仿真试验的方法对模型的网格质量进行有针对性的验证。车身模型在电磁波照射下会在表面形成的表面电流。完整平滑的表面，形成的表面电流大小均匀，方向一致；在孔隙以及形状急剧变化的位置，由于介电常数等参数的突变，往往感应出更高的感应电流。

在默认状态下对车身模型进行远场平面波照射试验，仿真其表面电流分布情况，结果如图 6.17 所示。模型边缘由于介电常数等参数的突变，感应出更高的感应电流。靠中间部分曲面平滑，表面电流分布均匀，说明该车身网格划分、曲面、孔及边界处理方式适宜，模型的网格分布符合仿真要求。

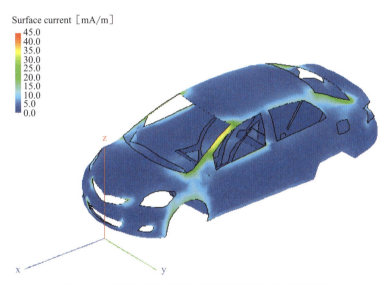

图 6.17 远场平面波照射试验车身表面电流分布情况

车身模型根据仿真算法需要以及试验的实际要求进行了简化，不仅删除了大量的非金属部件，删除了不重要的金属部件，也对用于力学性能测试的复杂车身结构做了简化。优化后的车身模型与原模型在外观上有比较大的差距。因此，有必要采用简化前模型与简化后模型进行对比试验，通过观察两种模型相同位置电场强度变化是否一致来判断简化后的车身模型是否准确。

表 6.2 列出了简化后模型以及原车身模型导入 FEKO 中的基本参数。

表 6.2 简化后模型以及原车身模型的基本参数

基本参数	简化后模型	未简化的原模型
网格数/个	8979	104820
平均尺寸/mm	37.32	21.22
尺寸标准差/mm	15.68	3.89

续表

基本参数	简化后模型	未简化的原模型
最短边长/mm	10.461	6.869
最长边长/mm	91.18	41.59
仿真内存消耗	4GB	10GB 以上
辐射仿真耗时	6h	48h 以上

在自由空间下建立传输线激励源。传输线长度为2m，负载为50Ω，激励源为1V电压源。将两种车身模型分别放置到自由空间的同一位置处。将简化后的车身模型[图 6.18(a)]以及未简化的车身模型[图 6.18(b)]分别导入系统的同一位置处。观察两种模型在由传输线辐射出的同样磁场环境下，空间某一点处的电磁场强度。

(a) 简化后车身　　　　　　(b) 未简化车身

图 6.18　两种车身在 FEKO 中的对比图

两种车身模型对比如图 6.18 所示。运行 FEKO 仿真，采用矩量法进行计算。仿真结束后，取两模型空间中同一点的电场强度变化进行研究。仿真结果如图 6.19 所示。

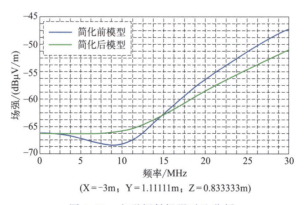

(X=-3m；Y=1.11111m；Z=0.833333m)

图 6.19　电磁辐射场强对比分析

仿真结果显示，两种模型在同一位置处感应电场强度随频率的变化基本一致，均能有效地反映出车身的电磁特性，符合模型的精度要求。简化后模型网格尺寸大，仿真消耗内存低，计算量少，耗时约 6h；未简化的车身模型，网格更为密集，仿真计算消耗内存高，计算量大，对计算机硬件有更高的要求，总耗时约为 48h。进行复杂计算时，仿真时间必然数倍地增长。因此，在保证仿真精度的前提下，采用简化后模型能够有效地缩短仿真所需时间，提高仿真效率。

6.3 整车辐射干扰抑制

从抑制位置来说,抑制方法设置可以分为内部和外部两种。在系统设计初期,考虑电磁兼容性能将显著降低抑制的成本,此时往往优先采用内部抑制方案,因为该方法在保持系统尺寸的同时能保证加抑制后不会产生新的谐振点,从而避免发生抑制后仍需优化的恶性循环。内部抑制最常用的方法为屏蔽和滤波。外部抑制常常在系统级或整车级开发后期采用,用于已成型内部不可窥的部件,此种设计方式在目前的整车开发中更为普遍,最常用的方法即为滤波。实际上,若不在车载电源线上进行滤波处理,车上的电子设备几乎都无法满足传导发射的标准。叠层母线结构设计技术以及改变接地位置也是近年来提出的较新的抑制方法。叠层母线采用上下层的导电铜板与其间的绝缘器件组成,与原有的功率母线相比,结构的优化使寄生电感降低,进而改善母线电流的浪涌现象并降低传输电压的尖峰值,基本结构如图 6.20 所示。改变接地位置主要是采用改变电驱系统的接地位置来实现的。通过分析电驱系统中逆变器的阻抗耦合问题,离地更远处相对感应电压更大,所以将每个 IGBT 分别接地,使各个桥臂的回流路径都较小,且减小环路面积进而降低电磁辐射。由于在工程实际中使用较少,以上两种方式在本书中不做详细设计探讨。

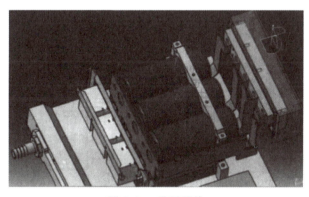

图 6.20 叠层母线

(1) 屏蔽电缆

共模电流通过线束传导和辐射,使用屏蔽电缆可以改善其耦合路径,减小电磁辐射。使用屏蔽电缆不仅屏蔽效果良好,而且在工程上外加屏蔽层易于实现,所以该方法是降低整车电磁辐射干扰的有效措施。

屏蔽电缆的屏蔽原理如图 6.21 所示,它是在内导体外加了一层屏蔽层,并将屏蔽层接地处理,为共模电流形成一个低阻抗回路,使得共模电流通过屏蔽层形成共模耦合路径,这个路径的回路面积要远远小于通过耦合电容和地形成的共模路径的回路面积,其本质是通过减小共模回路面积来减小电磁辐射。

在使用屏蔽电缆时要保证屏蔽层完整且接地良好,避免屏蔽层缝隙产生电磁干扰,这样才有利于屏蔽电缆屏蔽功能较好地实现。

下面通过仿真方法介绍屏蔽电缆对电磁辐射的抑制。根据原有模型的几何尺寸，在 CST 中建立屏蔽电缆的模型。其截面如图 6.22 所示。

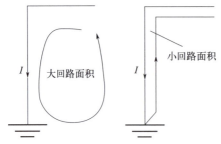

图 6.21 屏蔽电缆的屏蔽原理

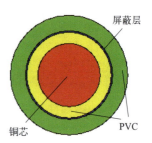

图 6.22 屏蔽电缆截面

将之前建立的电驱系统高压线缆的电磁模型替换成屏蔽电缆，屏蔽层接地处理，激励源的设置不变，进行整车辐射仿真，观察车内辐射电磁场强的分布。

由图 6.23 可以看出，屏蔽线对电磁辐射的削弱效果明显，车内电磁场环境得到极大的改善。在使用屏蔽线时，要注意将屏蔽层 360°良好接地，以保证屏蔽层和大地之间低阻抗搭接。

(2) 共模扼流圈

由于交流电机三相具有对称性，为简化问题分析与计算，以单桥臂两个 IGBT 的中点 $Port_1$ 产生的干扰源为例说明问题，此后的分析皆建立在该假设之上。从图 6.24 可知，$I_{P1}=I_{DC}+I_{AC}$，而且 $I_{DC}Z_{DC}=I_{AC}Z_{AC}$，$Z_{11}$ 为直流支路和交流支路并联的总阻抗，计算公式如式(6.1)所示。而交流端的干扰电流与总的干扰电流的关系如式(6.2)所示，可以发现，这个电流的幅值与支路阻抗值的大小密切相关。

$$Z_{11}=\frac{Z_{DC}Z_{AC}}{Z_{DC}+Z_{AC}} \tag{6.1}$$

$$\frac{I_{AC}}{I_{P1}}=\frac{Z_{DC}}{Z_{DC}+Z_{AC}}=\frac{Z_{11}}{Z_{AC}} \tag{6.2}$$

若对电机驱动系统采取内部抑制手段，在直流支路中添加合适的电路器件，将会改变直流支路的阻抗，若此时交流支路的阻抗保持不变，结合式(6.1)，可以推导出交流支路前后干扰电流的关系如式(6.3)所示，可以看出，交流线缆的干扰电流与 Z_{11} 的幅值成正比。

$$\frac{I_{AC}}{I_{AC'}}=\frac{Z_{11}}{Z_{11'}} \tag{6.3}$$

由以上分析可知，改变直流线缆对地电容 $C_{DC\text{-}Cable}$ 或者改变直流母线电感 $L_{DC\ bus\ bar}$ 和直流线缆对地电容支路电感 $L_{Y\text{-}cap}$ 均可改善干扰状态，即可降低相应频段处 Z_{11} 的幅值。

目前常用通过抑制电磁干扰源的方法来抑制电磁干扰的手段是在电路里面加入铁氧体磁环和共模扼流圈。铁氧体磁环造价便宜，使用方便，其效果相当于低通滤波器，对所要滤波的结构无特殊要求。铁氧体的磁导率决定了它的阻抗特性，通常情况下，其磁导率越高，高频阻抗越小，低频阻抗越大。因此，可根据电磁干扰的频率选择相应的铁氧体磁环。铁氧体磁环一般是由不导电的陶瓷材料制成，在高频段产生的涡流损耗很

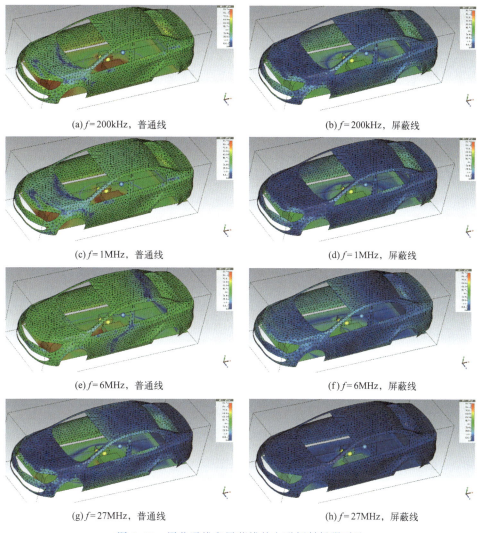

图 6.23 用普通线和屏蔽线的电磁辐射场强对比

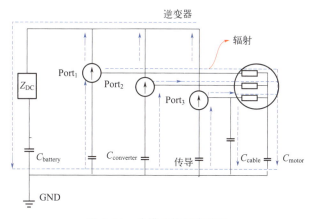

图 6.24 共模干扰耦合路径

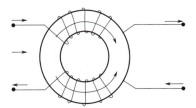

图 6.25　共模扼流圈结构示意图

小,故能够抑制高频信号的选择性衰减而不影响低频信号。

共模扼流圈是在一个磁环上对称安装匝数相同、方向相反的两个电感,其结构示意图如图 6.25 所示。当共模电流通过时,由于电感对称安装,方向相反,同方向的共模电流在线圈上产生的磁通量方向相反。由于电感匝数相同,故磁环上的总磁链为 0。差模信号电流方向相反,在磁环中产生的磁链不为 0,故可以无损耗地通过共模扼流圈。

由于需要降低在 5.9～6.2MHz 频段内电驱系统的电磁辐射,取中心频点 6.05MHz 加以抑制,采用在直流线缆对地电容支路加共模扼流圈的方法以降低相应频段处 Z_{11} 的幅值,从而减小交流线缆的共模电流。

若期望 Z_{11} 减小至原来的 $1/K$,则有:

$$\frac{Z_{11}^{6.05}}{Z_{11'}^{6.05}}=K \tag{6.4}$$

$$Z_{11}^{6.05}(\mathrm{dB})-Z_{11'}^{6.05}(\mathrm{dB})=20\lg K \tag{6.5}$$

式中,$Z_{11}^{6.05}$ 为 Z_{11} 在所关注频点处的幅值;$Z_{11'}^{6.05}$ 表示在直流线缆处加上共模扼流圈后该频点处的幅值。

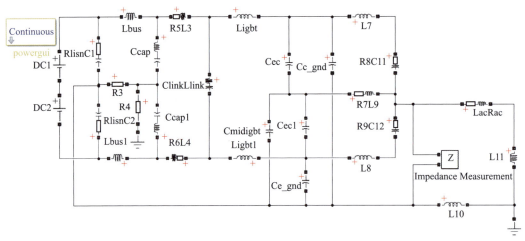

图 6.26　单相电驱系统二端口网络电路

对于 6.05MHz 处谐振点 $Z_{11}(\mathrm{dB})$,经搭建的单相电驱系统二端口网络电路 (图 6.26)仿真可知其值为 25dB,将 K 设为 1.9,则通过计算可得添加共模扼流圈后的干扰路径(图 6.27)总阻抗 $Z_{11'}^{6.05}(\mathrm{dB})=17.4\mathrm{dB}$。设 L_{C_1} 为该共模扼流圈的电感值,则由图 6.27 结合前面公式推导出 Z_{11} 在该关注频点的前后等效表达式分别为:

$$Z_{11}^{6.05}=\frac{Z_{\mathrm{DC}}Z_{\mathrm{Y}}+Z_{\mathrm{IGBT}}(Z_{\mathrm{DC}}+Z_{\mathrm{Y}})}{2(Z_{\mathrm{DC}}+Z_{\mathrm{Y}})}+R+Z_{\mathrm{IGBTcon}} \tag{6.6}$$

$$Z_{11'}^{6.05}=\frac{Z_{\mathrm{DC}}(Z_{\mathrm{Y}}+Z_{\mathrm{LC}_1})+Z_{\mathrm{IGBT}}(Z_{\mathrm{DC}}+Z_{\mathrm{Y}}+Z_{\mathrm{LC}_1})}{2(Z_{\mathrm{DC}}+Z_{\mathrm{Y}}+Z_{\mathrm{LC}_1})}+R+Z_{\mathrm{IGBTcon}} \tag{6.7}$$

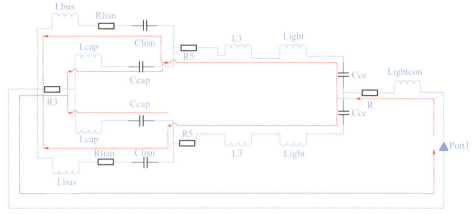

图 6.27 直流端等效干扰路径图

式中，Z_{DC} 为 LISN 和 Lbus 串联后阻抗；Z_Y 为 Ccap 和 Lcap 串联后阻抗；Z_{IGBT} 为 Ligbt 和 Cce 串联后阻抗，R5 和 L3 为分段传输线的电阻与电容，$R=0.3\Omega$；$Z_{IGBTcon}$ 代表 $IGBT_{con}$ 的阻抗；Z_{LC_1} 为共模扼流圈 L_{C_1} 的阻抗。将 $Z_{11'}^{6.05}(dB)=17.4dB$ 和图中各个阻抗值同时代入

$$Z_{11'}^{6.05} = \left| \frac{Z_{DC}(Z_Y+Z_{LC_1})+Z_{IGBT}(Z_{DC}+Z_Y+Z_{LC_1})}{2(Z_{DC}+Z_Y+Z_{LC_1})} + R + Z_{IGBTcon} \right| \quad (6.8)$$

可得：

$$Z_{LC_1} = 39.22\Omega$$
$$L_{C_1} = 1.032\mu H$$

根据计算出的电感值 L_{C_1} 选择合适的共模扼流圈，将其简化为图 6.28 中灰色所示部分的各种电路器件并联的结构，其中 $L_{C_1}=1.032\mu H$，$R_{C_1}=4\Omega$，$C_{C_1}=100pF$。加入

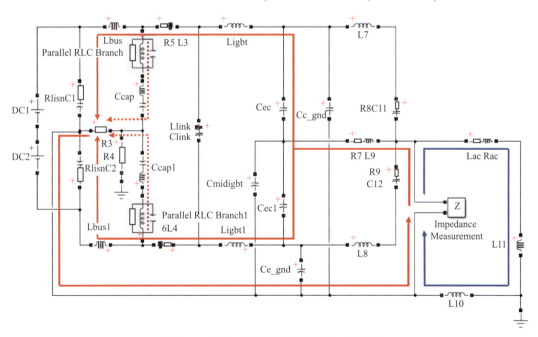

图 6.28 增加共模扼流圈后传导干扰路径

共模扼流圈后,干扰电流的传输路径发生了变化,这在图 6.28 中体现了出来,虚线支路由于感抗增加而阻碍了共模电流使它不能再沿着该路径流向地。

Z_{11} 仿真结果如图 6.29 所示,蓝色曲线为原路径阻抗图,橙色曲线为增加共模扼流圈后的阻抗图,其中 Z_{11} 从 25dB 减小到 19dB,满足设计要求,也就是说增加共模扼流圈减小了交流干扰电流 I_{AC},表明在直流线缆对地电容支路加共模扼流圈,可以从侧面实现对三相端的共模干扰的抑制。

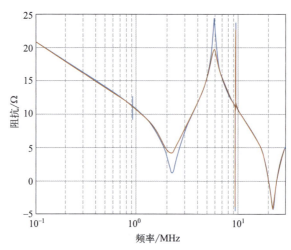

图 6.29 增加共模扼流圈前后阻抗对比图

(3) RC 滤波器

由图 6.29 可以看到,在 200kHz 点处的辐射干扰亦超出标准,所以需要对该频点处施加抑制。与添加共模扼流圈类似,改善该频点辐射发射也可以采用改变直流母线的线缆间电容的方式,基于以上方法,采用在该位置添加 RC 滤波器的方法,以降低该频点处直流阻抗值。

若期望 Z_{11} 减小至原来的 $1/K$,则有:

$$\frac{Z_{11}^{0.2}}{Z_{11''}^{0.2}} = K \tag{6.9}$$

$$Z_{11}^{0.2}(\text{dB}) - Z_{11''}^{0.2}(\text{dB}) = 20\lg K \tag{6.10}$$

式中,$Z_{11}^{0.2}$ 为 Z_{11} 在 0.2MHz 处加共模扼流圈前的幅值;$Z_{11''}^{0.2}$ 为抑制后幅值。对于 0.2MHz 处谐振点 Z_{11}(dB) 由搭建的单相电驱系统二端口网络电路(图 6.26)仿真可知为 20dB,若 $K=1.6$,则需整改后的 $Z_{11''}^{0.2}$(dB)=16dB。设 C_F 为 C 滤波器的电容值,则由图结合前文公式推导出 Z_{11} 在该关注频点的前后等效表达式分别为:

$$Z_{11}^{0.2} = \frac{Z_{DC}Z_Y + Z_{IGBT}(Z_{DC}+Z_Y)}{2(Z_{DC}+Z_Y)} + R + Z_{IGBTcon} \tag{6.11}$$

$$Z_{11''}^{0.2} = \frac{Z_{DC}'Z_Y + Z_{IGBT}(Z_{DC}'+Z_Y)}{2(Z_{DC}'+Z_Y)} + R + Z_{IGBTcon} \tag{6.12}$$

其中,$Z_{DC}' = \frac{Z_{LISN}Z_{CF}}{Z_{LISN}+Z_{CF}} + Z_{bus}$。

式中,Z_{DC} 为 LISN 和 Lbus 串联后阻抗;Z_Y 为 Ccap 和 Lcap 串联后阻抗;Z_{IGBT}

为 Ligbt 和 Cce 串联后阻抗，R5 和 L3 为分段传输线的电阻与电容，$R=0.3\Omega$；Z_{IGBTcon} 代表 IGBT_{con} 的阻抗；Z_{CF} 为 RC 滤波器 Cf 和 Rf 串联后的阻抗。将 $Z_{11''}^{0.2}(\text{dB})=$ 16dB 和图中各阻抗值代入

$$Z_{11''}^{0.2}=\frac{Z'_{\text{DC}}Z_Y+Z_{\text{IGBT}}(Z'_{\text{DC}}+Z_Y)}{2(Z'_{\text{DC}}+Z_Y)}+R+Z_{\text{IGBTcon}}=1.67 \quad (6.13)$$

可得：

$$R_F=1.76\Omega$$
$$C_F=39.1\mu F$$

根据计算出的 C_F 选择 $R_F=1.76\Omega$ 的 RC 滤波器，滤波器的等效电路如图 6.30 中灰色所示部分。

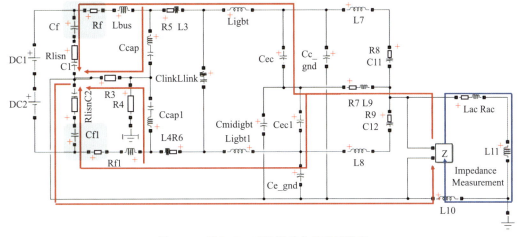

图 6.30　增加 RC 滤波器后传导干扰路径

在 Simulink 中 Z_{11} 的仿真结果如图 6.31 所示，虽然 0.2MHz 的 Z_{11} 幅值降低，但降低的幅度较小，且 10~30MHz 阻抗 Z_{11} 幅值有所升高，此外该 RC 滤波器中 $R_F=1.76\Omega$，通常电动汽车电机逆变器系统的直流端电流大于 100A，在该 RC 滤波器上会产生过大压降，所以在直流线缆处加 RC 滤波器的方法并不推荐。

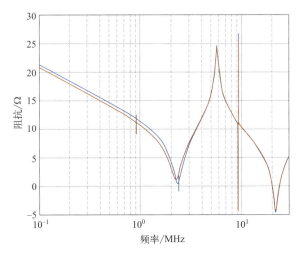

图 6.31　增加 RC 滤波器圈前后阻抗对比图

对比抑制前后的辐射（图 6.32）可以看到，多种抑制手段施加后，整车的电磁辐射在整个频段内都有所降低，从而达到了较好的抑制效果，同时在 6MHz 超标区域使其符合了 GB/T 18387—2017 的标准。

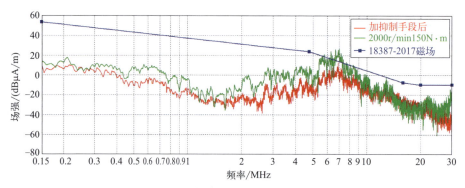

图 6.32　抑制前后整车 3m 处电磁辐射

6.4　人体在车内电磁辐射吸收剂量仿真

对于人体周围环境的电磁辐射，大量的研究分别从正面或者侧面表明，达到一定剂量的电磁辐射会对人体的生物组织产生影响。对人体健康的影响主要在以下几个范畴内：

① 对心血管的影响：长期暴露于超标电磁辐射的人群血液流动的通透性显著降低，血压更易升高，从而这些人群更易产生心血管方面的疾病。

② 对神经系统的影响：通过研究发现，辐射的电磁信号超标会对人体中的神经系统产生作用，进而会有胸闷、头晕、记忆力衰退等现象。

③ 对免疫力的影响：使人体中的抗体减少，进而造成人体免疫力下降的严重后果。

④ 对血液系统的影响：抑制人体内红细胞的形成，也极易出现白细胞减少的现象，因此对血液系统产生不可逆的损伤。

6.4.1　人体吸收电磁辐射的安全标准

(1) 人体对电磁辐射的响应

人体的不同部位由于电磁特性不同，经电磁辐射照射下吸收速率往往存在巨大的差异。一般来说，人体的头部、心血管及生殖系统在同等强度的电磁剂量辐射下吸收的电磁辐射会达到躯干的数倍之多。在不同程度的辐射下，制定标准，通常采用全身的平均水平作为数据来衡量是否安全。

① 当平均比吸收率小于 0.4W/kg 时，人体在这样的电磁辐射环境下不会产生热效应。美国即以该数值作为现行的安全标准。

② 当平均比吸收率为 4W/kg 左右时，电磁辐射产生轻微热效应。人体在热效应的影响下产生应激反应，皮肤表面产生汗珠，同时心跳速率会有所提高。受辐射 0.5h 后，

人体温度平均升高1℃。这样的剂量下人体能够短时间承受，但长期辐射会对身体产生损害。

③ 当平均比吸收率达到10W/kg时，电磁辐射有明显的热效应。各国的标准一般将该值视为局部SAR的极限值。受辐射6min以上，人体头部的脑组织就会受到损伤，也会产生头晕恶心的生理症状。

④ 当平均比吸收率达到20W/kg及以上时，电磁辐射将使人体的组织受到不可逆的严重伤害。

（2）电磁辐射吸收剂量职业标准

处在超标电磁辐射下，人体的脉搏频率会提高，同时血液流动速率变快，体温升高，严重时会造成身体损伤，如脑损伤。通常认为，电磁辐射造成体温升高1℃对于人体来讲是相对安全的，依照这个基础理论，各国相应机构均建立了各自不同的电磁辐射安全标准。对于人体整体平均比吸收率，一般来说，将使人体在半小时辐射后体温每升高1℃所接收到的电磁剂量的十分之一定为职业人群的安全标准。经过大量的理论与实践研究，该剂量为4W/kg左右，十分之一就是0.4W/kg。各国对于职业人群电磁辐射热效应的基本标准限值的规定总体而言没有大的差别。而对于人体局部比吸收率，相对的标准限值有所提高，人体头部和身躯的限值都定为10W/kg，而除了以上部位的部分限值提升为头部限值的2倍。

（3）电磁辐射吸收剂量公众标准

与职业人群不同，公众处于公共环境中，对于周围的电磁辐射不会有明显感觉，也对其中的辐射源与辐射强度没有准确的认识，更加缺少防护的意识，所以在制定安全标准时，需要留出足够大的裕量。

考虑到以上情形，我国制定了比职业人群安全标准更为严格的公众安全标准，将比吸收率0.08W/kg定为公众的电磁辐射吸收剂量的安全标准。

此外，对于身体虚弱的特殊群体，如老年人、小孩及孕妇群体等，由于他们的身体相比普通人群更为虚弱，对于电磁辐射的反应也更为敏感，在安全标准的规定下以使体温升高0.5℃的辐射剂量为建议限值。因电磁辐射热效应造成的人体体温升高值的计算公式如式（6.14），但该式一般适用于电磁辐射强度较小，引起的体温升高值也较小的情况。

$$\Delta T = SAR \times \Delta t / c \tag{6.14}$$

式中，SAR为比吸收率；ΔT为体温升高值；Δt为照射时间；c为特定的比热常数［对于富含水分的人体来说，可以采用$c=4.2\times10^3\mathrm{J}/(\mathrm{kg}\cdot℃)$］。

（4）电磁辐射生物效应的研究方法

电磁场普遍存在于环境之中，随着社会电气化的发展，电子电气设备日益进入生活当中。电磁辐射源不仅包括电视塔、高压电线、通信基站等大型设备，也包括手机、汽车等日常生活设备。世界大部分国家都规定了电磁辐射强度的标准，以便规范社会的行为，既能够有效地利用电磁场为人民服务，又可以将电磁场的危害降低到最小。

由于人们无法直接测量生物体或者人体对电磁辐射吸收剂量的数值，为了达到研究目标，通常采用以下几种方案。

① 使用电磁仿真软件，对电磁辐射吸收率进行模拟研究。目前，采用的研究方法为有限积分法（FIT）。该方法的准确度主要来自模型的精度。模型越精细，计算的结

果越准确,但同时消耗的时间和计算机硬件资源就越庞大。因此,在使用 FIT 方法进行电磁辐射吸收剂量仿真的时候,如何建立合适的生物模型是仿真试验的重点。同时,仿真环境、吸收边界、激励源的模拟以及数值色散和误差的问题也对仿真结果有很大影响。

② 建立实物模型,进行模型测试。这种测试方法可以用于生物实体模型,主要是人体模型。在人体模型中,放置与人体实际生物组织特性相同的组织液以及模拟人体组织结构的相应材料。在完全没有电磁干扰的房间中,如暗室中,将测试探头探入组织中进行测量。该方法现常用于测试手机辐射对人体的影响。但是由于目前的技术水平限制,与人体生物组织的电磁特性和色散性质皆类似的系列材料目前尚不能合成,所以结果常常较为粗略,可信度不高。

③ 动物活体试验。使用老鼠、兔子等活体进行试验,设置受到辐射与未受到辐射的对照组如图 6.33 所示。要求试验有足够的数量才能得到普遍的规律。得到数值可以经过适当的修正,应用于人体。其结果不够精确,往往只有参考价值。

图 6.33 电磁辐射对老鼠生殖系统的影响

④ 进行流行病学的调查方法。针对生活于不同环境中的人群进行调研和定期的生理检查,找出其生理变化与所生活环境电磁波的相关关系。该方法存在如下 4 个极大的缺点:a. 调查研究需要大量的人群作为受试人群,采集信息需要耗费大量的人力物力,效率低下;b. 电磁辐射暴露时间一般较短,以致缺少相应剂量的刺激;c. 电磁暴露的时间与强度无法严格量化,使得研究成果的可复现性较差;d. 在受试人群的选择上存在偏差,带来的后果是研究报告会有选择偏倚的情况。

基于以上分析,使用电磁仿真软件来仿真研究人体在车内的电磁辐射吸收剂量是在成果与可靠性兼顾下的较优方法。

6.4.2 人体电磁模型

(1) 人体的电磁特性

人体由生物组织组成,该组织的材料组成较为复杂,因而具有难以建模的电阻抗特性。从理论上分析,细胞内外存在的各种电载体(质子、电子等)在低频电场的作用下呈现导电特性,带电粒子移动时会受到细胞液与体液的阻碍作用。而通过实验证明,这样的相互作用使生物结构呈现一定的电阻或电容特性。电阻特性一般体现在一定的电压与电流范围内,这两个值呈现对应的比例关系;电容特性往往在生物膜上体现,与一般电容类似,生物膜等效的电容同样能够存储能量,且伴随着极化与去极化的过程会将电能转化为热能。此外,生物组织的电阻抗特性会随着所处电磁环境的变化而产生相应变化。

生物组织复杂多变,其电阻抗特性建模困难,不宜直接计算。在汽车人体电磁辐射吸收剂量的研究中,我们可以将人体模型按照各大组织、器官进行分离,对每个组织和器官的电学特性,即电导率及相对介电常数深入分析,以保证这些数值与实际生物组织相差较小。同时,人体各器官电磁学特性也与仿真计算的频率有很大关系,表 6.3 为人体在 900MHz 时不同生物组织以及器官的电磁学参数。

表 6.3 人体在 900MHz 时不同生物组织及器官的电磁学参数

组织或器官	电导率/(S/m)	相对介电常数
头部颅骨	0.105	8.00
大脑组织液	1.009	52.8
肌肉	1.198	60.73
肺部	0.880	50.96
肾脏	1.349	53.90
肝脏	0.850	46.80
心脏	1.198	60.73

人体电磁学仿真的基础也在于获得人体不同生物组织及器官的电磁学参数,基于结构模型、结合该参数建立电磁模型的方式大大简化了人体电磁模型的建模难度。

(2) 人体结构模型

建立人体的电磁学模型之前,需要建立人体的结构模型。分辨出对电磁辐射研究影响较大的结构因素,才能在简化模型的同时保证仿真结果的准确性。

在同样的电磁辐射下,人体模型的姿态不同,受辐射的主要局部会有所差异,且受到照射的人体面积大小也会不同,这对人体在车内电磁辐射吸收剂量的结果有很大的影响。本章主要是研究车内驾乘人员的电磁辐射剂量,因此,人体模型应当采用坐姿人体模型。根据国家标准《中国成年人人体尺寸》,以男性成年人为研究对象,考虑了头部、四肢及躯干的结构细节,建立简化的坐姿模型如图 6.34 所示。

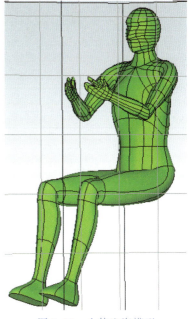

图 6.34 人体坐姿模型

(3) 人体电磁模型的参数设置

在建立以上人体结构模型的基础上,仿真研究人体在车内电磁辐射吸收剂量,需要建立相应的人体电磁模型以便于计算。

对照现行的 SAR 的安全标准,我们主要关注人体头部、躯干以及全身的平均 SAR 值。因此,可以将人体模型进行适当简化。忽略内脏器官的形状位置信息,将躯干以及人体头部各自看成一体设置平均参数进行计算。

在 CST 软件中设置人体头部、躯干的电学特性参数值，如表 6.4 所示。

表 6.4　人体组成部位的电磁学参数

人体部位	电导率/(S/m)	相对介电常数	密度/(kg/m³)
头部	1	50	1000
躯干	0.97	55.9	1050

6.4.3　车内不同位置处对人体电磁辐射吸收剂量的影响

人体器官为有损耗介质，其在外界电磁场的作用下，内部会产生电磁场反应。在内部场作用下，感应出体内电流。体内电流流过人体的组织时，一部分能量耗散，另一部分能量被人体吸收。在一定时间内一定量组织吸收的电磁场能量即为人体的比吸收率 SAR。

本章内容结合整车的电磁仿真以及前面建立的人体电磁模型进行研究。将人体模型导入汽车模型中，使用 CST 软件，采用 FIT 方法计算的方式，仿真车内电磁环境对人体电磁辐射吸收剂量的影响。

人体电磁辐射吸收剂量仿真的主要流程如图 6.35 所示。

汽车驾乘人员处在运行的汽车中，必然会受到车内环境电磁辐射的影响，而在车内的不同空间位置处，由于汽车内干扰源分布得不均匀，驾乘人员受到的电磁辐射剂量也大不相同。因此，本章在车内四个座椅中分别设置相同的四个驾乘人员模型。考察人体在车内不同位置处 SAR 大小。仿真设置如图 6.36 所示。

仿真获得 2000r/min 150N·m 工况不同频率下，人体在车内不同位置处的比吸收率如表 6.5 所示。

表 6.5　人体在不同频率下处在车内不同位置的比吸收率

频率/MHz	人体平均比吸收率/(mW/kg)			
	左前	右前	右后	左后
3	4.1634	4.0662	1.9116	1.7658
6	13.8402	13.7268	10.2276	9.558
9	17.4258	18.9756	16.4484	10.0926
12	32.7024	34.6194	24.6348	13.8618
15	37.2114	35.4888	25.7634	20.4822
18	68.4882	62.316	34.0848	30.4074
21	82.5768	81.028	41.4774	36.6282
24	58.158	50.3982	42.2658	33.6582
27	52.6392	34.8516	35.8884	26.8974
30	48.0276	51.2244	24.4566	22.2534

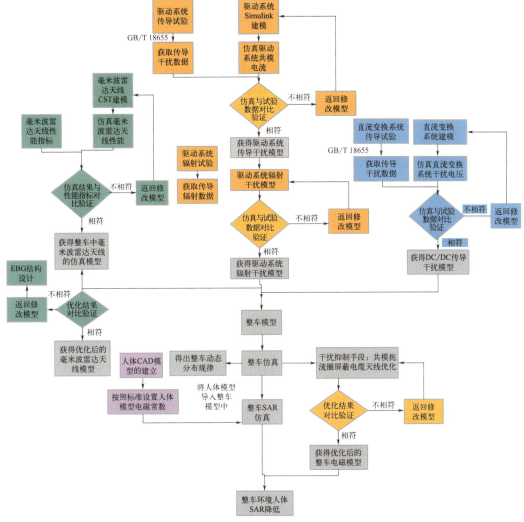

图 6.35 车身中人体电磁辐射吸收剂量仿真流程

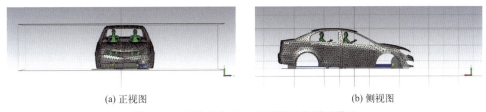

(a) 正视图　　　　　　　　　(b) 侧视图

图 6.36 人体在车内电磁辐射吸收剂量模型

车身内不同座椅处人体的比吸收率如图 6.37 所示。

由图 6.37 可以看出,整车内部受电磁辐射剂量较大的位置位于前方的座椅处,即左前方与右前方。主要是因为,前方存在两个毫米波雷达天线,右前方有驱动电机的辐射激励源,并且车身前舱底部位置处还有 DC/AC 及 DC/DC 的辐射激励源。因此,车身内前部位置的电磁辐射强度明显大于后部位置的电磁辐射强度。但 SAR 随频率的变化无明显规律,这是由于整车的各辐射激励源影响的频段各不相同,所以对不同频率处

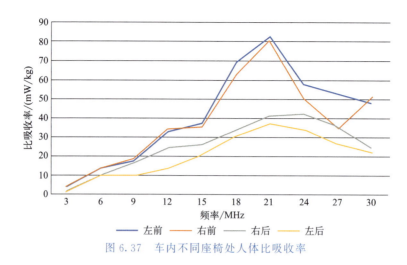

图 6.37　车内不同座椅处人体比吸收率

的 SAR 值的影响也存在差异。

从整体上看，车身四个位置的 SAR 值在 0~30MHz 之间的最大值为左前方 20MHz 左右的比吸收率，为 0.082W/kg，超过了国家规定的公众环境限制，可能会对人体产生危害。

因此，结合前面介绍的电磁抑制手段，将人体置于优化后的整车模型中，观察抑制前后前方座椅处人体比吸收率，如图 6.38 所示。从图 6.38 可以看出，通过添加抑制手段的方式，整车电磁辐射降低，进而影响人体 SAR 值，使其符合了相应的国家标准 GB 18871—2002。

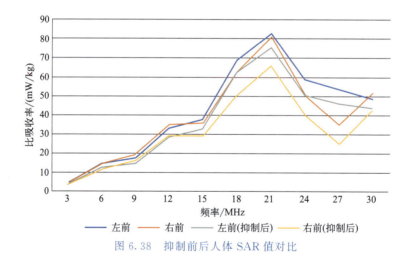

图 6.38　抑制前后人体 SAR 值对比

参 考 文 献

[1] 汪泉弟,郑亚利. 电动汽车的电磁兼容原理、仿真模型及建模技术 [M]. 北京:科学出版社,2017.
[2] 林程. 电动汽车工程手册:纯电动汽车整车设计 [M]. 北京:机械工业出版社,2019.
[3] 贡俊. 电动汽车工程手册:驱动电机与电力电子 [M]. 北京:机械工业出版社,2019.
[4] Elsherbeni A Z,Nayeri P,Reddy C J. Antenna Analysis and Design Using FEKO Electromagnetic Simulation Software [M]. Hampshire,UK:SciTech Publishing,2014.
[5] 翟丽. 新能源汽车电磁兼容性设计理论与方法 [M]. 北京:机械工业出版社,2021.
[6] 陈斌,夏微微,高节. 天线电磁兼容技术探讨 [J]. 安全与电磁兼容,2019(2):83-87.
[7] 代林刚,张良力,严运兵. 驾驶工况下电动汽车动力线缆电磁辐射仿真 [J]. 现代电子技术,2021(5):98-102.
[8] 曹先贵,王毅. 电动汽车电机驱动系统 EMC 设计及测试研究 [J]. 汽车实用技术,2021,46(15):14-17.
[9] 田金标. 新能源汽车线束布置方案及 EMC 防护 [J]. 现代制造技术与装备,2017(12):84,86.
[10] 翟丽. 新能源汽车电驱动系统 EMC 问题的改进及展望 [J]. 安全与电磁兼容,2017(5):9-10.
[11] Yeo H Y. Addressing EMC Challenges in Electric Vehicle Supply Equipment [J]. Microwave Journal,2021(9):62-68.
[12] Zhang J,Lv X. Research on Modeling Method of Conducted Emissions Simulation for DC Brush Motors [Z]. SAE International,2020.
[13] Zhang J,Lv Y,Shen M. The Dynamic Electromagnetic Distribution and Electromagnetic Interference Suppression of Smart Electric Vehicle [Z]. SAE International,2019.
[14] Zhang J,Shen M,Zhao X. Study on the Effect of Inverter Modulation Methods and Operating Condition on Common Mode EMI for Motor Drive System [Z]. SAE International,2017.
[15] Zhang J,Lv Y. High Frequency Impedance and Electromagnetic Interference Suppression of Lithium-Ion Power Battery Pack [Z]. SAE International,2019.
[16] 毛晓娟. 电动汽车电磁干扰的分析与抑制 [J]. 时代汽车,2021(17):145-146.
[17] 左凌宇. 基于等效模型电动汽车电磁辐射仿真分析 [J]. 内燃机与配件,2021(17):44-47.
[18] 黎小娇,雷剑梅,高阳春,等. 汽车电磁仿真技术与应用 [J]. 电波科学学报,2020(35):157-166.
[19] 张宜涛,杜明星,魏克新. 基于谐振理论的 PCB 电磁兼容优化设计方法 [J]. 电力电子技术,2019(2):58-61.
[20] 秦洋,周天翔,袁文琦,等. 基于高通滤波器的电机驱动系统电磁干扰测试 [J]. 电力电子技术,2021(9):23-27.